Bernhard Horst · Martina Rehbein

Lagefeststellung und Lagedarstellung

Aufgaben im Sachgebiet 2 – Lage
Arbeiten in den verschiedenen Führungsstufen

ecomed SICHERHEIT

Bibliografische Informationen der Deutschen Nationalbibliothek
Die Deutsche Nationalbibliothek verzeichnet diese Publikation in der Deutschen Nationalbibliografie; detaillierte bibliografische Daten sind im Internet über <http://www.dnb.de> abrufbar.

Bei der Herstellung des Werkes haben wir uns zukunftsbewusst für umweltverträgliche und wiederverwertbare Materialien entschieden.

ISBN 978-3-609-77544-9

E-Mail: kundenservice@ecomed-storck.de
Telefon: 089/2183-7922
Telefax: 089/2183-7620

www.ecomed-storck.de

Druck: Westermann Druck, Zwickau

Inhaltsverzeichnis

Vorwort

Mit dem vorliegenden Buch zum Thema Lagedarstellung sollen zwei Ziele erreicht werden. Zum einen soll gezeigt werden, dass Lagedarstellung nicht nur in der Stabsarbeit Anwendung findet, sondern in allen Führungsstufen eine Hilfe sein kann. Zum anderen soll es einen breiten Überblick geben über das Thema Lagedarstellung, aber auch Erläuterung an den Stellen, an denen es keine klare Regelung gibt oder auch nur wenig Literatur vorliegt, um offene Fragen des Anwenders zu klären.

Der Schwerpunkt liegt natürlich im Bereich der Stabsarbeit. Daher orientiert sich die Gliederung des Buches auch an den Aufgaben des S2 nach FwDV 100. Viele Ausführungen finden jedoch auch in den Führungsstufen B und C Anwendung.

Ziel der Ausbildung im Bereich der Gefahrenabwehr ist der Kompetenzaufbau. Also die Fähigkeit, Herausforderungen in der Einsatzpraxis selbst zu bewältigen und effektiv handeln zu können. Wissen (ein Buch lesen) und Qualifikation (Lehrgang „Einführung in die Stabsarbeit“ erfolgreich absolviert) sind aber keine Kompetenzen. Sie bilden lediglich die notwendige Voraussetzung für den Kompetenzaufbau.

Es gibt es nur einen Weg, die Kompetenz zu erlangen – und der ist anstrengend. Man muss es selber machen. So häufig es geht, in möglichst verschiedenen Situationen. Die Empfehlung ist daher, bei nächster Gelegenheit, sei es bei einer Übung oder auch einem kleineren Einsatz, das Gelesene anzuwenden und weiter zu verinnerlichen. Auch nach einem Einsatz kann es hilfreich sein, sich die Lage selbst mit Hilfe der taktischen Zeichen darzustellen und den Einsatz für sich oder auch mit anderen Führungskräften zu evaluieren. Zum einen gewinnt man dabei Erkenntnisse aus dem Einsatz selbst und zum anderen trainiert man die Anwendung von taktischen Zeichen zur Lagedarstellung.

Wie bei jedem Buch ist es ein langer Weg gewesen. Viele Personen haben indirekt dazu beigetragen, mit Ideen und Rückmeldungen in zahlreichen Diskussionen, Übungen und Einsatznachbesprechungen.

Ein besonderer Dank gilt den Kollegen am Central Saint Martins College of Art and Design in London, speziell Alexander Goller, für die Einladungen zu den Workshops und den neuen Denkansätzen zur Gestaltung von Räumen für die Stabsarbeit.

Das Buch trägt hoffentlich dazu bei, die Lagedarstellung zu verbessern, um damit einen Beitrag zur erfolgreichen Einsatzbewältigung zu leisten.

Recklinghausen und Kerpen, Mai 2021
Martina Rehbein und Dr. Bernhard Horst

Die Autoren

Dr. rer. sec. Bernhard Horst (Jahrgang 1975)

Seit 1989 aktives Mitglied Freiwillige Feuerwehr; seit 1996 beruflich im Bereich Feuerwehr tätig in verschiedenen Verwendungen, u.a. als Lehrkraft Landesfeuerwehrschule, Leiter Leitstelle, B und C-Dienst, Dozent im Bereich Stabsausbildung; 2006 Gründer DIVERA 24/7; 2007 Studium im Bereich Rettungsingenieurwesen; 2011 Studium Desaster Management; 2017 Promotion zur Leistungsfähigkeit öffentlicher Feuerwehren; 2019 Geprüfter Sachverständiger für abwehrenden Brandschutz

Martina Rehbein (Jahrgang 1965)

Seit 2001 Geschäftsführerin der Firma KOBRA GmbH Produktentwicklung und Vertrieb von FÜsYS, Führungsmittel mit System. Aufbau der Lernplattform FüPlan für die taktische Fortbildung von Führungskräften der Feuerwehr.

1 Grundlagen

Viele verbinden Lagedarstellung mit Stabsarbeit und der S2-Funktion. Lagedarstellung findet jedoch in allen Führungsstufen (A-D nach FwDV 100) und auf allen Führungsebenen statt, nur in unterschiedlicher Art und Weise. Während auf der operativen Ebene der Gruppen- und Zugführer seine Lage auf dem taktischen Arbeitsbrett mit wenigen Zeichen und einfachen Skizzen führt, so wird die Lage in einem rückwärtigen Stab mit der taktischen Arbeitswand und Projektionstechnik dargestellt. Der Umfang der Lagedarstellung im rückwärtigen Stab ist so groß, dass dort ein eigenes Sachgebiet (S2- Lage und Dokumentation) zum Einsatz kommt.

Wir werden uns in diesem Buch auch im Schwerpunkt mit der Lagedarstellung in einem Stab und den Aufgaben des S2 beschäftigen. Die grundsätzlichen Aussagen zur Lagedarstellung treffen jedoch auf alle Ebenen und für Konstellationen von Einsatzleitungen zu.

Lagedarstellung findet auf allen Führungsebenen statt.

Bevor wir uns mit den konkreten Inhalten beschäftigen, machen wir einen kurzen Exkurs zum Thema Stabsarbeit, um den Bereich der Lagedarstellung besser in den Gesamtkontext der Stabsarbeit einordnen zu können. Wenn Sie sich ausführlich mit dem Thema Stabsarbeit auseinandersetzen möchten, empfehlen wir Ihnen das *Handbuch Stabsarbeit*[1]. Es bietet einen guten und umfassenden Überblick über Stabsarbeit in unterschiedlichen Anwendungsfällen.

[1] ISBN 978-3-662-48186-8

1.1 Stabsarbeit

Der Begriff des **Stabes** und die Stabsarbeit entstammen dem Militär und haben eine traditionsreiche Vergangenheit. Die ursprüngliche Aufgabe eines Stabes war es, den Kommandeur zu unterstützen. Daher auch der Begriff ‚Stab', auf den sich der Kommandeur stützen kann. Auch heute noch werden Stäbe zur Unterstützung der Leitungsfunktionen genutzt. Egal ob Stab bei der Feuerwehr, Verwaltungsstab, Krisenstab im Unternehmen oder militärischer Stab, der Grund der Unterstützung ist immer gleich. Die Aufgabe oder Problemstellung ist so komplex und/oder umfangreich, dass eine einzelne Person diese nicht allein in den Griff bekommt. Daher bedient sie sich zur Unterstützung eines Stabes.

Zusammensetzung des Stabes

Ein **Stab** besteht in der Regel aus einem Stabsleiter, den einzelnen Stabsfunktionen, die meist in Sach- oder Fachgebiete gegliedert sind und Stabshilfspersonal. Wesentliche Merkmale eines Stabes bzw. der Stabsarbeit sind also:

- ein Problem in Form einer komplexen und häufig unüberschaubaren Lage,
- dass eine Person allein das Problem nicht lösen kann,
- ein festgelegter Informationsausschuss innerhalb des Stabes,
- ein gemeinsames Lagebewusstsein,
- eine Stabsdienstordnung mit festgelegten Arbeitsabläufen und Einteilungen.

Aufgabengebiete

Die grundsätzlichen Aufgabengebiete sind in allen Stäben gleich und werden nur anders bezeichnet oder auch anders gegliedert. In einem Stab heißt es „S5 – Presse", im anderen Stab heißt es „Bevölkerungs- und Medienarbeit". Ein operativer Stab setzt sich z.B. aus den folgenden Funktionen zusammen:

Tab. 1: Grundsätzliche Aufgabengebiete und Funktionen im Stab

Funktion	Beschreibung
 Einsatzleiter	Es gibt **einen Entscheider,** der in seinen Entscheidungen unterstützt werden soll. Hierfür stehen ihm mehrere Sachgebiete zur Verfügung, die je nach Bedarf personell und materiell unterschiedlich ausgestattet sein können. Ebenso ist es möglich und auch üblich, Aufgabengebiete zusammenzuführen. An den Grundaufgaben (Personal, Dokumentation, Umsetzung, Logistik, Medienarbeit, Technik) ändert sich dadurch nichts.

Tab. 1: Grundsätzliche Aufgabengebiete und Funktionen im Stab *(Forts.)*

Funktion	Beschreibung
LS Leiter Stab	Bei taktisch operativen Stäben gibt es, sofern ausreichend Personal vorhanden ist, zusätzlich zum Einsatzleiter einen Leiter des Stabes. Dieser koordiniert den Stab und ist „immer" im Stabsraum, während der Einsatzleiter nach Dienstvorschrift „an keinen festen Platz" gebunden ist.
S1 Personal	Das Sachgebiet 1 ist zuständig für den Bereich Personal und die innere Organisation des Stabes. Der Bereich Personal beinhaltet u.a. die Nachforderung von Kräften, die Koordination von Spontanhelfern. Die innere Organisation beinhaltet z.B. die Sicherung der Stabsräume, den Geschäftsablauf und auch die Erfassung der Arbeitszeiten der Einsatzkräfte.
S1.1 FüAss-Sichter	Der Sichter (S1.1) sorgt für die Erfassung und Dokumentation der eingehenden Meldungen, sichtet diese auf Relevanz und Dringlichkeit und sorgt anschließend für die Verteilung innerhalb des Stabes durch Zuteilung, Umlauf und bei Bedarf auch für die Vervielfältigung.
S2 Lage	Die S2-Funktion ist zuständig für den Bereich Lage und Dokumentation. Um ihr Aufgabenfeld geht es in diesem Buch.
S2.1 Lagekarten-Fü	Das Sachgebiet 2 ist gerade in der Anfangsphase am meisten gefordert, um einen Überblick der Lage zu erhalten. Gerade bei operativen Stäben ergibt sich die Aufgabe des Stabes aus dem Lagebild. Daher ist es sinnvoll, dem Sachgebiet 2 die notwendige Unterstützung durch eine zusätzliche Funktion zukommen zu lassen.

Tab. 1: Grundsätzliche Aufgabengebiete und Funktionen im Stab *(Forts.)*

Funktion	Beschreibung
	Auch hier gibt es feste Aufgabenzuordnungen und Hierarchien innerhalb des Sachgebietes. Der S2 entscheidet, was an die Lagekarte gehört. Eine nicht mehr aktuelle Information wird vom Lagekartenführer dem S2 vorgelegt.
	Der S3-Bereich (Einsatz) ist verantwortlich für die Einsatzplanung und erarbeitet die Maßnahmen, bzw. die Optionen, die im Lagevortrag zur Entscheidung (LVE) dem Einsatzleiter vorgetragen werden.
	Sofern der S3 einen Assistenten zugeordnet bekommt, wird dieser mit S3.1 bezeichnet.
	Der Bereich S4 ist zuständig für die Versorgung, die Planung, Bereitstellung und den Einsatz der für die operativ taktischen Zwecke erforderlichen Mittel und Dienstleistungen, um Einsatzkräfte und betroffene Personen zu unterstützen.
	Bei umfangreichen und zeitaufwendigen Einsatzlagen ist die Versorgung der Einsatzkräfte und der Bevölkerung eine Aufgabe, die durch einen Führungsassistenten S4.1 betreut werden sollte. Für die Unterbringung und Betreuung wird er in der Regel durch Fachberater der Hilfsorganisationen unterstützt.

Tab. 1: Grundsätzliche Aufgabengebiete und Funktionen im Stab *(Forts.)*

Funktion	Beschreibung
	Bei großen Schadenslagen ist das Medieninteresse in der Regel groß, ebenso möchte die Bevölkerung informiert werden. Der S5-Bereich sammelt und wertet Medieninformationen aus, betreut die Presse und koordiniert Pressekonferenzen. Im Fall einer Warnung der Bevölkerung betreut er Informationstelefone und veranlasst Warnhinweise für die Bevölkerung.
	Sofern der Einsatz eine umfangreiche Fernmeldeorganisation benötigt, übernimmt diese Aufgabe der S6 im Stab. Er ist zuständig für die Planung und Umsetzung der Fernmeldeverbindungen. Ihm unterstehen die Fernmeldeeinheiten, die Fernmeldebetriebsstelle sowie z.B. Spezialisten der IT. Der S6 Bereich ist auch für die Technik im Stab zuständig und hat damit eine direkte Schnittstelle zur Lage.
	In einiger Literatur findet sich das Sachgebiet S7 (PSNV). Dies ist in der FwDV 100 nicht beschrieben. Der Bereich psychosoziale Notfallversorgung kümmert sich um die Bereitstellung von PSNV-Einheiten. Der Bereich kümmert sich um ggfs. notwendige Einsatznachbesprechungen und koordiniert weiterführende psychosoziale Maßnahmen. Typische Einsatzlagen, die einen großen Arbeitsaufwand bringen, sind Amok-Lagen, Unfälle mit vielen Toten.

S8 – Verwaltung

So wie man den S7-Bereich natürlich auch über einen Fachberater (FB-PSNV) realisieren kann, so ist die Verfahrensweise mit einem eigenen Sachgebiet nicht grundsätzlich falsch. Wie an vielen Stellen im Bereich Gefahrenabwehr gibt es keine Regelung und mehrere Lösungen sind möglich. Die Rahmenbedingungen des Einsatzes (Dauer, Komplexität, Aufgabenstellung, Führungsstufe) bilden die Leitplanken, an denen sich der Leiter des Stabes orientieren muss. Sein Geschick ist es, die für die Lage passende Aufbauorganisation zu finden. So kann es auch bei einem über Monate dauernden Einsatz, wie in der Corona-Lage 2020, sinnvoll sein, im Stab einen S8 – Verwaltung zu etablieren. Dieser bildet eine enge Schnittstelle zur Verwaltung, auch wenn der Verwaltungsstab nicht tagt. In einer wenige Stunden dauernden operativen Lage wird es einen S8 nie geben und der S1 übernimmt die Aufgaben.

Entscheidend ist, dass die Aufbauorganisation der Lage angepasst ist, die Schnittstellen klar sind und alle ein gemeinsames Lagebild haben.

Um dieses gemeinsame Lagebild zu bekommen, ist die Lagedarstellung ein entscheidender Bereich. Diese trägt maßgeblich dazu bei, dass alle ein gemeinsames Ziel verfolgen. Wir beschäftigen uns im Kapitel 3 ausführlich damit.

Führungsvorgang nach FwDV 100

Betrachten wir nun den Führungsvorgang nach FwDV 100 im Zusammenhang mit den Aufgaben des S2. Der Führungsvorgang auf Stabsebene dauert länger als auf der operativen Ebene, da mehr Zeit zur Verfügung steht, mehr Personen beteiligt sind und die Optionen in einer höheren Detailtiefe geprüft werden. Er besteht jedoch inhaltlich aus den gleichen Phasen. Nach der Erkundung kommt die Planung mit Beurteilung und Entschluss sowie dem anschließenden Befehl.

Abbildung 1 zeigt sowohl die Einteilung der Tätigkeiten nach FwDV 100 als auch die Verteilung in Arbeits- und Besprechungsphasen. In den Arbeitsphasen bearbeiten die Sachgebiete selbständig ihre Aufgaben, in den Besprechungsphasen findet die gemeinsame Bearbeitung statt. Diese Phasen werden als **Lagebesprechung** bezeichnet. Die Dauer der Phasen ist nicht festgeschrieben, sondern ergibt sich aus der Dynamik der Lage und der Führungsebene.

S2

Der S2 ist in unterschiedlicher Tiefe an den verschiedenen Phasen beteiligt. Der Schwerpunkt seiner Arbeit liegt in der Erkundung der Lage sowie dem Lagevortrag zur Unterrichtung (LVU). Wie der

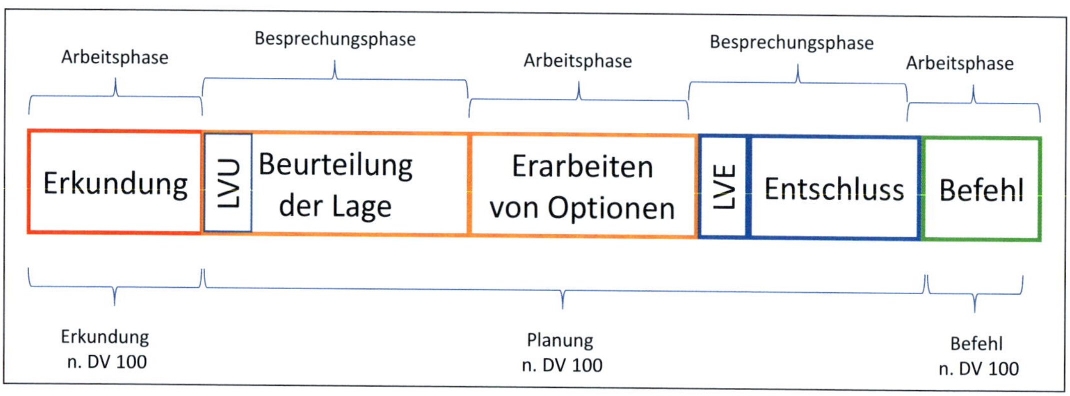

Abb. 1: Übersicht der Phasen des Führungsvorganges

Tab. 2: Übersicht des Führungsvorganges

Phase nach FwDV 100	Phase		Beteiligte Bereiche	Arbeitsweise
Erkundung	Arbeitsphase	Erkundung	S2, S1, S4, S5, FB	Schematische Arbeit
Planung	Besprechungsphase	Lagevortrag zur Unterrichtung (LVU) mit anschließender	S2	
		Beurteilung der Lage	S3, FB	Kreativ-schöpferische Arbeit
	Arbeitsphase	Erarbeiten von Optionen	S3, S4, S1, S5, FB	
	Besprechungsphase	Lagevortrag zur Entscheidung (LVE) als Ergebnis der Arbeitsphase mit	S3	Schematische Arbeit
		anschließendem Entschluss	EL	Willensakt
Befehlsgebung	Arbeitsphase	Befehl	S3, S4, S1, S5, FB, S2	Schematische Arbeit

Tabelle 2 zu entnehmen ist, findet die überwiegend schematische Arbeit des S2 in den Phasen Erkundung und Befehlsgebung statt.

Zum besseren Verständnis erläutern wir hier kurz den Unterschied zwischen den beiden Arten von Lagevorträgen.

Lagevortrag zur Unterrichtung

Der **Lagevortrag zur Unterrichtung (LVU)** dient der Unterrichtung aller Mitglieder im Stab und wird durch den S2 im Rahmen einer Lagebesprechung vorgetragen. Ziel eines LVU ist es, die wesentlichen Daten allen Stabsmitgliedern über- und nachgeordneter bzw. benachbarter Führungsorgane zu vermitteln. Er sollte regelmäßig durchgeführt werden, wobei das Intervall von der Dynamik der Lage und der Zielgruppe abhängt. Der S2 stellt bei dem ersten LVU den eigenen Auftrag dar. Später wird der Auftrag nur noch bei einer wesentlichen Änderung vorgetragen. In den folgenden Vorträgen werden, wenn möglich, nur noch die Änderungen vorgetragen, um den Vortrag kurz und knapp vortragen zu können. Die Informationen sind bezüglich ihrer Zuverlässigkeit zu bewerten und die Schadensentwicklung ist zu prognostizieren.

Vor allem am Anfang und in dynamischen Lagen kann sich der S2 am SPOT-Schema orientieren, welches ab Seite 38 näher beschrieben ist.

Die folgende Gliederung (S. 16) stellt einen exemplarischen Aufbau eines Lagevortrags zur Unterrichtung (LVU) dar. Je nach Lage, Führungsebene und Informationsstand wird nicht zu jedem Punkt vorgetragen. Sofern es z.B. keinen Auftrag einer übergeordneten Stelle gibt, kann dazu auch kein Vortrag erfolgen und der Punkt entfällt. Je nach Zusammensetzung des Stabes können einzelne Beiträge direkt oder als Ergänzung von den Sachgebieten oder den Verbindungspersonen vorgetragen werden.

Aufbau eines Lagevortrags zur Unterrichtung (LVU)

1. **Auftrag**
2. Schadenslage
   a. Art / Umfang / Ursache der Schäden
   b. Angaben zu Verletzten / Erkrankten / Toten
   c. Noch zu erwartende Opfer
3. **Lage/Absicht**
   a. der übergeordneten Führung
   b. eigene Absicht
   c. benachbarte Kräfte im Einsatz
      i. Tagesgeschäft Leitstelle, aktuelle Belastung
      ii. Benachbarte KatS-Behörden (z.B. Nachbarkreise)
      iii. Polizei
      iv. Ggfs. weitere Behörden nach Lage wie Gesundheitsamt, Veterinäramt
   d. Absicht der unterstellten Kräfte
4. **Eigene Lage**
   a. Lage zum aktuellen Zeitpunkt
      i. Mit Einsatzschwerpunkten in/um/bei
   b. örtliche Verhältnisse
      i. Raumordnung
         1. Einsatzabschnitte
         2. Bereitstellungsräume
   c. Wetterlage
   d. Verkehrslage / ggfs. Vortrag des VB Polizei
   e. Verhalten der Bevölkerung / ggfs. Vortrag des VB Polizei
   f. Eingeleitete Maßnahmen und erzielte Ergebnisse
   g. Kräftelage
      i. Eingesetzte Kräfte
      ii. Einsatzbereitschaft / Einsatzwert der Kräfte
   h. Versorgungs- / Logistiklage / ggfs. Vortrag durch S4
   i. Führungs- und Fernmeldeorganisation
      i. Führungsorganisation mit Einsatzabschnitten
      ii. Fernmeldelage / ggfs. Vortrag durch S6
      iii. Verbindungsorganisation
5. **Besondere Probleme**
6. **Anträge/Vorschläge**
7. **Zusammenfassung**

Lagevortrag zur Entscheidung

Der **Lagevortrag zur Entscheidung (LVE)** wird durch den S3 vorgetragen und dient der Vorbereitung der Entscheidung durch den Einsatzleiter. Der S3 trägt die in der Arbeitsphase erarbeiten Ergebnisse vor und schlägt die beste Option zur endgültigen Entscheidung vor. Der LVE unterscheidet sich zum LVU durch das Ziel, eine Entscheidung des Leiters des Stabes vorzubereiten. Der Aufbau entspricht dem LVU bzw. ergänzt diesen sofern erforderlich. Der S 3 beschreibt die möglichen Handlungsalternativen, besonders auch Neben- und Langzeitwirkungen und begründet kurz, warum er sich für die im folgenden dargestellte Alternative entschieden hat. Diese bevorzugte Alternative ist der Vorschlag an den Leiter des Stabes für das weitere Vorgehen. Der Leiter des Stabes trifft die Entscheidung und der S3 stellt den, dann durch den Leiter des Stabes autorisierten, detaillierten Einsatzplan mit den wesentlichen Maßnahmen dar.

Aufbau eines Lagevortrags zur Entscheidung (LVE)

1. **Ergänzungen zum LVU**
   a. Fachspezifische Informationen zur
      i. Gefahren- / Schadenslage
      ii. mögliche Tendenzen
      iii. Einsatzschwerpunktbildung
      iv. Informationsstand
      v. Einsatz- und Führungsunterstützung
2. **(Entschluss) Vorschläge**
   a. Vergleich von Optionen
      i. erforderliche Einsatzkräfte
      ii. voraussichtliche Dauer
      iii. verfügbare Reserven
      iv. erforderliches Material / Gerät / Versorgung
      v. Risiken
3. Abwägen der Handlungsmöglichkeiten
4. Entschlussvorschlag

Als nächstes schauen wir uns jetzt das Zusammenspiel der unterschiedlichen Führungsebenen an, um ein besseres Verständnis für die Abläufe zu bekommen. Dazu dient uns Abbildung 2. Sie zeigt exemplarisch die typischen Führungsebenen und den zeitlichen Verlauf wichtiger Ereignisse im Führungsvorgang.

Wir nehmen als Ereignis den Einsturz einer Mauer an der Nordost-Seite des Brandobjektes an. Der Gruppenführer sieht diesen Einsturz und meldet ihn an seinen Zugführer. Danach erkundet er den Einsturz,

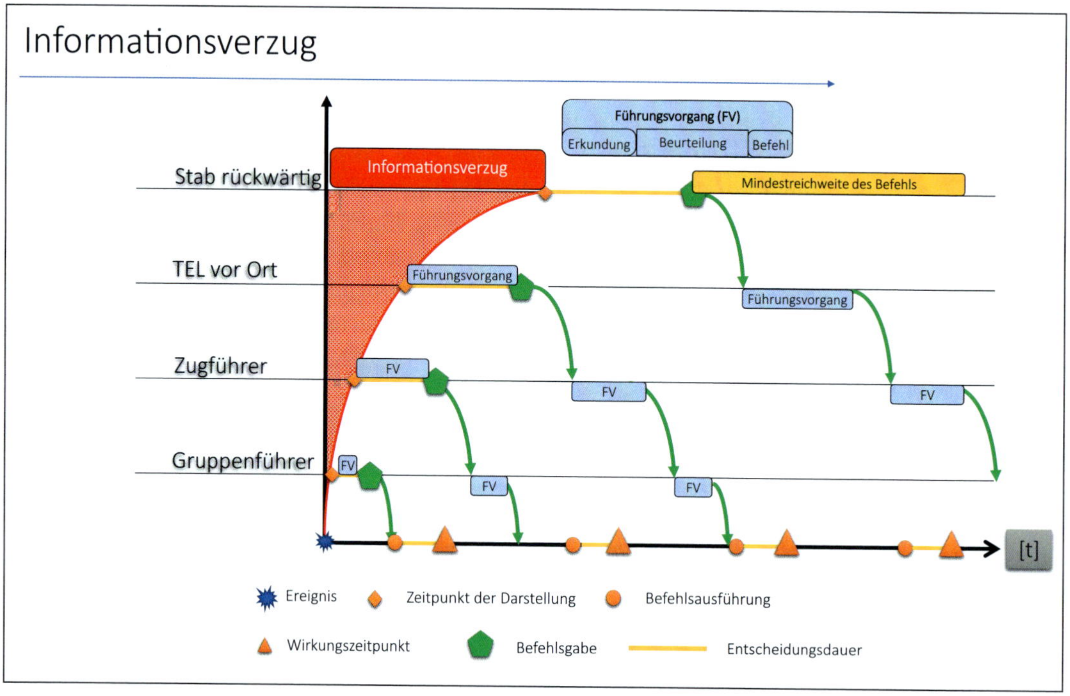

Abb. 2: Zeitlicher Verlauf vom Ereignis bis zur Darstellung

bewertet die Gefahren und befiehlt seinen Einsatzkräften den Rückzug aus dem Nahbereich. Diese setzen den Befehl umgehend um und entfernen sich von der Einsturzstelle und vergrößern den Abstand.

Der Zugführer meldet das Ereignis an die technische Einsatzleitung vor Ort im ELW 2. Er beurteilt die Lage ebenfalls und entschließt sich, die anderen Gruppenführer in diesem Bereich zu warnen und die Standsicherheit der anderen Wände prüfen zu lassen.

Die TEL im ELW vermerkt den Einsturz mittels taktischer Zeichen auf der Lagekarte und nimmt das Ereignis mit in die nächste Lagemeldung an den Stab auf. Die TEL beurteilt das Ereignis in der nächsten Lagebesprechung und kommt zu dem Entschluss, einen Fachberater des THW einzusetzen, um die Standsicherheit des Gebäudes zu beurteilen. Dieser wird beim rückwärtigen Stab angefordert, ebenfalls über die Lagemeldung.

Der Stab erfährt mit einer Verzögerung (Informationsverzug) von z.B. 20 Minuten, dass an der Einsatzstelle eine Mauer eingestürzt ist. Natürlich können die Zeiten in der Praxis variieren. Es soll hier das grundsätzliche Problem dargestellt werden, dass mit zunehmender

Führungsstufe und Führungsebene die Daten der Lagekarte „veraltet“ sind. Gleichzeitig wird anhand der Abbildung 2 deutlich, warum es wenig Sinn macht, im Stab auf den normalen Befehlswegen etwas zu befehlen, was „sofort“ umgesetzt werden muss. Entweder man überspringt Führungsebenen (was man sorgfältig abwägen muss) und unterrichtet diese im Nachgang oder man vertraut auf die Kräfte vor Ort, dass diese Kräfte erkennen, was sofort gemacht werden muss.

Schlussfolgerung für den Bereich der Lagedarstellung

Wenn eine Information im Stab dargestellt wird, ist das dazugehörige Ereignis in der Realität schon einige Zeit her. Dann wird die Information bewertet, eine Entscheidung herbeigeführt und ein Befehl ausgeben. Bis dieser umgesetzt wird und wirkt, vergeht wieder eine gewisse Zeitspanne. Es wird anhand dieser Abbildung deutlich, warum es unmöglich ist, und auch warum es unnötig ist, alle Informationen im Stab darzustellen. Beschränken Sie sich stets auf das Wesentliche, sonst laufen Sie der Lage immer hinterher. Die Kunst der Lagedarstellung ist es, das richtige Maß zu finden, zwischen Weglassen von unwichtigen Informationen und einer möglichst unverfälschten Wiedergabe von Lagedaten. Der Ausdruck „vor die Lage zu kommen“ bedeutet nicht schneller zu sein als die Lage, sondern zum Zeitpunkt der Entscheidung zu wissen, was passiert, wenn die Maßnahme wirkt, also **in der Zukunft**. Der Stab muss also antizipieren, was in der Zukunft passieren wird und welche Maßnahmen zu diesem Zeitpunkt nötig sein werden. Für diese Maßnahmen muss er Ressourcen organisieren.

Der Einsatz von Stabsführungssoftware soll dabei helfen, den Informationsverzug zu verkürzen. Dabei ist es wichtig, dass die Software nicht dazu gebraucht wird, alle Informationen an alle zu senden. Das Problem wird dadurch an eine oder gleich mehrere andere Stellen verlagert.

So ernüchternd das Ergebnis auch ist, so wie man durch ein schnelleres Auto nicht zum besseren Autofahrer wird, so wird man durch die Verwendung von Software auch nicht zum besseren Stabsmitarbeiter.

1.1.1 Taktung und Synchronisation in der Stabsarbeit

Je nach Schwerpunkt der Lage, operativ-taktisch (z.B. Brand, MANV, Einsturz usw.) oder administrativ (z.B. Seuchengeschehen, Erpressungslage usw.) ändert sich die Synchronisation der Stäbe.

Handelt es sich um eine primär administrative Lage, gibt der Krisenstab „den Takt“ vor und bestimmt die Zeitpunkte der Lagebesprechung. Aus dieser ergibt sich dann in Folge die operative Umsetzung.

Liegt der Schwerpunkt auf dem operativ-taktischen Bereich, ist es andersherum und die Schadenslage bestimmt die Taktung im rückwärtigen Bereich.

1.1.2 Kommunikation im Stab mit 4-fach-Vordruck

Informationswege im Stab

Um bei einer Vielfalt von Meldungen den Überblick zu behalten und auch sicherzustellen, dass alle Informationen auch den oder die richtigen Kollegen erreichen, wird die Nachricht auf einen 4-fach-Vordruck[1] geschrieben. Dieser wird dann in einem in der Stabsdienstordnung festgelegten Verfahren verteilt. Die Festlegung in der Stabsdienstordnung ist wichtig, da es keine einheitliche Festlegung gibt und sich die Beschreibungen der Laufwege der einzelnen Zettel in den verschiedenen Ausbildungsunterlagen teilweise unterscheiden. Der 4-fach-Vordruck dient dazu, den Ein- und Ausgang von Informationen im Stab sicherzustellen und gleichzeitig der zeitlichen und inhaltlichen Dokumentation dieser ein- und auslaufenden Informationen von und zu externen Stellen. Der Vordruck ist in der Praxis nahezu immer identisch. Unterschiede gibt es vor allem im unteren Drittel im Bereich des Sichters. Hier findet man sowohl die Variante mit vorgegebenen Stellen für die Verteilung zum Ankreuzen als auch die Variante, den Verteiler als Freitext einzutragen. Unabhängig von der konkreten Ausgestaltung kann man sich für die Lagedarstellung jedoch merken:

Roter Durchschlag

Roter Durchschlag geht immer zum S2 – Lage. Dieser wird dann vom S2 ausgezeichnet und innerhalb des eigenen Sachgebietes verteilt.

Tipp:

Der S2 kennzeichnet auf dem roten Durchschlag, ob eine Information an die Lagekarte gehört und/oder ins Einsatztagebuch.

Mit einer DIN-A5-Infotasche können die Vordrucke übersichtlich an den entsprechenden Stellen gelagert werden. Nachdem die Information/Aufgabe/Maßnahme bearbeitet wurde, wird der Durchschlag vom Bearbeiter gekennzeichnet, wie in den Abbildungen 3 und 4 darge-

[1] Ein 4-fach-Vordruck, auch als Nachrichtenvordruck bezeichnet, ist ein Satz aus vier farbigen Blättern im DIN A5 Format (blau-weiß, grün, rot, gelb), dessen obere drei Blätter selbstdurchschreibend sind und jeweils um 1mm kürzer als das darunterliegende Blatt, um besser abgetrennt werden zu können.

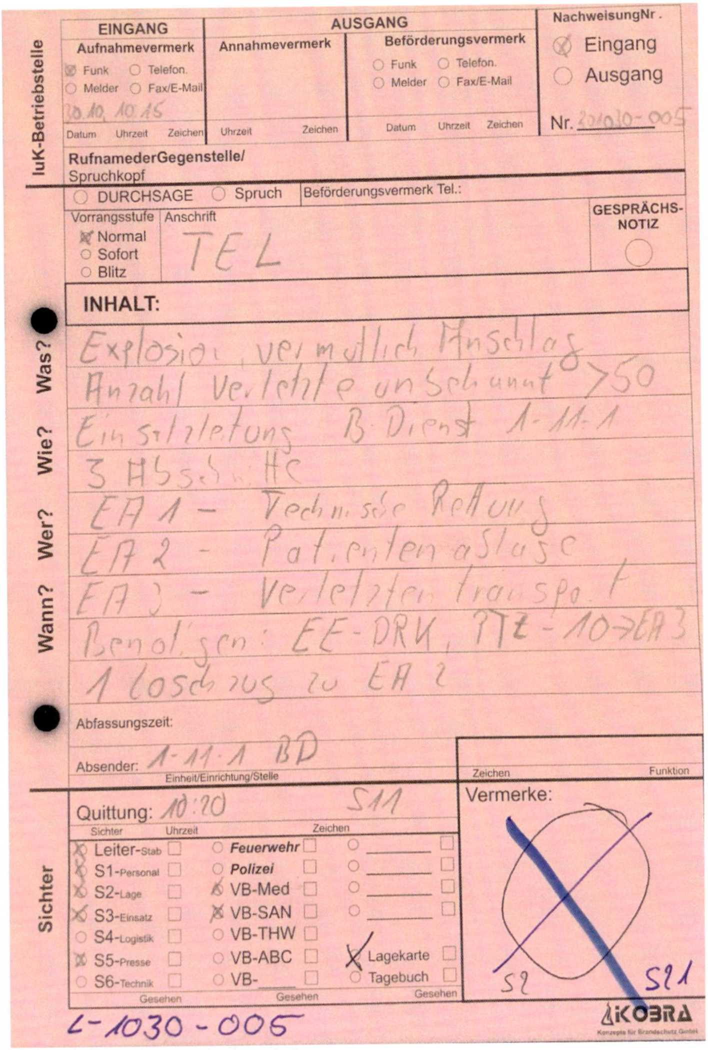

IuK-Betriebsstelle

EINGANG	AUSGANG		NachweisungNr.
Aufnahmevermerk	Annahmevermerk	Beförderungsvermerk	☒ Eingang
☒ Funk ○ Telefon. ○ Melder ○ Fax/E-Mail		○ Funk ○ Telefon. ○ Melder ○ Fax/E-Mail	○ Ausgang
20.10. 10.15			Nr. 201030-005
Datum Uhrzeit Zeichen	Uhrzeit Zeichen	Datum Uhrzeit Zeichen	

RufnamederGegenstelle/Spruchkopf

○ DURCHSAGE ○ Spruch | Beförderungsvermerk Tel.:

Vorrangsstufe: ☒ Normal ○ Sofort ○ Blitz | Anschrift: TEL | GESPRÄCHS-NOTIZ ○

INHALT:

Was? Wie? Wer? Wann?

Explosion, vermutlich Anschlag
Anzahl Verletzte unbekannt >50
Einsatzleitung B-Dienst 1-11-1
3 Abschnitte
EA 1 – Technische Rettung
EA 2 – Patientenablage
EA 3 – Verletztentransport
Benötigen: EE-DRK, ?TZ-10→EA3
1 Löschzug zu EA 2

Abfassungszeit:

Absender: 1-11-1 BD
Einheit/Einrichtung/Stelle | Zeichen | Funktion

Quittung: 10:20 S11
Sichter Uhrzeit Zeichen

Sichter

☒ Leiter-Stab ☐	○ Feuerwehr ☐	○ ______ ☐
☒ S1-Personal ☐	○ Polizei ☐	○ ______ ☐
☒ S2-Lage ☐	☒ VB-Med ☐	○ ______ ☐
☒ S3-Einsatz ☐	☒ VB-SAN ☐	○ ______ ☐
○ S4-Logistik ☐	○ VB-THW ☐	
☒ S5-Presse ☐	○ VB-ABC ☐	☒ Lagekarte ☐
○ S6-Technik ☐	○ VB-____ ☐	○ Tagebuch ☐
Gesehen	Gesehen	Gesehen

Vermerke: S2 S21

L-1030-005

KOBRA Konzepte für Brandschutz GmbH

Abb. 3: Lageinformation

stellt. So erkennt man, ob die Information schon verarbeitet wurde und z.B. auch, ob sie an der Lagekarte dargestellt wurde. Wichtig ist eine einheitliche Vorgehensweise, die im Idealfall im Vorfeld in der Stabsdienstordnung festgelegt ist.

Der Tagebuchführer S2.2 versieht den Vordruck mit einer eindeutigen Nummer, sofern dies nicht schon durch die Nachweisung erledigt wurde.

Tagebuchführer S2.2

Eine weitere Abwandlung ist die Nutzung von farbigen Stiften, um den Stand der Bearbeitung zu kennzeichnen.

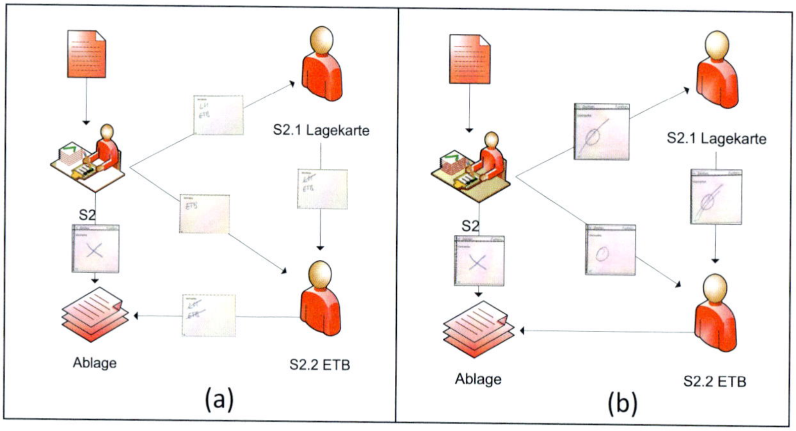

Abb. 4: Varianten zur Kennzeichnung des 4-fach-Vordrucks; (a) Die Kennzeichnung erfolgt durch den S2 mittels Auszeichnungsschlüssel. (b) Eine andere Variante ist die Kennzeichnung mittels Symbolik.

Anfertigen von Gesprächsnotizen

Bei wichtigen Gesprächen, sei es fernmündlich oder persönlich, wird auf dem 4-fach-Vordruck eine Gesprächsnotiz gefertigt. Adressat ist dabei der Gesprächspartner. Absender ist derjenige, der die Gesprächsnotiz anlegt. Bei Gesprächen mit Externen also das Mitglied des Stabes. Im Feld Vermerke werden dann ggfs. mittels Auszeichnungsschlüssel die Verteilung bzw. notwendige Maßnahmen durch den Verfasser festgelegt.

Weißer Durchschlag

Der weiße Durchschlag bleibt in allen Fällen beim Absender. Alle anderen Blätter können bei Bedarf dazu genutzt werden, den Inhalt der Gesprächsnotiz im Stab zu kommunizieren. Der rote Durchschlag geht dabei immer zum S2, der grüne Durchschlag an weitere Stellen, welche ausgezeichnet sind. Ob die Nachricht in der Nachweisung erfasst wird, ist nicht festgelegt und muss in der Stabsdienstordnung geregelt werden. Einige Ausbildungsunterlagen empfehlen, auch die Gesprächsnotiz in der Nachweisung zu registrieren.

Auszeichnungsschlüssel

Der Auszeichnungsschlüssel dient dem Stab dazu, die Laufzettel zu kennzeichnen und kann von jedem Mitglied im Stab verwendet werden.

Auszeichnungs-
schlüssel

Tab. 3: Übersicht der häufigsten Auszeichnungsschlüssel

Zeichen	Bedeutung
/	Zur Kenntnisnahme *Nur zur Information. Nicht zu verwechseln mit X.*
X	Federführung *Zur eindeutigen Kennzeichnung, wer bei einem Auftrag verantwortlich ist für die Ausführung. Ein X kann nur einer Stelle zugeordnet sein.*
R *S3*	Rücksprache *halten mit dem S3. Alternativ mit dem Leiter des Stabes, wenn keine weitere Angabe*
1…,2…,3…	Reihenfolge *Die Ziffern geben an, wer in welcher Reihenfolge den Auftrag zu bearbeiten hat.*
LV	Lagevortrag *Information wird im nächsten Lagevortrag erwähnt*
zE	zur selbständigen Erledigung *Der Adressat hat den Auftrag selbständig zu erledigen.*
LM	Lagemeldung *Beitrag für die nächste Lagemeldung an übergeordnete Stellen*
LK	Lagekarte *Die Information soll in die Lagekarte mit aufgenommen werden. I.d.R. verwendet der S2 diese Kennzeichnung als Hinweis für den Lagekartenführer*
BefB	Befehlsbeitrag *Beispielsweise eine Information des S4 zur Versorgung*
ETB	Einsatztagebuch *Eintrag ins ETB. Diese Auszeichnung wird verwendet, wenn eine bestimmte Information, die nicht routinemäßig im ETB eingetragen wird, in jedem Fall dokumentiert werden soll. Informationen, die standardmäßig im ETB dokumentiert werden sollen, werden in der Stabsdienstordnung festgelegt.*
T *1230*	Termin *Um 12:30 Uhr muss etwas erledigt sein; prüfen, ob ein Eintrag auf Zeitstrahl erforderlich ist.*
1x	Mit Kopien zu verteilen *3x bedeutet 3 Kopien anfertigen + das Original*
U	Umlauf *Die Information wird in den Umlauf gegeben, damit sie jeder zur Kenntnis bekommt. Bei einer parallelen Verteilung wird das Zeichen in Kombination mit der Anzahl der Kopien genutzt z.B. U 6x*
Wv	Wiedervorlage *Die Wiedervorlage richtet sich an den Sachbearbeiter und dient dazu, die Stabsfunktion an eine wichtige Information zu erinnern.*

Anwendung 4-fach-Vordruck

Die Abbildungen 5 und 6 zeigen eine typische Variante, wie der 4-fach-Vordruck im Stab angewendet werden kann.

Ausgang einer Meldung

1. Das **Stabmitglied** verfasst die Nachricht auf dem **obersten Blatt** des 4-fach-Vordrucks,
2. behält das oberste Blatt und
3. reicht die restlichen drei Durchschläge an die Nachweisung.
4. Die Nachweisung vergibt eine eindeutige Nummer und gibt alle drei Zettel weiter an den Fernmelder.
5. Der **Fernmelder** befördert die Nachricht und
6. behält den **gelben Zettel** als Nachweis der Beförderung.
7. Der **rote Durchschlag** wird dem **S 2** zugestellt, der ihn wiederum im eigenen Sachgebiet verarbeitet.
8. Der **grüne Durchschlag** geht zurück zum **Verfasser**, als Rückmeldung, dass die Meldung verarbeitet wurde und dient zur Information der Stabsmitglieder..

Eingang einer Meldung

1. Der **Fernmelder** verfasst die Meldung auf dem **obersten Blatt** des 4-fach-Vordrucks und reicht alle vier Blätter an die Nachweisung.
2. Dort wird eine eindeutige Nummer vergeben und die vier Blätter werden an die Funktion des Sichters weitergegeben.
3. Der Sichter bestimmt, wer zusätzlich zum S2 die Nachricht im Stab erhält, vervielfältigt die Meldung bei Bedarf und verteilt die Durchschläge.
4. Die im Verteiler benannten Stabsmitglieder bearbeiten die Meldung.
5. Der **S2** bekommt den **roten Durchschlag** und legt fest, wer im S2-Bereich die Meldung erhält (z.B. ETB, Lagekarte).
6. Der **gelbe Durchschlag** geht zurück in die Nachweisung zur **Ablage.** Hier ist jetzt dokumentiert, wer die Nachricht wann aufgenommen hat und an wen sie verteilt wurde.

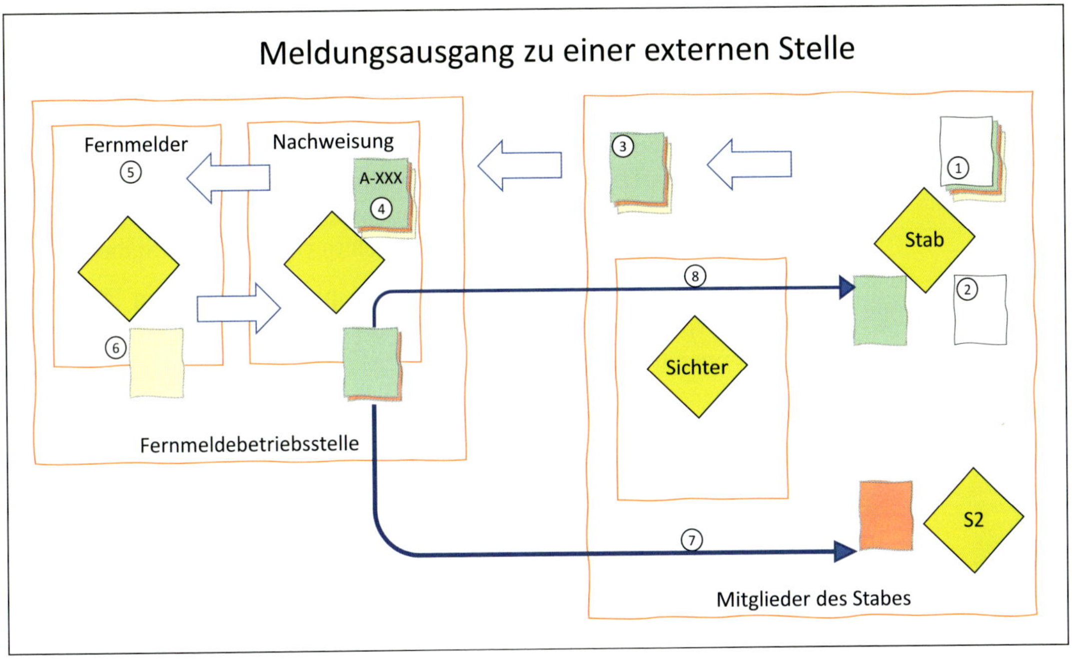

Abb. 5: Ausgang einer Meldung

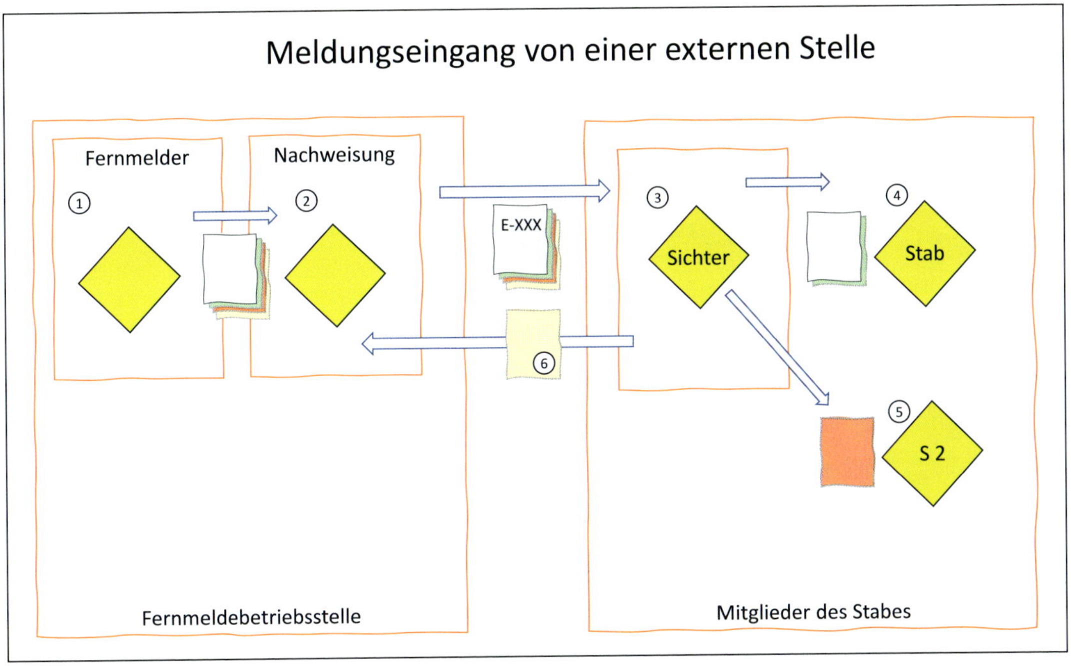

Abb. 6: Eingang einer Meldung

1.2 Räumlichkeiten für die Stabsarbeit

Bevor wir uns dem Zweck der Lagedarstellung widmen, gehen wir noch auf das Thema **Räume für die Stabsarbeit** ein. Stabsarbeit findet bei der nichtpolizeilichen Gefahrenabwehr sowohl an der Einsatzstelle in der Nähe des Schadensortes als auch in rückwärtigen Stäben statt.

Mobile Führungsstellen

Abbildung 7 zeigt einige typische Beispiele von mobilen Führungsstellen vor Ort. Die in der Praxis vorkommenden Varianten sind nahezu unendlich. Unabhängig von der konkreten Ausprägung bestehen

a) Abrollbehälter mit seitlicher Erweiterung zur Vergrößerung des Raumes. Solche Abrollbehälter werden häufig in Kombination aus weiterem Abrollbehälter mit IuK Technik oder einem ELW als Fernmeldebetriebsstelle genutzt

b) ELW mit seitlich ausfahrbarer Fläche zur Vergrößerung des Raumes im Fahrzeug

c) Führungsstelle des THW als Kombination aus Fahrzeugen und Zelt.

Abb. 7: Übersicht mobiler Führungsstellen

alle immer aus einem Stabsbereich und einem Fernmeldebereich. Die Stabsarbeit und Lagedarstellung unterscheiden sich auch nicht, ob vor Ort oder rückwärtig. Vor Ort ist sie eher geprägt von der Dynamik der Einsatzstelle. Wesentlicher Unterschied ist der geringere Platz und die einfache und vorgegebene Bestuhlung. Wie in den Bildern zu erkennen ist, versucht man, das Platzproblem durch ausfahrbare Einheiten sowie die Kombination von mehreren Fahrzeugen und Zelten so gut es geht zu lösen.

Eigene Räume für Stabsarbeit

Stäbe im rückwärtigen Bereich haben natürlich mehr Platz und nutzen in der Regel mehrere Räume. Abbildung 8 zeigt einige Beispiele aus der Praxis. Da die Vorhaltung eines eigenen Raumes, der ausschließlich für die Stabsarbeit konzipiert wurde, häufig schwierig ist, greift man auf bestehende Räume zurück und passt diese bestmöglich an.

a) Im Idealfall findet man im rückwärtigen Bereich vorbereitete und extra für die Stabsarbeit konzipierte Räume mit den entsprechenden Führungsmitteln vor.

b) Ein typischer Stabsraum wie man ihn vielerorts vorfindet. Ein vorhandener Raum wurde für die Stabsarbeit vorbereitet.

c) Nicht immer gibt es einen eigenen, nur für die Stabsarbeit vorgehaltenen Raum. Häufig greift man auf bestehende Räumlichkeiten zurück und muss den Raum in der Lage erst mit einem vorbereiteten Konzept ertüchtigen.

Abb. 8: Beispiele von Stabsräumen der rückwärtigen Führung

Raumplanung

Sofern man die Möglichkeit hat, einen Raum speziell für die Stabsarbeit zu planen, sind zahlreiche Überlegungen im Vorfeld notwendig.

Neben den allgemein üblichen Planungen zu

- **Raumgröße,** Platz pro Person, Tischgrößen und Mindestabstände
- **Lichtverhältnissen,** Erkennbarkeit und Blendfreiheit
- **Klimatisierung,** Raumtemperatur und Luftqualität
- **Akustik,** Schallschutzelemente an Wänden und Decken verbessern die Akustik vor allem bei vielen Personen im Raum. Neben der visuellen Darstellung der Lage ist die Kommunikation im Stab ein entscheidender Faktor. Von daher gebührt der Akustik ein besonderer Stellenwert, der in der Praxis häufig vernachlässigt wird.

kommen spezielle technische Anforderungen wie Notstromversorgung, redundante Internetanbindung und Multimediatechnik hinzu.

Aber auch Parkplätze im Umfeld, Nachbarräume zum eigentlichen Stabsraum für Arbeitsgruppen, Garderobe und Versorgungsbereiche sowie die Sicherung des Bereichs gegen unbefugtes Betreten sind mit zu planen.

Da es unterschiedliche Stäbe gibt hinsichtlich Aufgabe, Struktur (Aufbau- und Ablauforganisation) und Personenanzahl, kann es auch nicht den optimalen Stabsraum geben. Plant man einen vorbereiteten und dem speziellen Zweck der Stabsarbeit gewidmeten Raum, ist eine genaue Analyse der verschiedenen Punkte notwendig. Um dem Leser einen Eindruck der zu beachtenden Punkte und den bereits zu diesem Thema vorhandenen Überlegungen zu geben, stellen wir hier die wichtigsten Punkte vor.

Je nach Aufbau des Stabes (Einstabsmodell oder Zweistabsmodell) ist eine unterschiedliche Anzahl an Personen zu berücksichtigen. Mit der Anzahl der Personen ändern sich die Anforderungen an Sitzpositionen und Akustik und es entstehen Fragen wie: Wer muss mit wem kommunizieren? Wer mit wem eng zusammenarbeiten? Wer telefoniert viel, wer ist eher stille Funktion, muss aber „alles“ mitbekommen?

1.2.1 Tischanordnungen und Anordnung der Darstellungsflächen

Tischkonstellationen

Um die Kommunikation zwischen den Stabsmitgliedern und die Sicht auf die Lagewand zu optimieren, wurden bereits zahlreiche Tischkonstellationen ausprobiert. Dies reicht in der einfachsten Variante vom Aufstellen rechteckiger Standardtische bis hin zu extra angefertigten Tischplatten in Nierenform, um alle Beteiligten an einen Tisch zu bekommen.

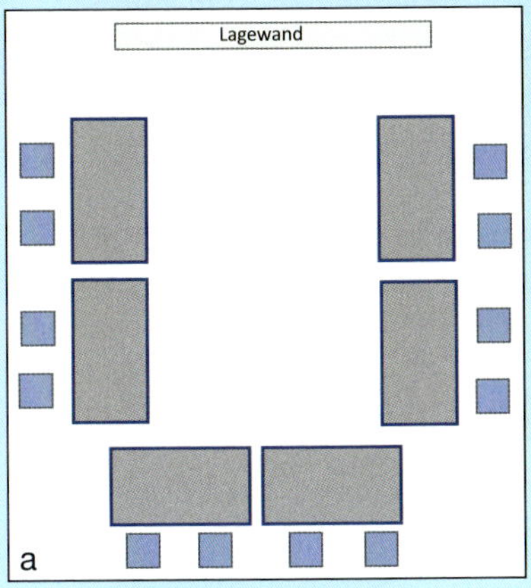

U-Profil mit dem Vorteil, sich zwischen den Reihen bewegen zu können und trotzdem Abstand zum Gegenüber einzuhalten, um „ruhiger“ arbeiten zu können.

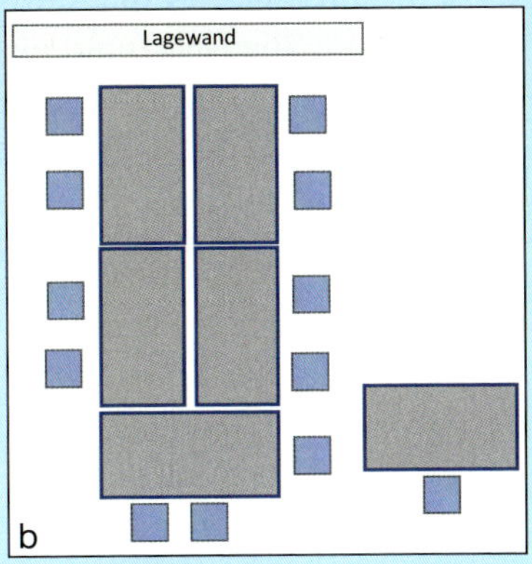

Die kompakte Form des U-Profils für beengte Platzverhältnisse ermöglicht den schnellen manuellen Austausch von Zetteln etc., führt aber zu einer erhöhten akustischen Belastung in der Arbeitsphase.

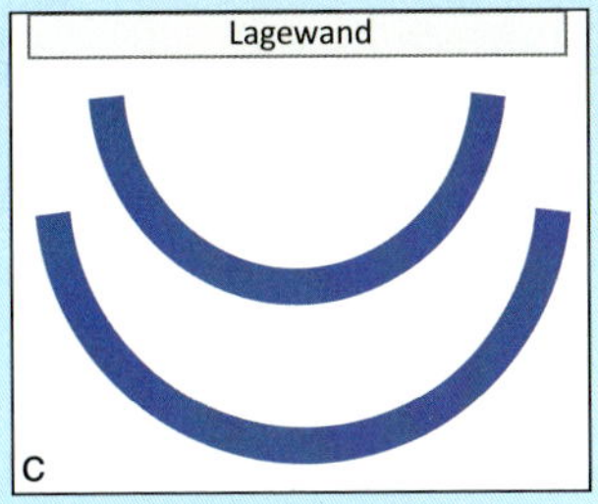

Im Zweikreis-Modell sitzt der Entscheiderkreis im inneren Kreis und die Sachbearbeiter hinter ihren Sachgebietsleitern im von der Lagewand entfernteren Kreissegment. Dieses hintere Segment ist leicht erhöht angeordnet, damit die hintere Reihe akustisch nicht benachteiligt wird und auch gleiche Sicht hat. Diese jahrtausendalte Anordnung findet man auch heute noch in Hörsälen, Unterrichtsräumen oder eben auch einigen Stabsräumen.

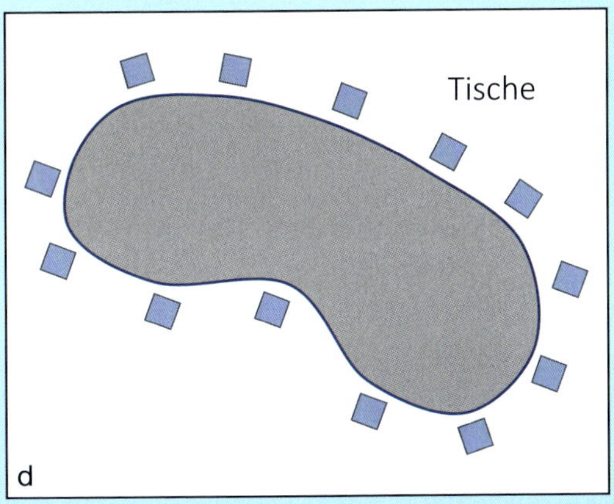

Die Anordnung der Sitzpositionen in Nierenform ist in operativ tätigen Stäben eher selten anzutreffen, da immer einige mit dem Rücken zur Lagewand sitzen.

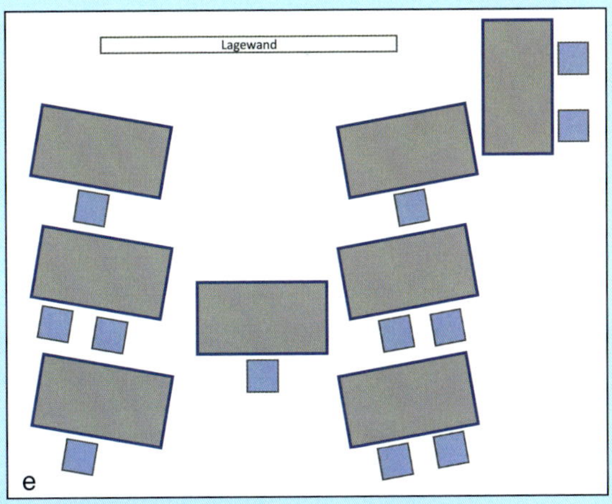

Das Fischgrätmuster mit dem Leiter in der Mitte ermöglicht einen einfachen Austausch.

Abb. 9: Typische Anordnungen der Tische und Stühle sind: (a,b) U-Form, (c) ein oder zwei Halbkreise,(d) die Nierenform sowie (e) das Fischgrätenmuster.

Spezielle Raumgestaltung

In den letzten Jahren gibt es immer mehr Überlegungen, Stabsräume nicht rein nach formalistisch-funktionalen Kriterien auszusuchen und zu planen. Die Überlegungen zu Raumgröße und Flächen nach Arbeitsstättenverordnung (ArbStättV) reichen für einen optimalen Stabsraum nicht aus. Soll der Raum unterstützend wirken, muss der Raum in den Kontext der Stabsarbeit passen. HEIMANN weist darauf bereits 2015 in zwei Beiträgen hin. Der Raum hat durch seine Gestaltung (Design) Auswirkungen auf das Befinden der Personen und die Kommunikation im Raum und damit indirekt auch auf die Stabsarbeit. Wenn sich der Raum negativ auf das Befinden auswirkt (unbequem, kalt, zu klein usw.), wirkt sich das auch auf die Arbeitsleistung des Stabes und damit auf das Ergebnis der Stabsarbeit aus. Wenn der Raum die Kommunikation stört, z.B. durch schlechte Akustik, schlechte Sicht etc., wirkt sich dies ebenfalls negativ aus. Der Raum ist nicht ursächlich für eine schlechte Entscheidung. Die Gestaltung des Raumes muss aber beachtet werden, um nicht noch zusätzlich zur Schwierigkeit der Lage beizutragen, sondern die Stabsarbeit positiv zu unterstützen.

Der umfassendste Ansatz in diesem Zusammenhang bietet der Designansatz des **Narrative Environments** mit einer umfassenden Analyse- und Gestaltungsmethodik. Wie die Bezeichnung *Narrative* schon erahnen lässt, geht es in diesem Designansatz um Geschichten (Storys).

Bezogen auf den konkreten Fall eines Stabsraumes geht dieser Ansatz davon aus, dass ein Stabsraum selbst potenziell als Akteur der Story (Schadenslage) behandelt wird und die Lage zusammen mit den handelnden Personen (Stab) beeinflussen kann. Wie jeder Protagonist, der sich im Laufe der Geschichte verändert und den Gegebenheiten anpasst, muss auch ein Raum in der Lage sein, dies zu tun. Es gilt zu fragen, welche Rolle und Funktion ein Raum in welchen zeitlichen Abschnitten der Schadenslage übernehmen soll. Der Raum als Protagonist kann hierbei auch auf emotionaler Ebene auf die handelnden Personen wirken. Es wird also nicht nur gefragt, welche funktionalen Probleme einzelne Designentscheidungen wie Farbe, Licht, Platz, Akustik lösen, sondern auch, welchen Einfluss diese Entscheidungen auf die Emotionen des Stabs und damit auf die Stabsarbeit haben.

Konkret bezogen auf die Situation eines Stabsraumes bedeutet dies, im Designprozess Elemente zu verwenden, um Stress zu reduzieren, Kreativität zu fördern und Kommunikation zu verbessern bzw. Elemente des Raumes, welches sich auf diese Faktoren auswirken, anpassbar zu machen. Wie wir in Abbildung 1 und Tabelle 2 schon ausgeführt haben, erfolgt die Stabsarbeit in unterschiedlichen Phasen und mit unterschiedlichen Methoden bzw. Ausrichtungen. Das Spektrum geht von kreativ bis hin zur schematischen Arbeit. Beim Durchlaufen des Führungsvorgangs ändern sich also auch die Anforderungen an den Raum. Spätestens jetzt fragt sich der Praktiker „Soll ich jetzt den Raum ständig umbauen…?“. Nein – der Raum soll nicht umgebaut werden, sondern je nach Lage (Dauer, Szenario, Beteiligte, Dynamik, Zeitschiene) optimiert werden und wo es geht, angepasst werden können. Die Ausführungen sollen verdeutlichen, was man bei der Konzipierung alles beachten muss, um einen optimalen Raum zu schaffen. Ein großer Raum mit Whiteboards an den Wänden ist bei weitem nicht ausreichend, um die Prozesse der Stabsarbeit optimal durchführen zu können.

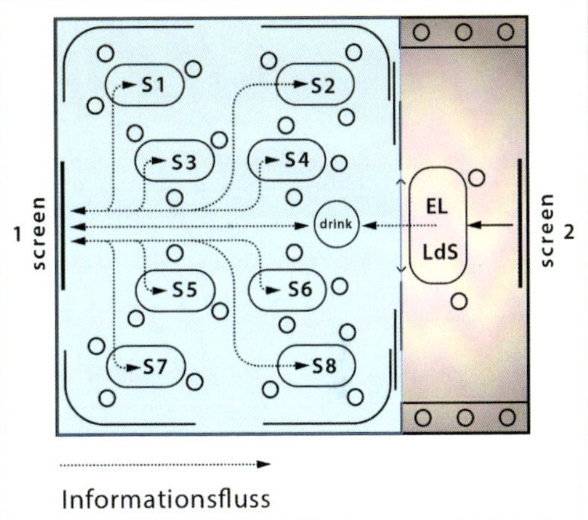

Abb. 10: Anordnung der Personen und Darstellungsflächen im Stabsbereich

Abbildung 10 zeigt eine Designstudie, die im Rahmen mehrerer interdisziplinärer Workshops zum Thema Stabsräume entstanden ist. Dabei kam es zum Austausch zwischen Kreativen des Central Saint Martins College in London, in welchem der Narrative Environments-Ansatz in einem Masterstudiengang gelehrt wird, und Experten aus dem Bereich Gefahrenabwehr aus Deutschland und England.

Der Raum berücksichtigt dabei folgende Überlegungen. Der Stabsbereich ist unterteilt in einen kreativen Teil und in einen schematischen Entscheidungsteil.

Kreativ-Bereich

Im kreativen Bereich hat jeder Stabsbereich eine eigene Visulisierungsecke (VE) und der Bereich ist gleichmäßig ausgeleuchtet mit einem variierbaren Blauanteil. Die Wände sind mit Sperrholz oder OSB-Platten gestaltet, um das Gefühl einer Werkstatt zu erzeugen. Die Wandstrukturen sind geräuschreduzierend, um akustischen Stress zu reduzieren und Sprachverständlichkeit zu erhöhen. Der Boden ist bläulich gehalten zur Unterstützung der Kreativität. Die Sachgebietsinseln sind mit Sitzhockern und erhöhten Tischen ausgestaltet. Die Lagedarstellung ist detailreich und umfassend.

Entscheider-Bereich

Der Entscheiderbereich kann bei Bedarf mittels Schiebtüre abgetrennt werden. Das Licht hat seinen Fokus auf dem Tisch. Die Wände sind in grau-weiß gehalten, um weißen Medien wie Whiteboard, Papier und Leinwand einen besseren Kontrast zu bieten. Der Boden ist in einem gräulichen Rot zur Unterstützung der Umsichtigkeit.

In der Praxis findet man einige dieser Elemente bereits in ähnlicher Ausprägung. So finden man beim Neubau von Feuerwachen schon

Abb. 11: Beispiel für Wanddesign zur Erzeugung einer Kreativumgebung

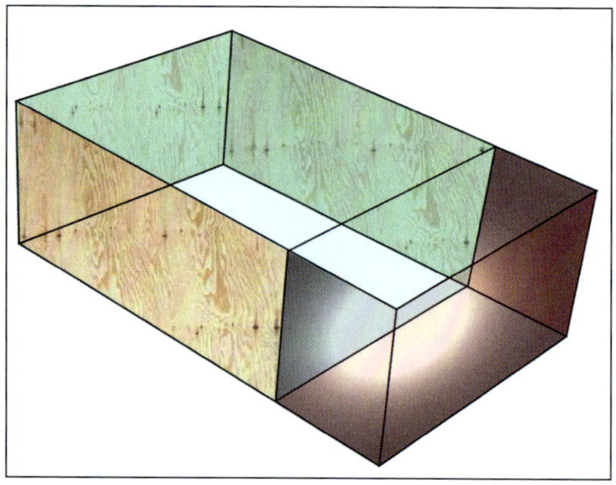

Abb. 12: Wand- und Deckendesign in den beiden Bereichen

Stabs**bereiche**, in denen in unmittelbarer Nachbarschaft zum eigentlichen Stabs**raum** Arbeitsräume angeordnet sind und andere Supportbereiche wie Küche, Empfang, Technik etc.

In vielen Stabsräumen findet man hauptsächlich weiße Wände, eine Beamerfläche und eine klassische Bestuhlung mit normalen Standardtischen. Hier soll die Designstudie die Möglichkeiten zeigen, wie man Teamprozesse im Zusammenhang mit Stabsarbeit noch weiter optimieren kann.

1.3 Zweck von Lagedarstellungen

Nachdem wir uns nun mit dem Bereich Stabsarbeit und dem Raum auseinandergesetzt haben, kommen wir nun zum eigentlichen Zweck der Lagedarstellung, also warum ist die Lagedarstellung so wichtig.

Visualisierung der Schadenslage

Die Lagedarstellung ist kein Selbstzweck, sondern dient dazu, einen Überblick über die jeweilige Schadenslage zu bekommen, um notwendige Entscheidungen optimal treffen zu können. Mit Hilfe der Lagedarstellung erfolgt eine Visualisierung der Schadenslage, um diese **in den wesentlichen Elementen schnell erfassen zu können**. Einen Überblick bekommen beinhaltet dabei

- das Ausmaß der Schäden und deren Klassifizierung (Art der Gefahr und Intensität)
- die Priorisierung der Gefahren,
- die eingesetzten Kräfte und Mittel,

- die Ziele der Einsatzleitung,
- den zeitlichen[1] weiteren Ablauf,
- die getroffenen und die geplanten Maßnahmen und
- das Wetter[2] (Windstärke und -richtung, Boden- und Lufttemperatur, Bewölkung)

zu kennen.

Auch bei der Einweisung unterstellter und nachrückender Kräfte kann eine Lagedarstellung hilfreich sein. Einweisung in die Lage beinhaltet dabei die Benennung der

- aktuellen Gefahren und des Einsatzschwerpunktes,
- eine Einweisung in die Führungsorganisation mit Hilfe taktischer Zeichen,
- eine räumliche Orientierung geben, sowie
- getroffene Maßnahmen und
- beabsichtigte Maßnahmen darzustellen.

Alle Maßnahmen und Tätigkeiten dienen immer dem übergeordneten Ziel, optimale Entscheidungen zu treffen, um die Schadenslage zu bewältigen.

Um das Ziel, optimale Entscheidungen erreichen zu können, gibt es zwei wichtige Themen, mit denen sich jede Führungskraft auseinandersetzen muss. Dies sind ein **gemeinsames mentales Modell**[3] und **Situationsbewusstsein.** Beides erläutern wir hier kurz, um darzustellen, welchen Beitrag die Lagedarstellung leistet.

1.3.1 Situationsbewusstsein

Um im Einsatz richtig entscheiden zu können, ist Situationsbewusstsein notwendig. Das Situationsbewusstsein wird erheblich durch die Lagedarstellung beeinflusst. Daher ist es wichtig, sich im Zusammenhang mit Lagedarstellung mit dieser Thematik zu beschäftigen.

---

[1] Die Darstellung des zeitlichen Ablaufs erfolgt anhand des Zeitstrahls. Er beinhaltet wichtige Ereignisse in der Zukunft.

[2] Das Wetter ist nicht immer relevant für die Darstellung. In den meisten Fällen nimmt der Einsatzleiter das Wetter mit seinen Sinnen bei der Erkundung ausreichend wahr. Bei ABC-Lagen sind Angaben zum Wind und der Bewölkung wichtig. Die Bodentemperatur erlaubt die Beurteilung der Glättegefahr. Ähnlich verhält es sich mit der Uhrzeit. Auch diese ist oft nicht relevant. Für die Trendanalyse bei einer Hochwasserlage ist sie aber wichtig.

[3] In der Literatur auch als *Shared Mental Models* bezeichnet

Situationsbewusstsein ist das, was man benötigt, um nicht überrascht zu werden!

In der Gefahrenabwehr gibt es dafür die Formulierung „... vor die Lage kommen ...“.

Situationsbewusstsein

Wenn man sich mit Stabsarbeit und Lagedarstellung beschäftigt, trifft man in der einschlägigen Fachliteratur immer wieder auf den englischen Begriff *Situation Awareness* oder im Deutschen Situationsbewusstsein. Situationsbewusstsein braucht man nicht nur bei Feuerwehreinsätzen, sondern in vielen Situationen, beispielsweise im Straßenverkehr. Hier bezeichnet man es als vorausschauendes Fahren. Nicht erst bremsen, wenn das Hindernis vor einem ist, sondern wenn sich der Verkehrsfluss verlangsamt, die Geschwindigkeit anpassen.

Das Situationsbewusstsein im Zusammenhang mit Lagedarstellung beinhaltet

- die Darstellung von Zusammenhängen,
- das Entwickeln von Erwartungen und
- ein gemeinsames mentales Modell der Lage.

Ursprünglich kommt die Modellvorstellung des Situationsbewusstseins aus dem militärischen Bereich. Man versuchte heraufzufinden, wie Kampfpiloten im Luftkampf erfolgreicher sein konnten als ihr Gegner und kam zu dem Schluss, dass *Situation Awareness*[1] dabei einen wichtigen Baustein darstellt.

Situationsbewusstsein ist wichtig, um richtige Entscheidungen zu treffen. Eine wichtige Voraussetzung für sicheres Handeln und richtiges Entscheiden ist eine richtige Einschätzung der Situation. Dazu muss der Entscheider die verschiedenen Aspekte einer Situation, also z.B. bei einem Einsatz, richtig wahrnehmen, diese verstehen und daraus geeignete Handlungen generieren. Man spricht in einem solchen Fall von einem guten Situationsbewusstsein.

Die Lagedarstellung trägt dazu bei bzw. hilft, ein gutes Situationsbewusstsein zu entwickeln. Das Lagebild dient also nicht nur dazu, einen aktuellen Stand darzustellen, sondern auch für das Verständnis, wann und wo etwas passiert bzw. passieren wird. In dem Moment, indem man weiß, was als nächstes passieren wird und wie man darauf reagieren wird, ist man vor der Lage und kommt vom *Reagieren* zum *Agieren*.

[1] Im Bereich des Crew Ressource Management in der Fliegerei wurde der Begriff dann weiter untersucht

Stufenmodell für Situationsbewusstsein

Endsley entwickelte ein dreistufiges Modell, das sich auf die verschiedenen Elemente einer Situation bezieht. Ein gutes Situationsbewusstsein beinhaltet **das Wahrnehmen** der aktuellen Lage, **das Nachvollziehen und Verstehen** eben dieser Lage und vor allem auch **das Vorhersehen** der zukünftigen Lageentwicklung.

Wahrnehmung ist die erste Stufe oder Ebene des Situationsbewusstseins. Die Einsatzkraft muss seine Umwelt möglichst objektiv wahrnehmen. Zum Beispiel: Es brennt im zweiten Obergeschoss und Rauch dringt aus dem Fenster im Flur.

Verstehen und Interpretieren als zweite Ebene bedeutet, das Wahrgenommene zu verstehen und die verschiedenen Informationen in einen richtigen Zusammenhang zu bringen bzw. Zusammenhänge zu erkennen. Durch das Erkennen und Verstehen von Zusammenhägen können dann die Folgen und daraus dann die notwendigen Maßnahmen abgeleitet werden. Man spricht in diesem Zusammenhang auch vom „Kettendenken“.

Beispiel:

Der Brand in einer Trafostation oder ein Pkw-Unfall, der die örtliche Verteilstation des Telefonanbieters beschädigt, sind schnell unter Kontrolle und häufig keine besonderen Lagen. Folgen sind aber z. B. der Ausfall des Notrufes und Probleme bei der Versorgung eines Altenheimes.

1. Ebene: Pkw-Unfall
2. Ebene: Defekte Verteilstation der Telefonanbieter hat Auswirkungen auf Notruf
3. Ebene: Notrufe erreichen die Leitstelle nicht und deswegen muss das betroffene Gebiet informiert und bestreift werden

Die Darstellung von Zusammenhängen soll u.a. dazu dienen, Kaskaden- und Domino-Effekte frühzeitig zu erkennen. Je höher die Führungsebene, desto weiter muss „der Blick“, also die Prognose, in die Zukunft erfolgen.

Prognose als letzte und dritte Ebene ist das Verständnis für die Gesamtsituation und beinhaltet die Entwicklung von Erwartungen und wie sich der Einsatz entwickeln wird. Das Entwickeln von Erwartungen dient dazu, „vor die Lage“ zu kommen und zukünftige Ereignisse rechtzeitig vorherzusehen. Dafür ist es notwendig, sich Klarheit über den zeitlichen Verlauf der Schadenslage zu verschaffen. Stellen Sie sich eine Hochwasserlage an einem größeren Fluss vor. Es ist nicht nur wichtig zu wissen, dass der Fluss 20 Keller überschwemmt hat. Viel interessanter ist es, zu erkennen, dass bei einem steigenden Pegel von 10 cm pro Tag die kritische Marke in drei Tagen erreicht ist und dann 15.000 Wohnungen überschwemmt werden und der nahe gelegene Zoo geräumt werden muss.

Situations-elemente

Ein Einsatz beinhaltet immer verschiedene Situationselemente. Für den Bereich des Situationsbewusstseins lassen sich diese in folgende Faktorenbereiche einteilen:

- Auftrag
- Gefahrenlage
- Raum und Zeit
- Eigene Kräfte

Für ein besseres Verständnis schauen wir uns die verschiedenen Bereiche genauer an.

Der Auftrag

Der Auftrag ergibt sich aus den gesetzlichen Aufgaben und den Befehlen vorgesetzter Stellen. Wichtig ist auch die Frage bzw. Klärung, welche Faktoren die Auftragserfüllung erschweren oder verhindern können.

Die Gefahrenlage

Die Gefahrenlage, manchmal auch als heiße Lage bezeichnet, sind die bedrohten Objekte, z.B. durch ausgetretene Schadstoffe oder einen Brand und die betroffenen Personen.

Raum

Der Begriff Raum beinhaltet die Umwelt und den Ort, an dem sich der Einsatz ereignet. Merkmale des Raumes sind das Gelände, die Distanzen und die zur Verfügung stehenden Flächen.

Zeit

Eine sehr wichtige Dimension, die häufig unterschätzt wird, ist die Zeit. Sie bestimmt über den Ablauf eines Einsatzes. Wann passiert etwas? Was passiert als nächstes? Wann kommen weitere Kräfte? Auch wenn es schon mehrfach erwähnt wurde: Ziel einer jeden Führungskraft im Einsatz muss es sein, „Vor die Lage“ zu kommen. Das bedeutet zu wissen, was wann passieren wird und nicht nur, was schon passiert ist.

Eigene Kräfte

Zur Bewältigung der Lage ist Personal notwendig. Dieses bestimmt maßgeblich die Möglichkeiten, die bestehende Gefahrenlage abzuwenden. Die Kräftelage bildet daher einen entscheidenden Baustein.

Die Faktorenbereiche, deren Merkmale und vor allem ihre Dynamik, müssen als erstes wahrgenommen werden. Danach werden die verschiedenen Situationselemente zu einem ganzheitlichen Lagebild integriert, um die jeweilige Situation zu verstehen. Auf Basis dieses Verständnisses kann dann die zukünftige Entwicklung der einzelnen Faktorenbereiche für einen bestimmten Zeitraum vorhergesagt werden. Das ist der Moment, wo die Person ein gutes Situationsbewusstsein hat.

Merke:

„Situationsbewusstsein ist das mentale Bild einer Situation, welches im Kopf der Einsatzkraft entsteht und sich zusammensetzt aus dem vorhandenen Wissen der Person, der Erfahrung dieser Person und den relevanten Situationsmerkmalen."

Situationsbewusstsein ist also nicht statisch, sondern es variiert je nach Führungsebene und ändert sich über den Verlauf des Ereignisses.

Das letzte Element eines guten Situationsbewusstseins, auf das wir eingehen, ist das **gemeinsame mentale Modell**.

Gemeinsames mentales Modell

Ein gemeinsames mentales Modell bedeutet, dass alle Mitglieder des Teams eine gemeinsame Vorstellung haben, gemeinsame Ziele und damit sozusagen „das gleiche Bild" vor Augen haben. Je mehr Personen an einem Problem arbeiten, desto wichtiger ist das gemeinsame Verständnis für das Problem. So wäre es fatal, wenn ein Einsatzabschnitt den Brand als Schwerpunkt sieht und diesen mit allen Kräften bekämpft und nicht die Gefahr der Ausbreitung auf den benachbarten Betrieb mit Gefahrstoffen. Hätten alle Abschnittsleitungen das gleiche „Bild", dann würde der genannte Einsatzabschnitt alle Kräfte auf die Verhinderung der Ausbreitung konzentrieren und die Brandbekämpfung z.B. als zweite Priorität bewerten.

Neben den Umständen der Situation müssen sich die beteiligten Akteure z.B. über folgende Dinge klar sein:

- Welches Problem ist zu bewältigen?
  Die Löschwasserversorgung ist nicht ausreichend und muss verstärkt werden.
- Was ist das gemeinsame Ziel?
  Wir müssen eine leistungsfähige Löschwasserversorgung aufbauen, um die Werfer zu versorgen.

- Welches Risiko darf eingegangen werden?
  Ein Schlauchplatzer darf nicht zum Ausfall der Versorgung führen → also mindestens doppelte B-Leitung
- Was ist meine eigene Rolle im Team?
  Ich bin verantwortlich für ...die Planung der Förderstrecke... die Koordination an der Wasserentnahmestelle...die Absprache mit der EAL...
- Was ist die Rolle der Anderen?
  Die Einheit A entwickelt sich von der Wasserentnahmestelle bis zum Punkt X, wir übernehmen und fördern bis zum Übergabepunkt im Bereich EA West

Die Entwicklung eines gemeinsamen mentalen Modelles erfolgt über verbale Kommunikation, über Darstellungen, also in unserem Fall über taktische Zeichen, die dabei unterstützen, und über die Kenntnisse der Stärken und Schwächen der anderen Mitglieder des Teams. Die Bedeutung eines solchen mentalen Modells bekommt mit steigender Führungsebene und anwachsender Anzahl an Führungskräften eine immer größere Bedeutung, ist aber schon wichtig ab Ebene eines Zugführers, der mehrere Einheiten koordiniert.

SPOT-Schema

Um in der Praxis schnell zu einem guten Ergebnis zu kommen, eignet sich das **SPOT**-Schema. In der Praxis finden auch andere Methoden aus dem Bereich Crew-Ressource-Management Anwendung,

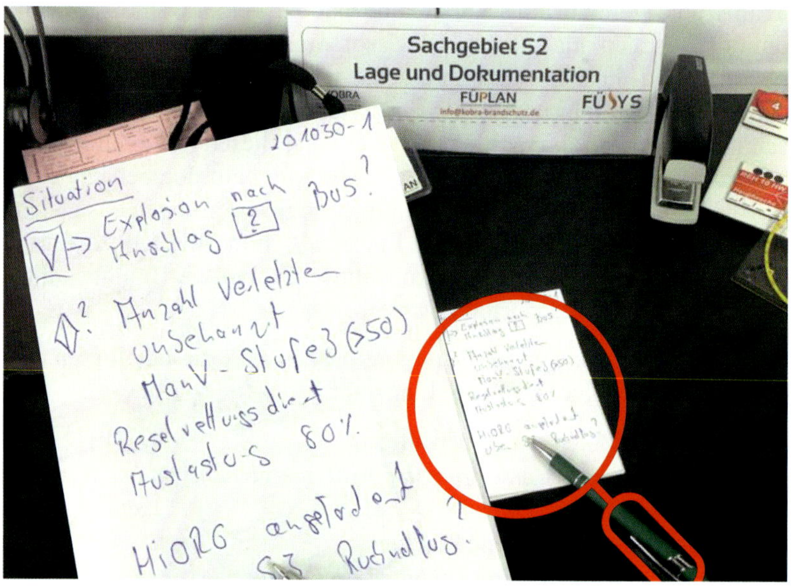

Abb. 13: Anwendung des SPOT-Schemas in der Praxis

um ein gemeinsames Problemverständnis für die aktuelle Situation zu erlangen.

Das SPOT-Schema dient in der Praxis dazu, ein gemeinsames Lageverständnis zu erlangen. SPOT ist dabei eine Merkhilfe für die Begriffe Situation, Personen, Ort und Objekt sowie Technik und Taktik. Durch die Beantwortung der Leitfragen in den verschiedenen Bereichen ergibt sich das Situationsbewusstsein.

SPOT-Schema:

Situation
- Für was bin ich zuständig?
- Was sind meine Probleme?
- Was wird als nächstes passieren?
- Welche Informationen fehlen mir noch zur Beurteilung der Lage?

Personen
- Wie viele Kräfte sind vorhanden?
- Wie viele werden wann benötigt?
- Woher kommen diese Kräfte?
- Welche Personen sind gefährdet?
- Wie verhalten sich Andere?

Objekte und Orte
- Welche Objekte sind bedroht?
- Wie ist die Umgebung?
  - Sind Schadstoffe vorhanden?
  - Wie sind die Verkehrswege?
  - Welche Distanzen müssen überwunden werden?

Taktik und Technik
- Welche Taktik wird gewählt?
- Welche Technik wird benötigt?

Wenn es schnell gehen muss, viertelt man ein DIN-A4-Blatt durch zweimal falten und macht sich in jedem Quadranten Notizen zu den Bereichen S.P.O.T. Dies ist dann der Sprechzettel zum ersten Lagevortrag.

Die Beantwortung erfolgt dabei immer aus der eigenen Sicht bezogen auf die Funktion, die man innehat und auf die jeweilige Führungsebene, auf der man tätig ist. Um dies zu verdeutlichen, wollen wir das Schema an einem konkreten Beispiel anwenden.

Beispiel:

Angenommene Lage ist eine Hochwasserlage in einem Flächenkreis. Betroffen sind drei Gemeinden. Die Kräfte sind seit zwei Tagen im Einsatz und der Stab hat im Kreishaus seine Arbeit seit gestern aufgenommen. Sie sind als S2 im Stab eingesetzt.

Es regnet bereits seit zwei Tagen und der Regen soll andauern. Man rechnet mit einer Niederschlagsmenge von 30 L/m² in den nächsten 8 Stunden. Dies bedeutet, dass die Hochwassermarke 2 im Stadtteil Muster überschritten wird und ein Altenheim geräumt werden muss und ca. 12.000 Bewohner vom Wasser bedroht sind. Die Straßen sind teilweise überflutet, aber im Wesentlichen frei und passierbar bis hin zu den überschwemmten Bereichen. Der betroffene Bereich hat eine Ausdehnung von 8 km x 2 km und liegt ca. 8 km vom Stab entfernt. Zurzeit sind alle verfügbaren Kräfte der Feuerwehren, des THW und der örtlichen DLRG Einheiten im Einsatz. Der Grundschutz ist gewährleistet. Die Kräfte müssen in 8 Stunden durch Kräfte der Nachbarkreise abgelöst werden, da diese Bereiche nicht betroffen sind. Das THW ist mit Hannibal-Pumpen im Einsatz. Der Flussbereich soll mit Sandsäcken stabilisiert werden, die noch angefordert werden müssen. Meine Aufgabe ist das Sachgebiet S2 im Stab. Ich muss mich um das Lagebild im gesamten Kreis kümmern und den anderen Sachgebieten die notwendigen Informationen zur Verfügung stellen. Mein Problem sind die wenigen Informationen aus den nachgeordneten Bereichen und die Überschwemmungsflächen, die bei der Marke 3 überflutet werden.

Der Zugführer der Wache 2 im Ortsteil Muster macht nach dem gleichen Schema folgende Zusammenfassung:

Mein Zug ist bereits seit 6 Stunden im Einsatz und bisher ohne Pause am arbeiten. Wir können noch 3 Stunden durchhalten und müssen dann eine Pause machen. Dann müssen Einsatzverpflegung und eine Unterkunft für die Kräfte zur Verfügung stehen. Das muss ich noch mit der EAL abklären. Es sind zahlreiche Keller überflutet und die Straßen in unserem Einsatzabschnitt sind teilweise überflutet. Der Kraftstoff unserer Aggregate reicht noch für ca. 3 Stunden, dann wird Nachschub benötigt. Wir werden die Unterführung zum Krankenhaus verteidigen. Falls das Wasser weiter steigt und das KH geräumt werden muss, brauchen wir eine Zufahrt. Mein größtes Problem sind die erschöpften Einsatzkräfte und der fehlende Nachschub.

Beide Einsatzkräfte befinden sich im gleichen Einsatz, aber in unterschiedlichen Funktionen und auf unterschiedlichen Führungsebenen. Sie blicken daher aus unterschiedlichen Blickwinkeln und mit unterschiedlichen Zielen auf ihre eigene Situation. Auch die Lagekarten von beiden sehen daher anders aus.

Zusammenfassend können wir also folgenden Zusammenhang festhalten:

Um die Schadenslage zu bewältigen, müssen optimale Entscheidungen getroffen werden. Um optimale Entscheidungen zu treffen, muss jede Einsatzkraft ein richtiges Situationsbewusstsein haben. Die richtige Darstellung der Lage hilft dabei, dieses Situationsbewusstsein zu schaffen.

Informationsflüsse

Da die Lagedarstellung ein zentrales Element der Stabsarbeit ist, muss sich das Sachgebiet 2 – Lage mit anderen Stellen austauschen. Abbildung 14 und Tabelle 4 zeigen die wesentlichen Informationsflüsse, wer sich mit wem austauscht und zu welchen typischen Informationen. Dieser Informationsaustausch erfolgt fast immer persönlich und nicht über 4-fach-Vordruck. In einigen Fällen wird der Vordruck für Gesprächsnotizen genutzt und mit anderen Stabsbereichen ausgetauscht. Der 4-fach-Vordruck dient in erster Linie jedoch dem Austausch mit externen Stellen.

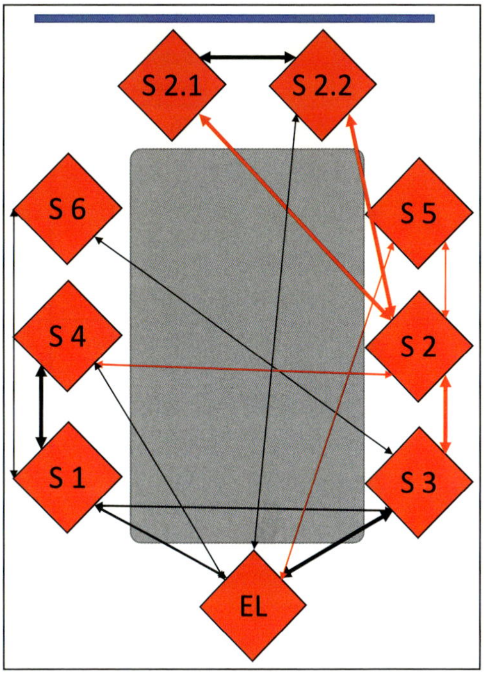

Abb. 14: Darstellung der Informationsflüsse im Stab

Schnittstellenpartner des S2

Tab. 4: Übersicht der Schnittstellenpartner vom S2

Schnittstellenpartner	**Welche Informationen gibt der S2?**	**Welche Informationen bekommt man als S2?**
Leiter des Stabes	Besondere Lageänderungen	Vorgaben zur Lagebesprechung
S1	Informationen zur Lage z.B. zu Bereitstellungsräumen, die angefahren werden sollen	Alarmierte und eingetroffene Kräfte
S3	Aktuelle Lage mit Schwerpunkten	Zum Beispiel Vorgaben zur Gliederung des Raumes mit Einsatzabschnitten, Maßnahmen, Gefahren
S4	Verkehrswege	Logistikplanung, Versorgungspunkte,
S5	Informationen für die Bevölkerung und Presse	Rückmeldungen aus der Bevölkerung, Presseinformationen für das ETB

Tab. 4: Übersicht der Schnittstellenpartner vom S2 *(Forts.)*

Schnittstellenpartner	Welche Informationen gibt der S2?	Welche Informationen bekommt man als S2?
S6	Führungsorganisation Lagekarte mit räumlicher Struktur (Geländetopografie, innen, außen etc.) der Einsatzstelle zur Beurteilung der Möglichkeiten für den Fernmeldebetrieb	Fernmeldeorganisation und ggfs. Unterstützung bei Lagedarstellung
Fachberater	Zum Beispiel fachspezifische Fragestellungen zu den Bereichen THW, Bundeswehr, Hilfsorganisationen etc.	Fachspezifische Unterstützung zu den spezifischen Fähigkeiten der jeweiligen Organisation.
Verbinder	Aktuelles Lagebild zum Abgleich	Aktuelles Lagebild zum Abgleich

1.4 Grundlagen der Wahrnehmung

Visualisierung der Ergebnisse

Das wesentlichste Element der Lagedarstellung ist die Visualisierung der Erkundungsergebnisse. Daher kommt der Darstellung mit Formen und Farben eine große Bedeutung zu. Im Folgenden erläutern wir daher die wichtigsten Grundsätze zur Wahrnehmung. Dies ist zum einen der Umgang mit Farben, aber auch einige wichtige Gestaltungssätze, die im Zusammenhang mit Lagedarstellung zur Anwendung kommen. Bevor Sie weiterlesen, schreiben Sie die Zeichenfolge aus Abbildung 15 auf einen Zettel.

Abb. 15: Zeichenfolge

1.4.1 Farben

Farben haben unterschiedliche Aufgaben in der Lagedarstellung. Sie dienen der Zuordnung und Betonung von Informationen und erleichtern die Zuordnung. Häufig verbinden wir mit Farben auch schon bestimmte Bedeutungen. Typisches Beispiel ist hier die Ampel. Auch ohne Erklärung assoziieren wir mit Grün Begriffe wie „In Ordnung, sicher, besser“ mit Rot „nicht in Ordnung, Gefahr, schlecht“ und Gelb liegt dazwischen.

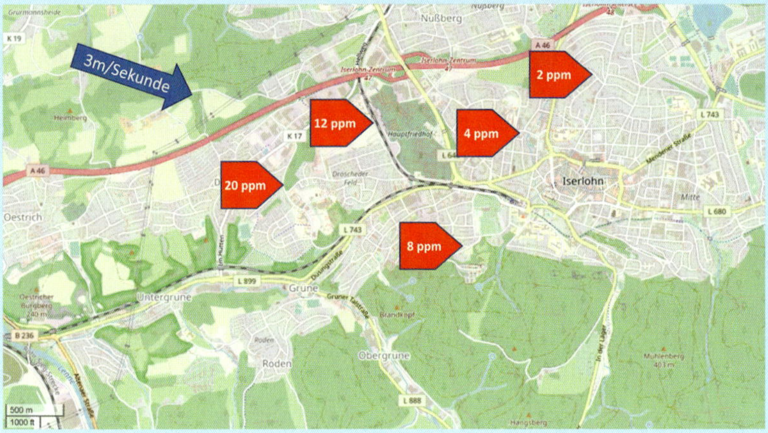

Darstellung der Messergebnisse mittels Konzentrationsangabe und Ort der Messung.

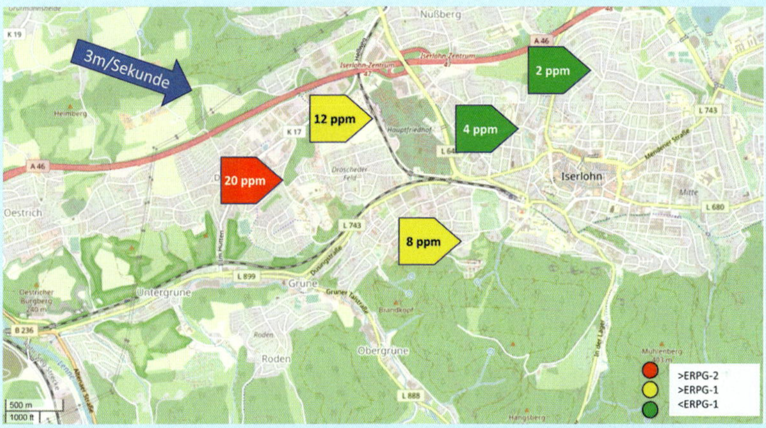

Optimierung mittels farblicher Einordnung. Auch ohne den Messwert lesen zu können, kann aus der Entfernung der Messwert ‚eingeordnet' werden.

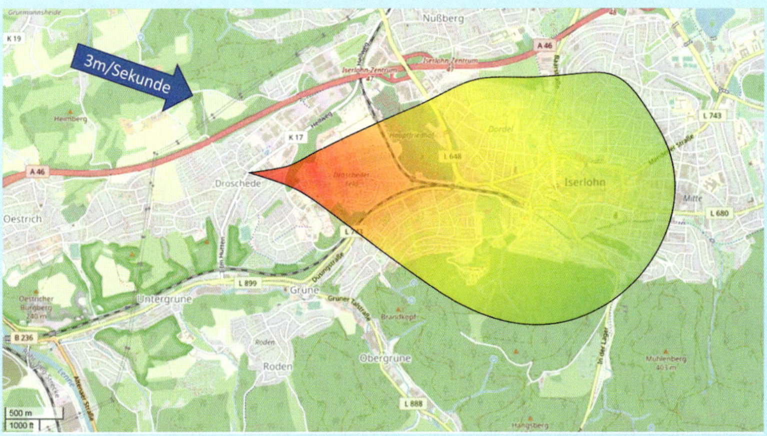

Auch Farbverläufe können bei der Darstellung hilfreich sein. Bei einer Heatmap erkennt man Bereiche gleicher Werte. In diesem Fall Bereiche gleicher Schadstoffkonzentration.

Abb. 16: Unterschiedliche Darstellungen von Messergebnissen mit Konzentrationsangabe und Ort der Messung

1.4.2 Gesetz der Nähe

Kommen in einer Darstellung mehrere gleichartige Formen vor, so werden diejenigen, die näher zueinander gelegen sind, als Einheit wahrgenommen, die weiter entfernt gelegenen jedoch nicht. Abbildung 17 verdeutlicht dies an abstrakten Beispielen:

1. Nur durch die leichte Veränderung in den Abständen bilden sich zwei Gruppierungen in den Quadraten
2. Durch leicht erhöhte Abstände in der Vertikalen bilden sich vier Linien
3. Durch die räumliche Nähe der drei Quadrate bildet sich bei den meisten Betrachtern eine Einheit, trotz der roten Farbe.

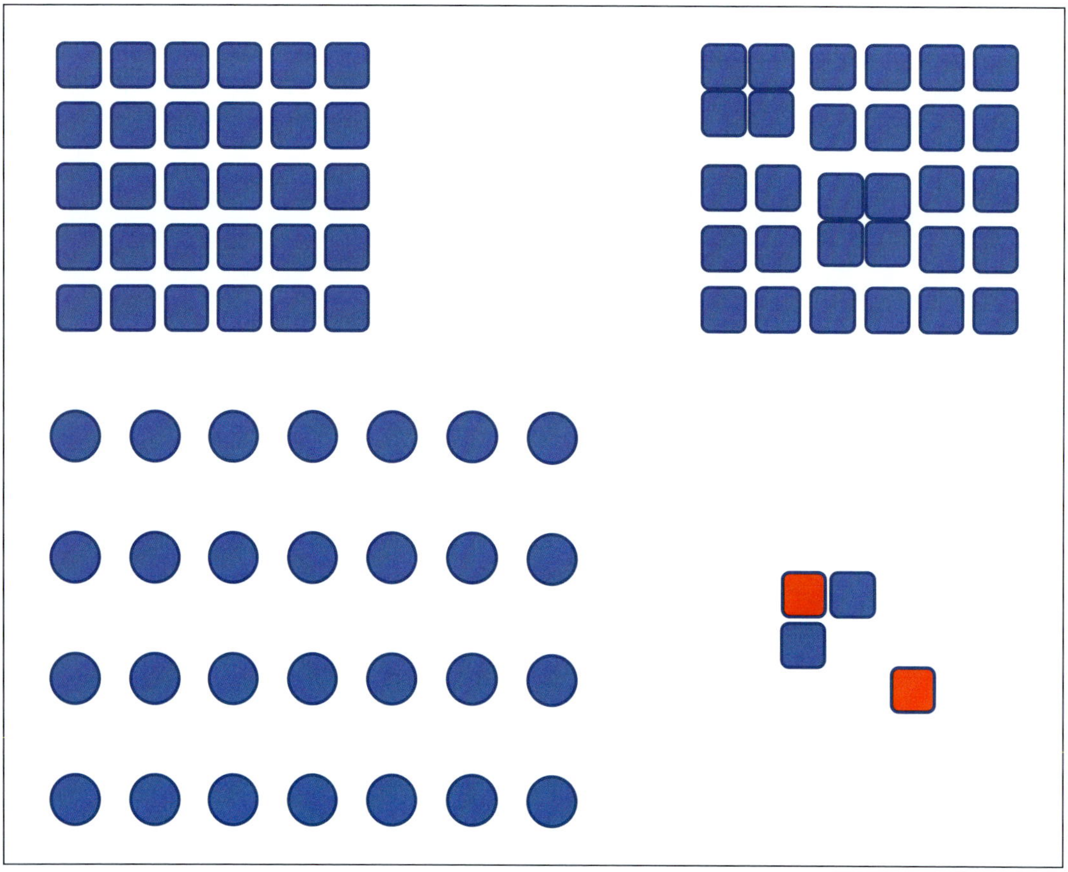

Abb. 17: Gesetz der Nähe

Kommen wir nun zur Anwendung in der Praxis der Lagedarstellung:

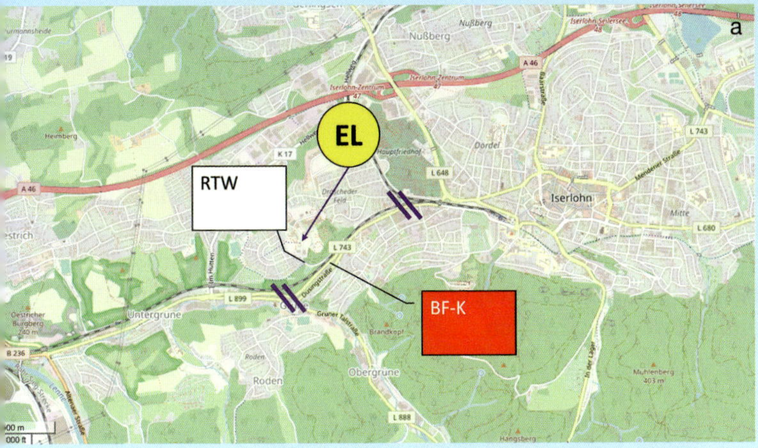

Anordnung von taktischen Zeichen direkt auf der Karte. Der Betrachter kann so schnell die Situation in Gänze erfassen. Bei vielen Zeichen besteht die Schwierigkeit der eindeutigen Zuordnung.

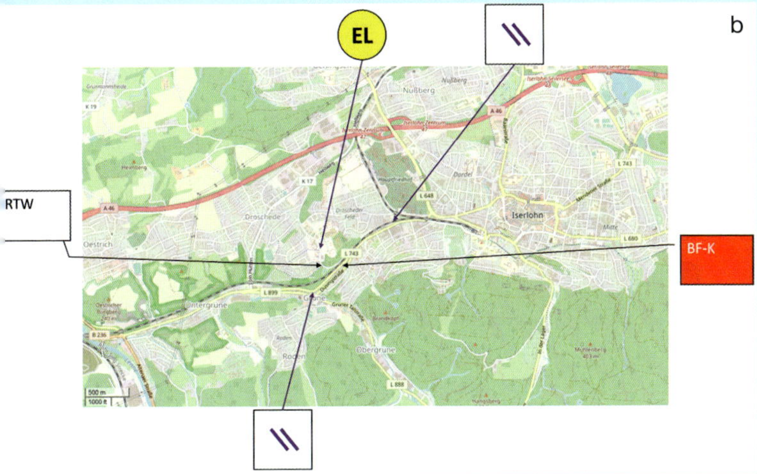

Gleiche Situation wie in Abbildung 18a. Die Zeichen werden vollständig am Rand der Karte angeordnet. In mancher Literatur wird dies als die richtige Lösung dargestellt. Der Betrachter muss jedoch bei vielen Zeichen diese mittels Blickführung genau zuordnen. Es besteht die Gefahr der falschen Zuordnung.

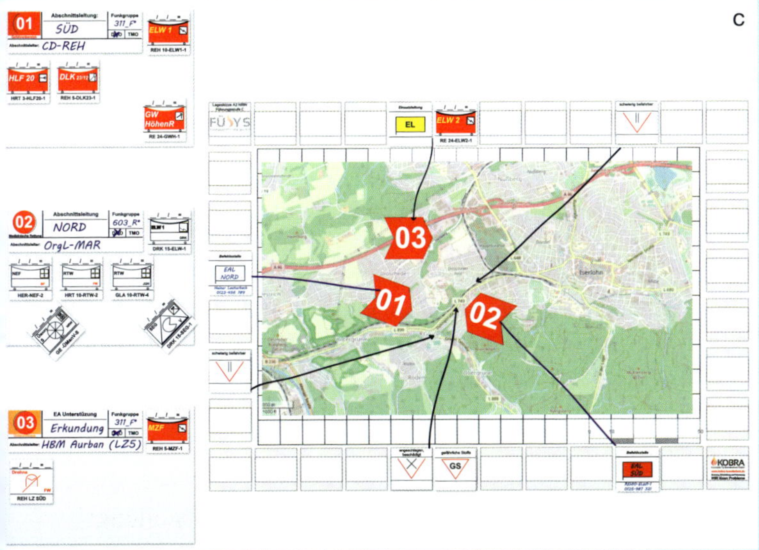

Optimal ist daher immer eine an die jeweilige Situation angepasste Darstellung durch Kombination verschiedener Methoden.

- Einsatzgrenzen und Straßensperrungen werden auf der Karte gezeichnet.
- Kräfte oder eine größere Anzahl an Schäden werden auf Abschnitts- oder Schadenskonten ausgelagert und mittels Linien oder Hilfszeichen dem jeweiligen räumlichen Bereich zugeordnet.

Abb. 18: Verwendung von taktischen Zeichen zusammen mit Lagekarten

1.4.3 Gesetz der Ähnlichkeit

Unabhängig von ihrer Entfernungszuordnung werden gleichartige Elemente in Abgrenzung von andersartigen als zusammengehörig gesehen. Das kann sich auf die Gleichartigkeit von Form, Größe, Ausrichtung, Farbe, Helligkeit, Bewegung etc. beziehen. Abbildung 19 zeigt dies anhand zweier Grafiken

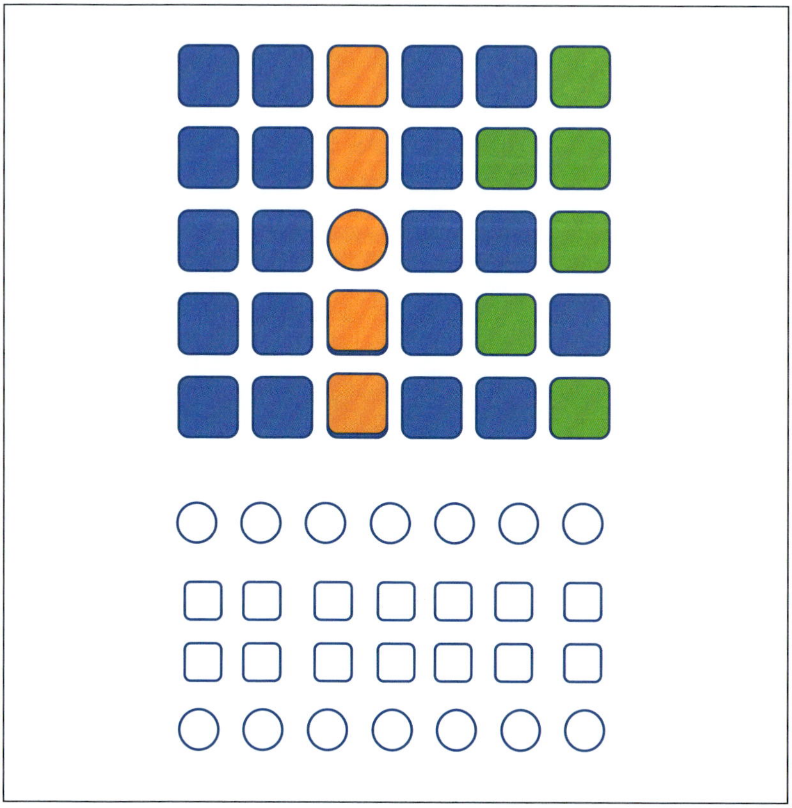

Abb. 19: Darstellung nach dem Prinzip der Ähnlichkeit

Kommen wir nun zu einer praktischen Anwendung in der Praxis der Lagedarstellung. Schauen Sie sich Abbildung 20a an und ermitteln Sie möglichst schnell die Anzahl der taktischen Einheiten der beteiligten Feuerwehren und schreiben diese auf.

Danach machen Sie das selbe mit Abbildung 20b.

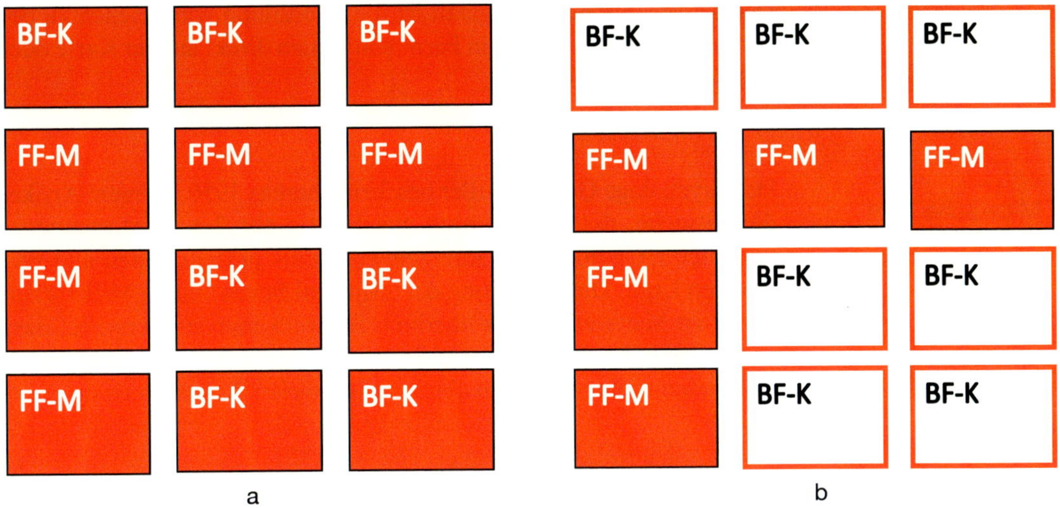

Abb. 20: Darstellung taktischer Einheiten beteiligter Feuerwehren

1.4.4 Gesetz der Verbundenheit

Durch Verbindungslinien werden Objekte zusammengefasst. Die Verbindung ist häufig stärker als andere Gesetze, auch wenn diese noch immer wahrnehmbar sind.

Abbildung 21 verdeutlicht, dass mit Hilfe der Linien klargestellt wird, welche Objekte zusammengehören. Während auf der linken Seite noch die Gesetze der Nähe und Gleichheit wirken, wird durch die Zuordnung mittels Linien der jeweilige Zusammenhang klargestellt.

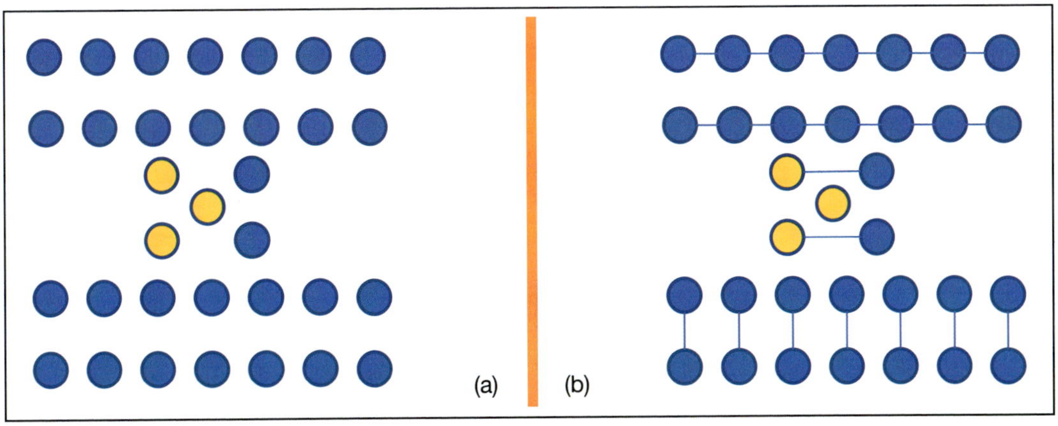

Abb. 21: Darstellung nach (a) Nähe und Gleichheit und (b) nach Verbundenheit

Der häufigste Anwendungsfall ist die Zuordnung von Zeichen zu bestimmten Punkten. Sei es in Form von Linien direkt auf der Karte oder mit Hilfe von Seilspinnen.

Millersche Zahl oder die magischen Sieben

Millersche Zahl

Der Psychologe George Miller beschrieb bereits 1956 in einem Artikel die Tatsache, dass ein Mensch gleichzeitig nur 7 ± 2 Informationseinheiten („Chunks“) im Kurzzeitgedächtnis präsent halten und verarbeiten kann. Die Schätzung der „Magical Seven“ oder „Millerschen Zahl“ ist heute allerdings überholt. So weiß man mittlerweile, dass die Anzahl der handhabbaren Informationen sehr stark vom Inhalt und anderen Eigenschaften abhängt. Bei vielen Aufgaben ist der Wert kleiner als 7. Durch Gruppenbildung kann der Geübte auch mehr Informationen behalten. Beispiel: 720 430 329 123 lässt sich einfacher merken als 720430329123.

Wichtig bei der Darstellung von Informationen ist die 7 als Richtwert. Wir finden diese Zahl an vielen Stellen wieder. Sei es in den Empfehlungen zu Inhalten in Präsentationen oder bei der Gliederung der Kräfte. Die Gruppe 1/8 (= 7 + 2) als kleinste taktische Einheit entstand bereits in der römischen Armee. Schon damals fand man heraus, dass diese Größenordnung ein gutes Maß ist.

Auch wenn es heute schon neuere Erkenntnisse gibt, unter welchen Bedingungen sich diese Zahl erhöht und vermindert, so bildet die Größenordnung der „magischen Sieben“ einen guten Anhaltspunkt bei der Anzahl der verarbeitbaren Informationen.

Fehler in der Wahrnehmung

Wahrnehmungsfehler

In der Literatur sind zahlreiche Wahrnehmungsfehler beschrieben. So werden z.B. gleich lange Linien als unterschiedlich lang wahrgenommen, Formen ergänzt und Dinge erkannt, die das Gehirn einem ‚vorgaukelt‘.

Prüfen Sie sich selbst anhand der folgenden Beispiele und schreiben als erstes die Zeichenfolge in Abbildung 22 auf einen Zettel.

Abb. 22: Zeichenfolge

Betrachten Sie nun die Grafiken in Abbildung 23:

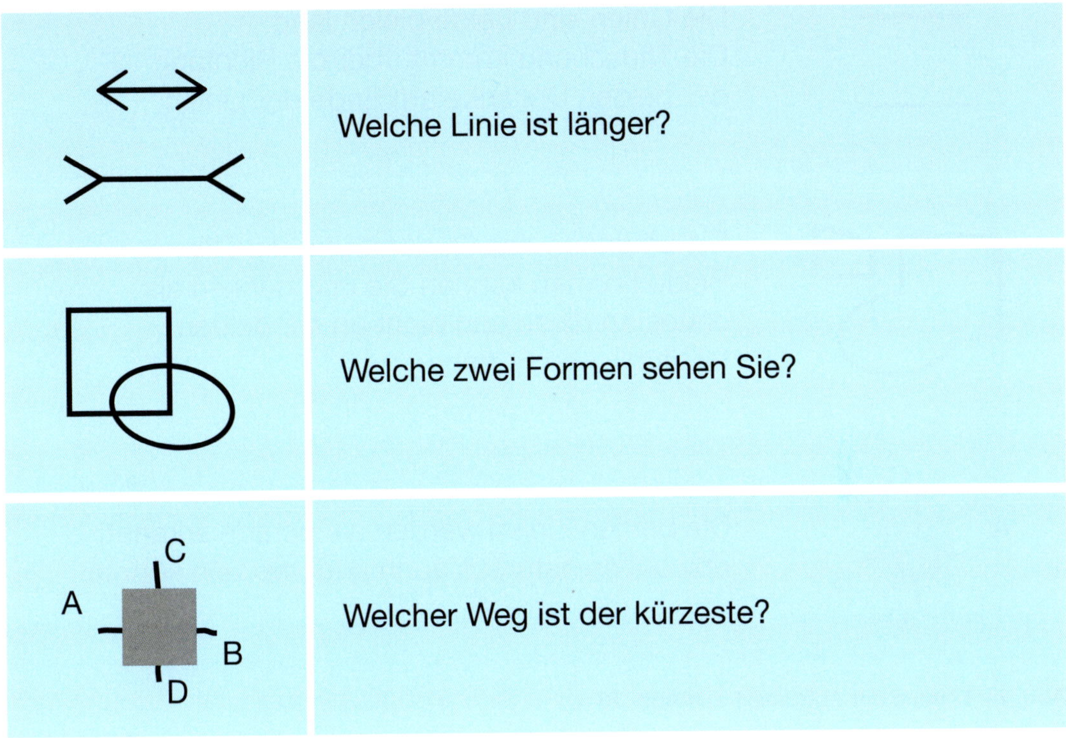

Abb. 23: Aufgabe 1 zur Wahrnehmung

Und nun schauen Sie auf Seite 50 nach der Lösung.

Danach schauen Sie auf Ihren Zettel mit den beiden Zeichenfolgen von den Abbildungen 15 und 22. Obwohl das Zeichen absolut identisch gezeichnet ist, sehen die meisten Menschen einmal ein B und einmal eine 13. Der Kontext der Zeichen beeinflusst das Ergebnis.

Zwei Dinge können Sie aus diesen kleinen Übungen mitnehmen. Manchmal ist es nicht so, wie es auf den ersten Blick scheint. Nehmen Sie bei der Stabsarbeit nicht immer direkt die scheinbar naheliegende Lösung. Prüfen Sie immer, ob es auch eventuell anders sein kann. Die zweite Erkenntnis ist:

Im Zusammenhang mit Lagedarstellung ist es wichtig, Formen sorgfältig zu zeichnen, Farben gezielt einzusetzen, auf eine gute Beleuchtung zu achten und unmissverständliche Darstellungen zu verwenden, um Wahrnehmungsfehler zu vermeiden.

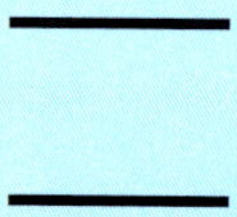	Die Linien sind beide gleich lang. Die Täuschung kommt über die Richtung der beiden Dreiecke am Ende der Linien
	Sie erkennen das Quadrat und die Ellipse. Beide Formen kennen Sie und denken als erstes an diese und nicht an die beiden tatsächlichen Formen.
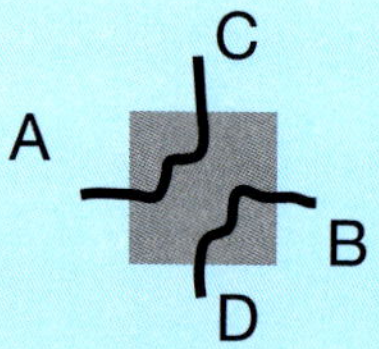	Die beiden Linien werden als gerade erkannt, obwohl es natürlich auch anderes sein könnte.

Abb. 24: Lösung der Aufgabe 1 aus Abb. 23

1.4.5 Grafik statt Text

Das Sprichwort „Ein Bild sagt mehr als tausend Worte“ gilt natürlich auch für die Lagedarstellung. Schauen wir uns dies kurz an einem einfachen Beispiel auf Seite 51 an.

1.4.6 Gestaltung von Text bei der Lagedarstellung

Text dient der Erklärung bzw. dem schriftlichen Verfassen von Meldungen und Berichten. Durch die vielfältigen Möglichkeiten bei der Schriftauswahl kommt es in der Praxis oft zur falschen Anwendung von Schriften.

Idealerweise werden Proportionalschriften mit Serifen eingesetzt, da sich diese am besten lesen lassen[1].

[1] Times New Roman ist z.B. eine Serifenschrift, Helvetica oder Arial eine serifenlose Schrift.

Beispiel:

Das Gewerbegebiet Ost II wird bei einem Pegelstand von 7,99 m geflutet, aktuell ist es 09:32 Uhr. Betrachten Sie einmal die Tabelle 5 und bestimmen Sie den Punkt der Flutung.

Tab. 5: Tabelle der Pegelstände

Uhrzeit	07:00	07:30	08:00	08:30	09:00	09:30	10:00	10:30	11:00	11:30	12:00	12:30	13:00	13:30
Pegelstand (m)	7,3	7,35	7,45	7,52	7,6	7,8	*7,9*	*8*	*8,1*	*8,2*	*8,3*	*8,4*	*8,5*	*8,6*

Jetzt betrachten Sie die Abbildung 25 und versuchen ebenfalls den Zeitpunkt zu finden. Sie erkennen sehr leicht die Vergangenheit und bekommen sofort den Eindruck „Wir sind kurz davor“. Sie erkennen, dass der Pegelstand im letzten Zeitintervall schneller steigt als davor (einsetzender Regen). Die Darstellung der Zukunft mittels Trendlinie erleichtert die Prognose des Zeitpunktes des Überlaufs.

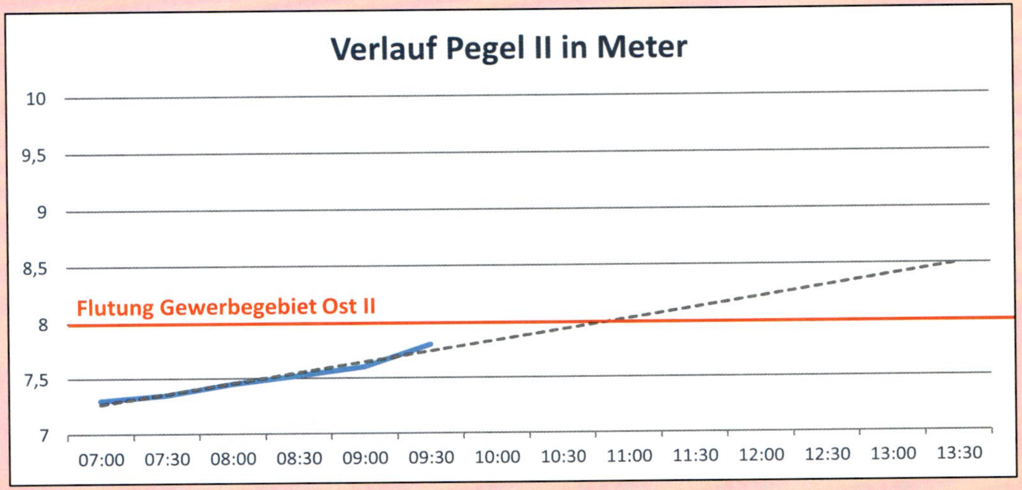

Abb. 25: Grafische Darstellung des Pegelstandes im zeitlichen Verlauf

Dieser Text lässt sich auch aus 2 Meter Entfernung gut lesen. Die Serifen helfen bei der Blickführung.

Die Schriftgröße sollte dabei je nach Sehabstand eine geeignete Größe aufweisen. Kleinbuchstaben sollten bei einem Sehabstand von 1 m eine Mindestgröße von circa 3 mm aufweisen.

1.5 Technisches Design

Bevor wir zum organisatorischen Design und den Inhalten kommen, müssen einige grundlegende Dinge bei der Konzipierung beachtet werden. Der Benutzer muss die Inhalte sehen und lesen, im Sinne von erkennen können.

Das technische Design beinhaltet dabei die Größe der Lagewand, Kontraste, die Auflösung und die Anordnung der Wand im Raum. Die Anordnung muss abgestimmt sein auf den jeweiligen Punkt oder die Punkte im Raum, von denen die Wand betrachtet wird. In den meisten Fällen sind dies die Sitzplätze der Mitglieder des Stabes. Faktoren sind dabei der Betrachtungswinkel (sitzt der Betrachter zentral vor der Leinwand oder eher seitlich) und der Sehabstand. Eine einfache Regel zur Abschätzung lautet: Pro Meter Sehabstand muss die Höhe eines Kleinbuchstabens 3 mm betragen [15]

Sehabstand und Erkennbarkeit

Falscher Sehabstand und fehlender Komfort bei der Betrachtung führen vor allem bei längeren Einsätzen zu einer verminderten Aufnahmefähigkeit bei den Informationen. Neben dem Abstand und dem Betrachtungswinkel, haben natürlich auch Kontraste, Lichtverhältnisse und Auflösung der Darstellung Einfluss auf die Erkennbarkeit. Tabelle 6 gibt jedoch eine Hilfestellung für eine erste Abschätzung.

Tab. 6: Sehabstand und Höhe eines Zeichens in Millimeter bei verschiedenen Sehbedingungen

	Normal		Kritisch	
	Lesebedingungen		Lesebedingungen	
Abstand m	Günstig	Ungünstig	Günstig	Ungünstig
1,0	3,7	6,3	5,6	8,2
1,5	4,8	7,4	6,7	9,3
2,0	5,9	8,5	7,8	10,4
2,5	7	9,6	8,9	11,5
3,0	8,1	10,7	10	12,6
3,5	9,2	11,8	11,1	13,7
4,0	10,3	12,9	12,2	14,8
4,5	11,4	14	13,3	15,9
5,0	12,5	15,1	14,4	17
5,5	13,6	16,2	15,5	18,1
6,0	14,7	17,3	16,6	19,2
6,5	15,8	18,4	17,7	20,3
7,0	16,9	19,5	18,8	21,4
7,5	18	20,6	19,9	22,5
8,0	19,1	21,7	21	23,6
8,5	20,2	22,8	22,1	24,7
9,0	21,3	23,9	23,2	25,8
9,5	22,4	25	24,3	26,9
10,0	23,5	26,1	25,4	28
10,5	24,6	27,2	26,5	29,1

Technisch kommen folgende Lösungen in der Praxis zur Anwendung:

1. Darstellung auf einem Whiteboard als einfachste und ausfallsicherste Variante
2. Darstellung auf einer Leinwand oder einem Whiteboard als Projektionsfläche mittels Beamer
3. Darstellung auf Großdisplays

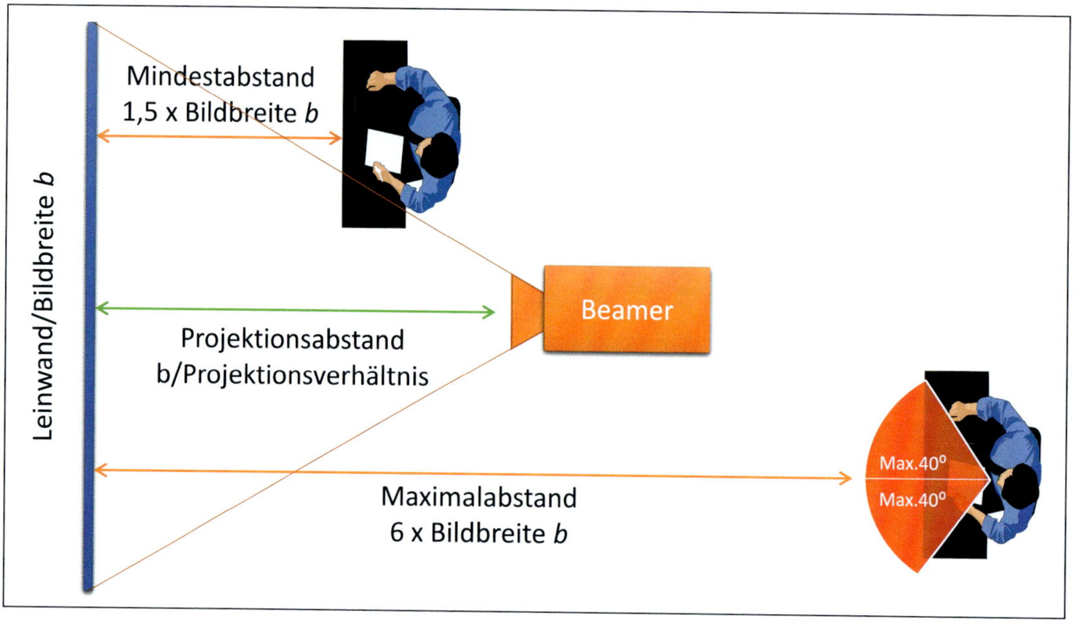

Abb. 26: Abstände zwischen Beamer und Leinwand

Aus der Erfahrung der Autoren haben sich die Lösungen 1 und 2 am besten bewährt. Die Kombination aus Bildprojektion mittels Beamer und gleichzeitiger Möglichkeit auf dem Whiteboard zu ergänzen, vereinen die Vorteile beider Systeme. Die aktuelle Beamertechnik ist stabil und kann von nahezu allen PC-Systemen und von nahezu allen Benutzern angesteuert und bedient werden. Im nächsten Abschnitt zum Thema organisatorisches Design werden wir detaillierter auf die Probleme der dritten Variante eingehen.

1.6 Organisatorisches Design

Im Vergleich zum technischen Design der Darstellung kommt dem organisatorischen Design eine wesentlich größere Bedeutung zu. Hier entscheidet sich, wie Informationen aufgenommen und vom Betrachter ‚verarbeitet' werden. Schauen wir uns dies anhand eines einfachen Beispiels mit Tabelle 7 an.

Im Vergleich dazu sehen wir uns Tabelle 8 an. Beurteilen Sie selbst, welche Darstellung die bessere ist, um Informationen zum Patienten 13 nachzusehen.

Geeignete Darstellung von Daten

Geeignete Farbschemata können helfen, Lageinformationen besser darzustellen und diese Informationen schneller aufzunehmen. Das Layout bei der Anordnung der Elemente soll sich am vorgesehenen Zweck orientieren. Zur optimalen und lageangepassten Darstellung der Informationen sind daher bei der elektronischen Darstellung verschiedene Layout-Voreinstellungen im Vorfeld festzulegen, welche im Ereignisfall situationsangepasst abgerufen werden können [17]. Dies trifft vor allem auf die Systeme der Großbildschirme zu. Aktuell gibt es dafür keine für die Stabsarbeit geeignete Software, um solche Layouts zu konfigurieren und in der Praxis leicht abzurufen. Der Einsatz von Großbildschirmen ist der kompletten elektronischen Darstellung vorbehalten und bedarf, neben einer aufwendigeren Schulung, auch einer ausführlichen Prozessanalyse im Vorfeld. In welchen Situationen sollen wem welche Informationen wie dargestellt werden? Großbildschirme, manchmal auch als Datenwände bezeichnet, sollten nicht dazu missbraucht werden, Desktopbildschirme an die Wand zu „kopieren" [17]. Im militärischen Bereich gibt es zahlreiche Untersuchungen zu diesen Big-Data-Walls. Der Nachweis, dass sich diese positiv auf das Lagebewusstsein und die Entscheidungsfindung auswirken, konnte bisher nicht erbracht werden [16]. Informationen, die nur der Einzelne benötigt, brauchen nicht an die gemeinsame Lagewand projiziert zu werden. An die Lagewand gehören gemeinsame Informationen, die für alle Betrachter relevant sind und die gemeinsam bewertet werden müssen.

shared displays

Die „gemeinsamen Darstellungen" (shared displays) dienen der Darstellung von entscheidenden Lagedaten. Dies können sowohl Einzeldaten sein wie Wetter, aber auch verdichtete Lageinformationen wie sie in Abschnitt 1.6.1 beschrieben sind und exemplarisch in Tabelle 9 dargestellt sind. Lagedaten sollten grafisch dargestellt werden und mit wenig Text unterstützt werden, jedoch nicht mit Detailinformationen. Der verwendete Text muss dabei für alle Betrachter lesbar sein [17, 18].

Animationen sollten nur sehr zurückhaltend eingesetzt werden. Textbanner sollte nur eingesetzt werden, wenn unbedingt notwendig. Der Einsatz von Audiosignalen ist zu vermeiden. Steuer- und Konfigurationstools sollten nicht im Bild zu sehen sein, da sie die Aufmerksamkeit von den eigentlichen Lagedaten ablenken [17].

In manchen Stabsräumen befinden sich umfangreiche Checklisten an der Lagewand. Solche dauerhaften Darstellungen lenken ab und sollten nur bei Bedarf bzw. im Falle der gemeinsamen Prüfung an der Lagewand projiziert werden. Checklisten sind sinnvoll, um im Ereignisfall wichtige Prüfpunkte nicht zu vergessen. Sie sind aber nicht Teil der Lagedarstellung.

Tab. 7: Darstellung der Patientenliste ohne Linien

Lfd.-Nr	Name	Vorname	geboren	Ort	Geschlecht	Verletzung	Kat.	Ziel KH	EA
1	Ellgers	Christiane	20.02.1970	Drensteinfurt	Frau	Schädelfaktur	S1	KH2	1
2	Uhlenbusch	Matthias	09.04.1972	Drensteinfurt	Mann	Armfraktur	S2	KH2	2
3	Winkelkemper	Annette	17.07.1984	Drensteinfurt	Frau	Beinfraktur	S2	KH6	3
4	Vertmann	Verona	20.01.1984	Drensteinfurt	Frau	Polytrauma	S4	KH6	4
5	Prasse	Karl-Heinz	08.02.1944	Münster	Mann	Verbrennung 3 Grades	S4	KH7	4
6	Prasse	Alwine	10.10.1946	Münster	Frau	SHT	S1	KH7	3
7	Prasse	Tobias	02.02.1995	Münster	Mann	Beckentrauma	S2	Uni	3
8	Baum	Kurt	01.01.1966	Warendorf	Mann	Polytrauma	S4	Uni	3
9	Möller	Peter	21.11.1968	Greven	Mann	Verbrennungen	S3	KH2	2
10	Möller	Ines	17.03.1971	Greven	Frau	Kopfplatzwunde	S3	unbekannt	2
11	Möller	Jonas	03.02.1998	Greven	Mann	Verbrennung 3 Grades	S4	unbekannt	2
12	Fahlbusch	Kerstin	30.05.1967	Coesfeld	Frau	SHT	S1	unbekannt	1
13	Japs	Andreas	22.01.1966	Coesfeld	Mann	SHT	S1	KH1	1
14	Tenbrock	Werner	20.03.1948	Coesfeld	Mann	Fraktur	S2	KH9	1
15	Tenbrock	Anita	23.10.1951	Coesfeld	Frau	Polytrauma	S4	KH9	2
16	Grotenhöfer	Ansgar	24.02.1964	Münster	Mann	Polytrauma	S4	KH1	2
17	Corner	Rafael	11.09.1968	Münster	Mann	Beckentrauma	S3	KH10	3
18	Salesch	Maria	21.11.1957	Glandorf	Frau	Luxation	S3	KH11	4
19	Stahlberg	Anton	01.10.1954	Glandorf	Mann	Luxation	S3	KH10	2
20	Busch	Werner	29.11.1944	GM-Hütte	Mann	Verbrennung	S4	KH10	3

1.6.1 Datenaggregation

Verdichtung von Lagedaten

Visualisierung dient in einem Stab zur Reduktion von Informationslast. Der Visualisierung geht dabei in vielen Fällen eine Verdichtung der vorhandenen Lagedaten voraus. Um dies zu verdeutlichen, zeigen wir hier am Beispiel einer Patientenübersicht aus einer MANV-Lage was damit gemeint ist, wenn man nur das Wesentliche darstellen soll. Tabelle 9 zeigt eine Übersicht aller Patientendaten einer MANV-Lage mit allen erfassten Details.

Tab. 8: Darstellung der Patientenliste mit Linien und Bänderung

Lfd.-Nr	Name	Vorname	geboren	Ort	Geschlecht	Verletzung	Kat.	Ziel KH	EA
1	Ellgers	Christiane	20.02.1970	Drensteinfurt	Frau	Schädelfaktur	S1	KH2	1
2	Uhlenbusch	Matthias	09.04.1972	Drensteinfurt	Mann	Armfraktur	S2	KH2	2
3	Winkelkemper	Annette	17.07.1984	Drensteinfurt	Frau	Beinfraktur	S2	KH6	3
4	Vertmann	Verona	20.01.1984	Drensteinfurt	Frau	Polytrauma	S4	KH6	4
5	Prasse	Karl-Heinz	08.02.1944	Münster	Mann	Verbrennung 3 Grades	S4	KH7	4
6	Prasse	Alwine	10.10.1946	Münster	Frau	SHT	S1	KH7	3
7	Prasse	Tobias	02.02.1995	Münster	Mann	Beckentrauma	S2	Uni	3
8	Baum	Kurt	01.01.1966	Warendorf	Mann	Polytrauma	S4	Uni	3
9	Möller	Peter	21.11.1968	Greven	Mann	Verbrennungen	S3	KH2	2
10	Möller	Ines	17.03.1971	Greven	Frau	Kopfplatzwunde	S3	unbekannt	2
11	Möller	Jonas	03.02.1998	Greven	Mann	Verbrennung 3 Grades	S4	unbekannt	2
12	Fahlbusch	Kerstin	30.05.1967	Coesfeld	Frau	SHT	S1	unbekannt	1
13	Japs	Andreas	22.01.1966	Coesfeld	Mann	SHT	S1	KH1	1
14	Tenbrock	Werner	20.03.1948	Coesfeld	Mann	Fraktur	S2	KH9	1
15	Tenbrock	Anita	23.10.1951	Coesfeld	Frau	Polytrauma	S4	KH9	2
16	Grotenhöfer	Ansgar	24.02.1964	Münster	Mann	Polytrauma	S4	KH1	2
17	Corner	Rafael	11.09.1968	Münster	Mann	Beckentrauma	S3	KH10	3
18	Salesch	Maria	21.11.1957	Glandorf	Frau	Luxation	S3	KH11	4
19	Stahlberg	Anton	01.10.1954	Glandorf	Mann	Luxation	S3	KH10	2
20	Busch	Werner	29.11.1944	GM-Hütte	Mann	Verbrennung	S4	KH10	3

Für die nächsthöhere Führungsebene, also z.B. die TEL, sind diese Informationen jedoch nicht alle erforderlich. Tabelle 9 zeigt die Zuweisung der Patienten in die verschiedenen Kliniken und deren Kapazitäten. Verschneidet man die vorhandenen Kapazitäten mit den zugewiesenen Patienten, erhält man die Auslastung der Kliniken in Tabelle 10 (rechts). Dies sind die entscheidenden Fakten für den Stab.

Tab. 9: Verteilung von Patienten in verschiedene Kliniken und deren Kapazitäten

Zuweisung

	Kategorie				
Ziel KH	S1	S2	S3	S4	Gesamtergebnis
KH2	2	1	3	0	6
KH6	0	1	3	1	5
KH7	1	0	1	2	4
Uni	5	2	0	2	9
KH1	1	3	0	1	5
KH9	0	2	0	1	3
KH10	0	0	2	1	3
KH11	0	0	1	0	1
KH3	0	1	2	2	5
KH4	0	1	0	0	1
KH5	0	0	1	0	1
KH15	0	0	0	1	1
KRI	2	0	0	0	2
AKH	0	1	0	2	3
KH8	1	0	0	0	1

Kapazität

	Kategorie			
Ziel KH	S1	S2	S3	Gesamtergebnis
KH2	3	2	5	10
KH6	2	2	10	14
KH7	1	1	1	3
Uni	4	12	25	41
KH1	1	3	1	5
KH9	1	2	5	8
KH10	2	3	6	11
KH11	1	4	7	12
KH3	2	3	8	13
KH4	2	2	9	13
KH5	1	3	11	15
KH15	2	4	12	18
KRI	1	4	8	13
AKH	2	3	7	12
KH8	1	2	5	8

Auslastung

	Kategorie		
Ziel KH	S1	S2	S3
KH2	67%	50%	60%
KH6	0%	50%	30%
KH7	100%	0%	100%
Uni	125%	17%	0%
KH1	100%	100%	0%
KH9	0%	100%	0%
KH10	0%	0%	33%
KH11	0%	0%	14%
KH3	0%	33%	25%
KH4	0%	50%	0%
KH5	0%	0%	9%
KH15	0%	0%	0%
KRI	200%	0%	0%
AKH	0%	33%	0%
KH8	100%	0%	0%

Tab. 10: Patientenverteilung auf die verschiedenen Einsatzabschnitte

	Kategorie					
EA	S1	S2	S3	S4	Summen	Wertung
1	5	5	0	0	10	45
2	2	4	7	6	19	59
3	4	2	3	4	13	45
4	2	1	4	4	11	34
Summe	13	12	14	14	53	

Weiterhin zeigt Tabelle 10, in welchem Einsatzabschnitt der Schwerpunkt der Patienten liegt. Dies ist ein typisches Beispiel dafür, dass durch sinnvolle Darstellung Informationen schnell erfasst und bewertet werden können.

An der Lagewand werden also als wesentliche Informationen nur die Ergebnisse, also die Auslastungen, dargestellt.

1.7 Kartenkunde

Karten sind ein wesentliches Element der Lagedarstellung. Durch nahezu ständige Verfügbarkeit von Navigationslösungen im Auto und Mobiltelefon verkümmern die Fähigkeiten zum Navigieren mit Karte, Koordinaten und Kompass. Auch die flächendeckende Vorhaltung von geeigneten Karten in den Fahrzeugen hat in den letzten Jahren stetig abgenommen. Der folgende Abschnitt soll nicht die klassische Kartenkunde darstellen, sondern dazu anregen, sich selber nochmals mit dem Thema zu beschäftigen, um zu prüfen, ob im eigenen Zuständigkeitsbereich die eingesetzten Kräfte bei einer Waldbrandlage sicher koordiniert werden können. Auch bei Ausfall von elektronischen Navigationsgeräten.

Karten mit UTM-Gitter

Sofern vorbereitetes Kartenmaterial verwendet werden kann, empfiehlt es sich, für großflächige Schadengebiete oder Gefahrenbereiche topografische Karten mit UTM-Koordinatensystem im Maßstab

1:50.000 oder 1:25.000, für kleinere Schadengebiete oder Gefahrenbereiche Pläne im Maßstab 1:10.000 und größer zu verwenden; geeignet ist auch die Deutsche Grundkarte im Maßstab 1:5.000 (DGK 5)

Um die Zusammenarbeit mit anderen Organisationen und Dienststellen zu gewährleisten, sind immer topographische Karten mit UTM-Meldegitter im Maßstab 1:50 000 vorzuhalten.

Für Einzelobjekte sind Feuerwehrpläne, Einsatzpläne, Grundrisspläne oder Schnitte in einem entsprechenden Maßstab zu verwenden oder als möglichst maßstabgetreue Handskizze anzufertigen.

1.7.1 Koordinatensystem

EPSG-System

Die Topografie verwendet zur Darstellung ca. 2.500 verschiedene Koordinatenformate. Damit man hier den Überblick behält, gibt es das EPSG[1]-System. Der EPSG-Code ist ein System weltweit eindeutiger, 4- bis 5-stelliger Schlüsselnummern für Koordinatenreferenzsysteme. Diese Nummern erleichtern die eindeutige Zuordnung, welches Bezugsystem gemeint ist. Diese eindeutige Zuordnung ist vor allem hilfreich, wenn man mit geografischen Informationssystemen (GIS) arbeitet.

Tab. 11: Ausgewählte EPSG-Codes

Koordinatensystem	EPSG-Code
UTM bzgl. ETRS89 32N	25832
UTM bzgl. ETRS89 33N	25833
WGS84	4326

Häufig verwendete Koordinatensysteme im Bereich der Gefahrenabwehr sind:

1. Geographisches Koordinatensystem mit Angabe von Längen- und Breitengrad
2. Gauß-Krüger-Koordinatensystem
3. UTM-Koordinatensysteme

UTM-System

In den meisten Fällen findet das UTM-System Anwendung. Die Koordinaten werden dabei mit Hilfe des UTM-Meldegitters angegeben.

[1] Die European Petroleum Survey Group Geodesy (EPSG) wurde mittlerweile abgelöst durch die International Association of Oil & Gas Producers (OGP). Für den Bereich der BOS aber nicht weiter relevant.

Das aus dem militärischen Bereich stammende *Military Grid Reference System* (MGRS), im deutschen auch als UTM-Referenzsystem (UTMREF) bezeichnet, ist ein an Planquadraten orientiertes geografisches System und basiert auf dem UTM-Koordinatensystem. Schauen wir uns nun einmal ein Beispiel für die verschiedenen Formate an.

Tab. 12: Verschiedene Koordinaten-Formate

Geographische Koordinaten	ETRS89/UTM
Länge: 5° 57,2‘	Ost (E): 32 290 208
Breite: 51° 49,2‘	Nord (N): 5 745 498

Bei UTM-Koordinaten findet man verschiedene Schreibweisen[1], was leicht zur Verwirrung führen kann.

Tab. 13: Unterschiedliche Schreibweisen bei UTM-Koordinaten

Koordinate	Erläuterung	Erläuterung
32 N 461344 5481745 32U 461344 5481745	– Zone 32-Nord (Planquadrat 32U) – Ostwert/Rechtswert (in Metern) 461344 – Nordwert/Hochwert (in Metern) 5481745	UTM-Koordinate, wobei manchmal das N weggelassen wird, da sich Deutschland auf der Nordhalbkugel der Erde befindet. Eigentlich gehört es aber dazu.
32U MV 61344 81745.	– Zone 32U – Gitterquadrat MV – Ostwert/Rechtswert 61344 – Nordwert/Hochwert 81745	Die gleiche Koordinate im UTMREF/MGRS-Format mit einer Genauigkeit im Meterbereich
UTM-Gitterkoordinaten	32U4395965967780	Gitterkoordinate

Vor allem bei Schadenslagen in Gebieten, in denen es keine oder nur sehr wenige Bezugspunkte gibt, kommen genauen Koordinatenangaben eine große Bedeutung zu. Typische Beispiel für solche Gebiete sind große Wald- oder Wasserflächen. Wenn ein Luftbeobachter im Rahmen von Erkundungsfügen einen Waldbrand lokalisiert, erfolgt die Angabe in Koordinaten.

1 Interessierte finden hier weitere Details und Herleitungen der verschiedenen Schreibweisen: https://www.killetsoft.de/t_0901_d.htm

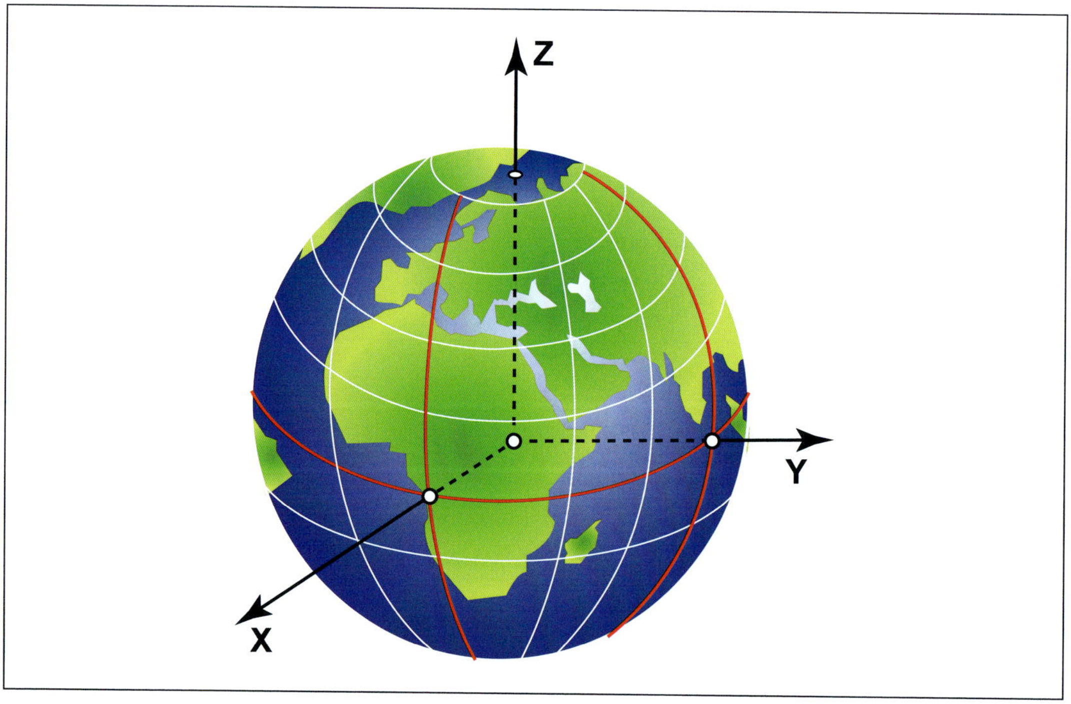

Abb. 27: Dreidimensionales kartesisches geozentrisches Koordinatensystem

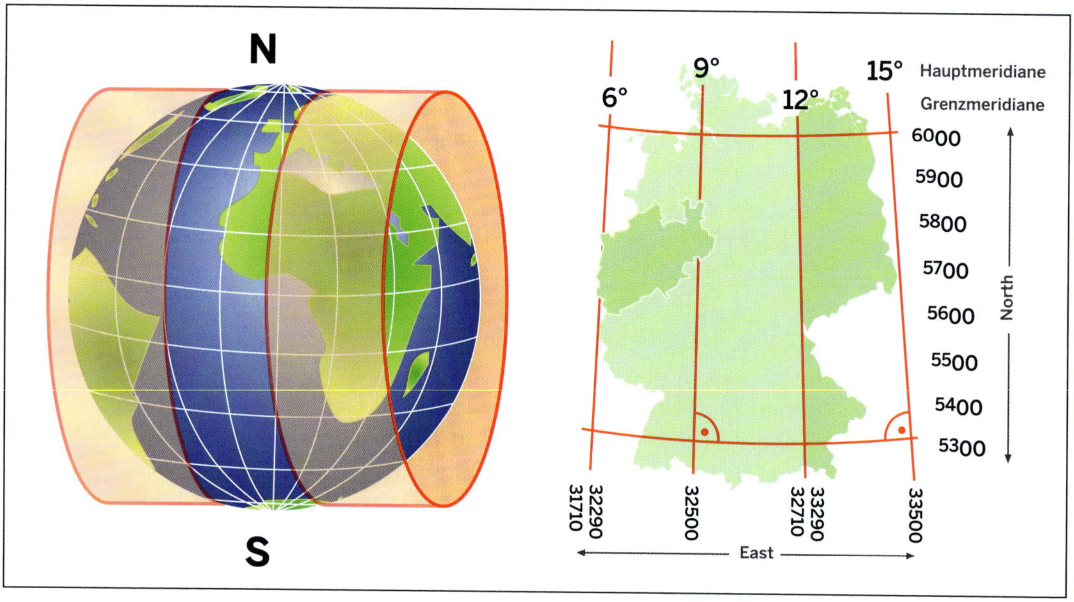

Abb. 28: Grundprinzip des UTM-Systems

Wichtig:
Nutzen Sie immer neueste Karten aus amtlichen Quellen und verwendet Sie immer das ETRS89/UTM-Format für Koordinaten mit dem UTM-Meldegitter.

ETRS89

Damit man sich nicht mit Koordinatenumrechnungen beschäftigen muss, hat man sich seit 1991 in Europa auf das ETRS89 als einheitliches amtliches Lagebezugssystem verständigt. Das ETRS89 basiert auf einem dreidimensionalen kartesischen Koordinatensystem, dessen Z-Achse in etwa der Rotationsachse der Erde entspricht. Die X- und die Y-Achsen liegen in der Äquatorebene, die sich rechtwinklig um die Z-Achse aufspannt. Der Koordinatenursprung entspricht in etwa dem Massenschwerpunkt der Erde. Abbildung 27 veranschaulicht das Bezugssystem und wie es in der Erde verortet ist.

Für den praktischen Gebrauch ist das dreidimensionale ETRS-System jedoch wenig geeignet, es wird ein ebenes, der Erdoberfläche bestangepasstes Koordinatensystem benötigt. Als einheitliches Koordinatensystem wird das UTM-System verwendet, welches seit Jahren in der Gefahrenabwehr gelehrt wird.

Das UTM-System ist ein globales Koordinatensystem, welches die Erdoberfläche (von 80° Süd bis 84° Nord) in 6° breite, streifenförmige vertikale Zonen aufteilt.

1.7.2 Maßstab

Je nach Größe der Schadenslage und der jeweiligen Führungsebene kommen Karten verschiedener Maßstäbe zum Einsatz. Häufig müssen auch mehrere Karten unterschiedlicher Maßstäbe nebeneinander verwendet werden. Abbildung 29 zeigt Karten in verschiedenen Maßstäben zum Vergleich und zur Veranschaulichung der Detailtiefe. Die hier abgedruckten Kartenausschnitte sind jedoch nicht maßstabgetreu wiedergegeben.

Merkhilfe:
Um zu ermitteln, wie lang die Strecke auf einer Karte in der Natur ist, streicht man von der Maßstabszahl die beiden letzten Nullen weg und erhält die Meterzahl. Beispiel: Beim Maßstab 1:50.000 entspricht 1 cm auf der Karte 500 m in der Natur.

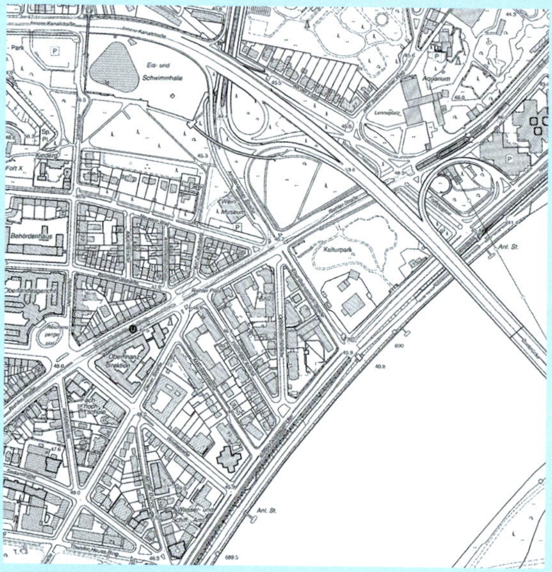

Maßstab 1:5.000

Maßstab 1:10.000

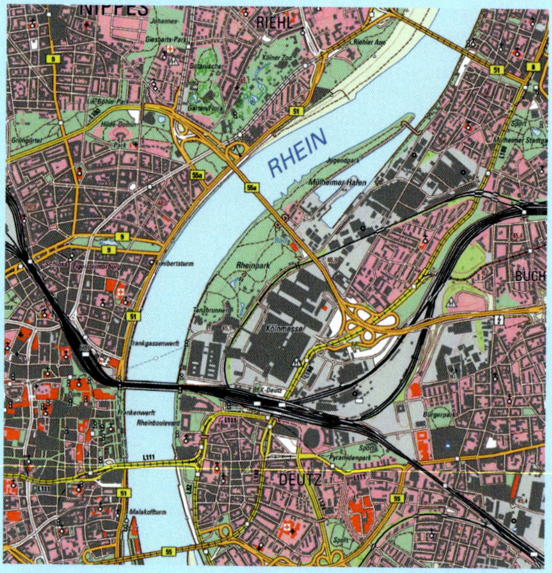

Maßstab 1:25.000

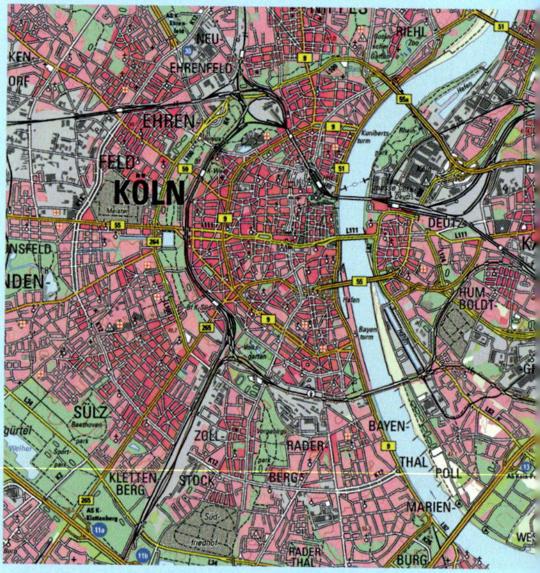

Maßstab 1:50.000

Abb. 29: Kartenbilder in unterschiedlichen Maßstäben

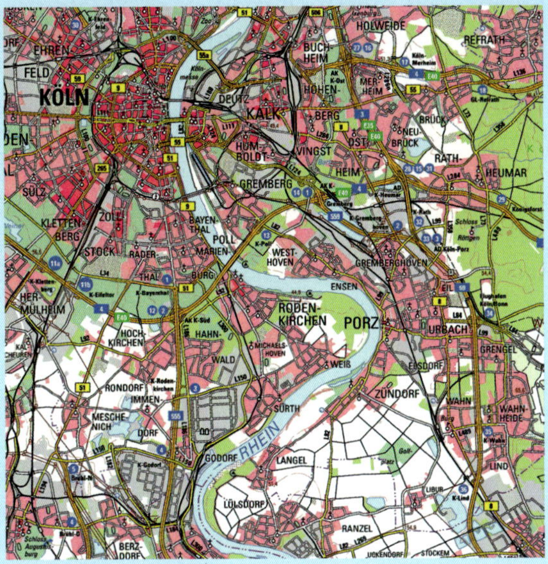

Maßstab 1:100.000

Maßstab 1:500.000

1.7.3 Quellen von Kartenmaterial

OpenStreetMap

Sofern man nicht mit gedruckten Städteatlanten arbeiten möchte, gibt es aktuell zwei wesentliche Quellen für Kartenmaterial. Das eine sind durch die Community erstellte Karten wie OpenStreetMap[1] und die zweite wichtige Quelle sind die amtlichen Kartenwerke. OpenStreetMap wurde im Jahre 2004 gegründet. Ziel des Projektes ist es, eine freie Weltkarte zu erschaffen. Frei bedeutet, die OpenStreetMap-Daten darf jeder lizenzkostenfrei einsetzen und beliebig weiterverarbeiten. Da man die Karten auch selbst editieren kann, bieten sie vielfältige Möglichkeiten im Bereich der Lagedarstellung und werden auch oft in Softwarelösungen für BOS verwendet. Mit den verschiedenen Initiativen zum Thema Open Geodata haben aber auch die Behörden in den letzten Jahren deutliche Verbesserungen in ihren Angeboten zu Geodaten umgesetzt. Die Vielfalt an Produkten und Möglichkeiten, die von Bund, Ländern und Bezirksregierungen angeboten werden, ist sehr umfangreich. Es lohnt sich im Rahmen der Einsatzvorbereitung, sich mit den Möglichkeiten im eigenen Bundesland zu befassen, da schon mit den Basiswerkzeugen, die online verfügbar sind, viele Aufgaben im Zusammenhang mit Lagedarstellung umgesetzt werden können. Beginnen Sie Ihre Suche hier: www.gdi-de.org. Eine weitere Informationsquelle ist das Merkblatt 07/01-Geodateninfrastrukturen in Behörden und Organisationen mit Sicherheitsaufgaben der VFDB.

Das amtliche Topographisch-Kartographische Informationssystem (ATKIS) wird von den Landesvermessungsämtern und dem Bundesamt für Kartographie und Geodäsie (BKG) aufgebaut. Ziel ist die topographische Landesaufnahme in Form digitaler Karten.

Die wesentlichen Produkte sind:

- Digitale Landschaftsmodelle (DLM)
- Digitale Geländemodelle (DGM) und Oberflächenmodelle (DOM)
- Digitale Topographische Karten (DTDasK)
- Digitale Orthofotos (DOP)

Digitales Landschaftsmodell

Das **digitale Landschaftsmodell** ist in Abbildung 30 dargestellt und kann für die Herstellung topografischer Karten genutzt werden. Hier liegen die Daten als Vektordaten vor. Diese Daten sind relevant, wenn man mit GIS arbeitet. Auf Basis der Vektordaten können dann unterschiedliche Darstellungen generiert werden.

[1] Diese benutzen das WGS-84 mit dem EPSG-Code 4326. Es kann daher zu Abweichungen kommen, die aber in der Praxis häufig nicht so relevant sind, sofern man keine verdeckten Unterflurhydranten sucht oder mit den Daten Drohnen navigiert.

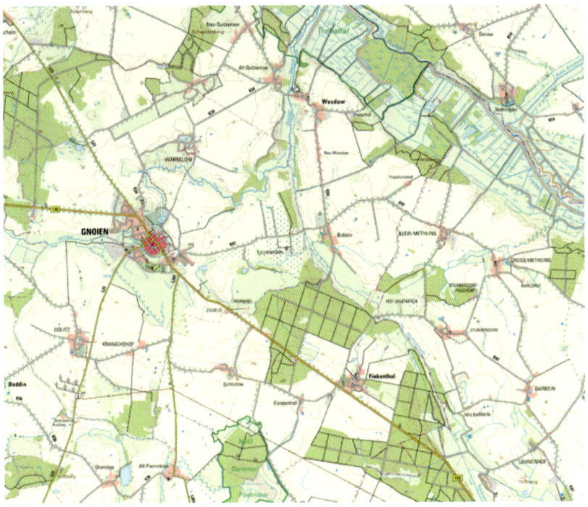

Abb. 30: Digitales Landschaftsmodell 50 (DLM50)

Digitales Geländemodell

Das **digitale Geländemodell** in Abbildung 31 bezieht sich auf die Erdoberfläche und wird genutzt für Ausbreitungsberechnungen im Bereich Hochwasser oder Simulationen im Zusammenhang mit Lawinengefahr. Das digitale Geländemodell Gitterweite 50 m (DGM50) beschreibt die Geländeformen der Erdoberfläche durch eine in einem regelmäßigen Gitter angeordnete, in Lage und Höhe georeferenzierte Punktmenge. Die Höhengenauigkeit liegt bei diesem Modell mittlerer Auflösung geländetypabhängig bei ca. 2,5 m bis 10 m.

Das digitale Oberflächenmodell (DOM) beinhaltet auch die „Aufbauten" auf dem Gelände. Zum Beispiel Bewuchs. In den Abbildungen 31 und 32 sehen Sie sehr schön den Unterschied. Auf dem linken Bild

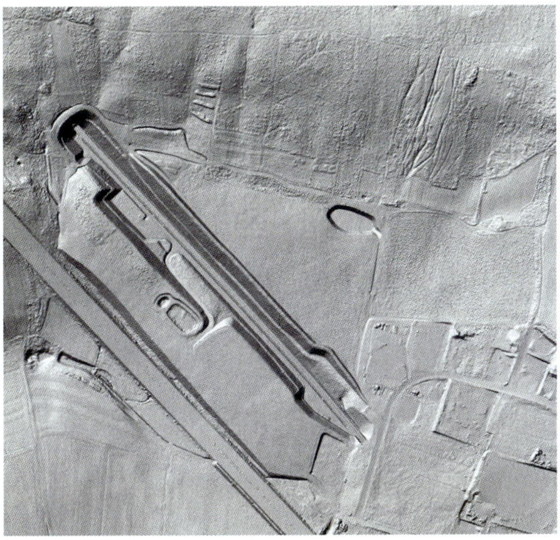

Abb. 31: Digitales Geländemodell (DGM)

Abb. 32: Digitales Oberflächenmodell (DOM)

nur die Oberfläche des Geländes (DGM) und dann auf dem anderen Bild das DOM mit Häusern und Wald.

Diese Geländemodelle liegen auch in unterschiedlichen Auflösungen vor. Abbildung 33 hat eine Gitterweite von 50 Metern und zeigt den Unterschied zur besseren Auflösung in den Abbildungen 31 und 32.

Abb. 33: Digitales Geländemodell Gitterweite 50 m (DGM50)

Digitale topographische Karten

Digitale Topographische Karten wie in Abbildung 34 sind die digitale Ausgabe einer topografischen Karte mit den typischen Maßstäben 1:25.000 bis 1:100.000, die zur genauen Abbildung der Geländeformen (Topografie) und anderer sichtbarer Details der Erdoberfläche dienen.

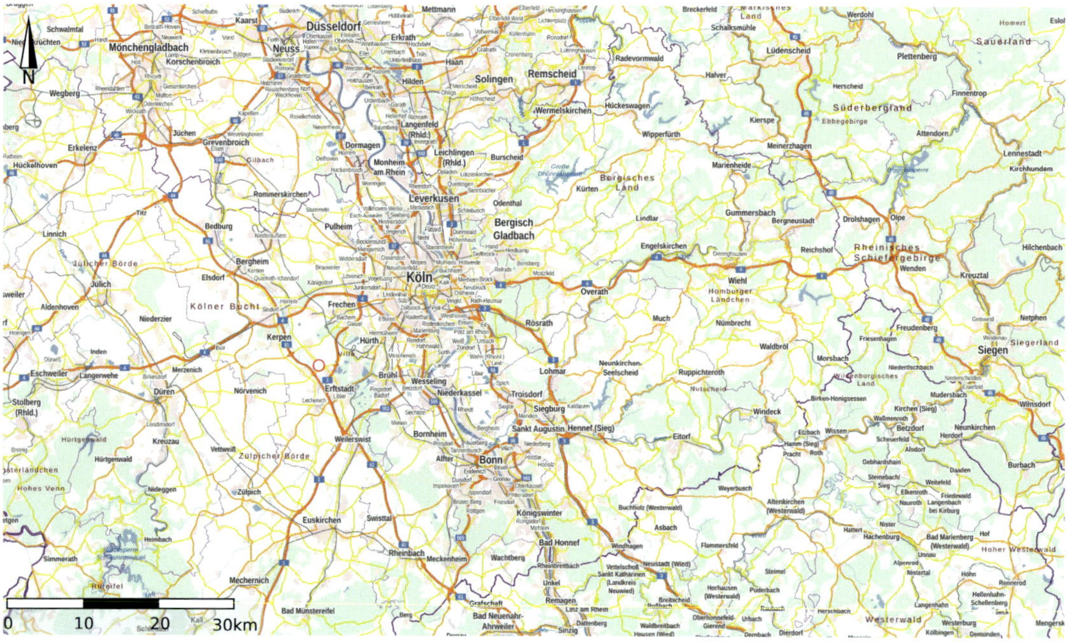

Abb. 34: Topografische Karte

Digitale Orthofotos

Digitale **Orthofotos (DOP)** sind hochauflösende, verzerrungsfreie, maßstabsgetreue, photographische Abbildungen der Erdoberfläche mit einer Genauigkeit von 20–40 cm. Die Aktualität liegt meistens zwischen 0 und 3 Jahren.

Abb. 35: Digitales Orthofoto (DOP)

1.8 Technische Hilfsmittel

Neben den taktischen Zeichen und der eigentlichen Lagewand zur Darstellung gibt es verschiedene Hilfsmittel, von denen einige in der Übersicht dargestellt sind.

Abb. 36: Beamer

Abb. 37: Touchbildschirm zur Lagedarstellung

Abb. 38: Kurvenmesser zur Abmessung von Linien auf Karten

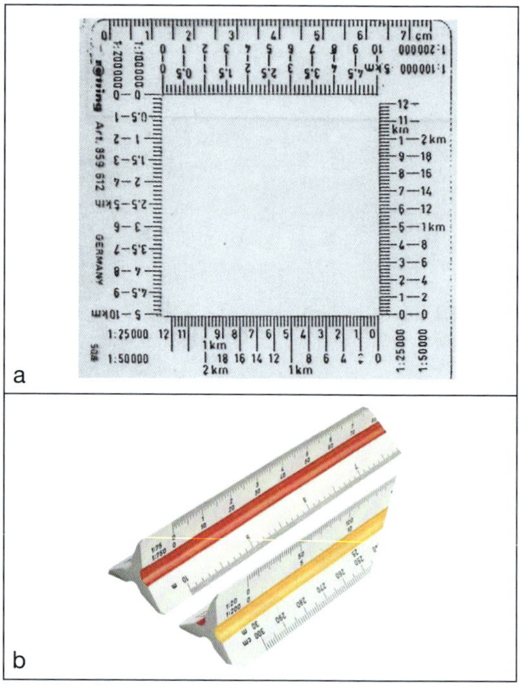

Abb. 39: (a) Planzeiger zur Ermittlung von Koordinaten; (b) Lineal zum Abmessen von Entfernungen

Abb. 40: Whiteboard und Metaplaneinheit zur Darstellung mittels Whiteboardmarkern und Metaplankarten

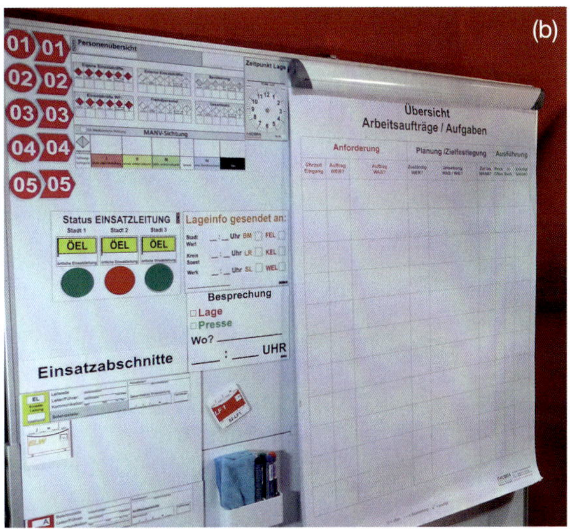

Abb. 41: (a) Einfaches Flipchart für Skizzen oder Nachverfolgung von offenen Punkten
(b) Typische Anwendung für ein Flipchart ist die Liste offener Punkte (Maßnahmenüberwachung)

1.9 Software für die Stabsarbeit

Natürlich kommt sehr schnell die Frage auf, ob es für die Arbeit im Stab keine Software gibt. Die Vielfalt an Aufgaben bzw. Einsatzlagen, die es zu bewältigen gibt, macht schnell deutlich, dass es nicht *eine* Software geben kann. Da der Kern der Stabsarbeit auch immer ein kreativer und schöpferischer Arbeitsvorgang ist, an dem am Ende eine Entscheidung ansteht, kann es dafür auch keine Software geben. Man spricht daher auch oft von Stabs**unterstützungssoftware**.

Stabssoftware

Verschiedene Anbieter bezeichnen ihre Software als Stabssoftware. Der Begriff ist jedoch nicht definiert. Jede Software, die bei der Stabsarbeit eingesetzt wird, ist gewissermaßen Stabssoftware.

Im Stab gibt es folgende Bereiche, die mit Software unterstützt werden können.

- Geografisches Informationssystem für die Lagekarte
- Nachrichtenverlauf im Stab (als Ersatz für den 4fach-Vordruck)
- Textverarbeitung für die Einsatzdokumentation, Befehle, Schriftverkehr allgemein
- Tabellenkalkulation für die Kräfteverwaltung
- Ressourcenmanagementsysteme zur Personalverfügbarkeit für das Kräftemanagement
- Datenverwaltung mittels Datenbanken

Office-Anwendungen

Die meisten Aufgaben in einem Stab können mit Hilfe normaler Office-Anwendungen wie Textverarbeitung (Lagemeldungen, Befehle, Einsatztagebuch, Berichte) Tabellenkalkulationssoftware (Kräfteübersicht, Verletztenübersicht, Logistikthemen), Mailclient (Kommunikation) sowie Präsentationssoftware (Lagevortrag, Zeitstrahl) und Webbrowsern (Kartendarstellung, Recherche) mit Internetanbindung durchgeführt werden. Software für Simulationen erläutern wir in Abschnitt 2.2.3.

Um die Vielzahl an Lösungen zu einem ganzheitlichen System zusammenzuführen, haben sich in den letzten Jahren verschiedene Stabsführungssysteme etabliert, welche den speziellen Anforderungen Rechnungen tragen. Diese Stabsführungssysteme haben im Kern immer ein GIS zur Kartendarstellung und sind in der Regel an das Einsatzleitsystem angeschlossen, um mit diesem Daten auszutauschen. Als Nebenfunktionen bieten sie in der Regel die Verwaltung von Schadenkonten, Erfassung und Darstellung der Führungsorganisation, eine automatische Nachweisung, ein Einsatztagebuch sowie eine integrierte Möglichkeit zur Kommunikation als Ersatz für den 4-fach-Vordruck.

Ein weiterer Baustein spezieller Stabssoftware sind Ressourcenmanagementsysteme, um den Überblick über Einsatzkräfte zu haben. Diese bieten in Echtzeit die Möglichkeit, die Verfügbarkeit von Ein-

Ressourcenmanagementsysteme

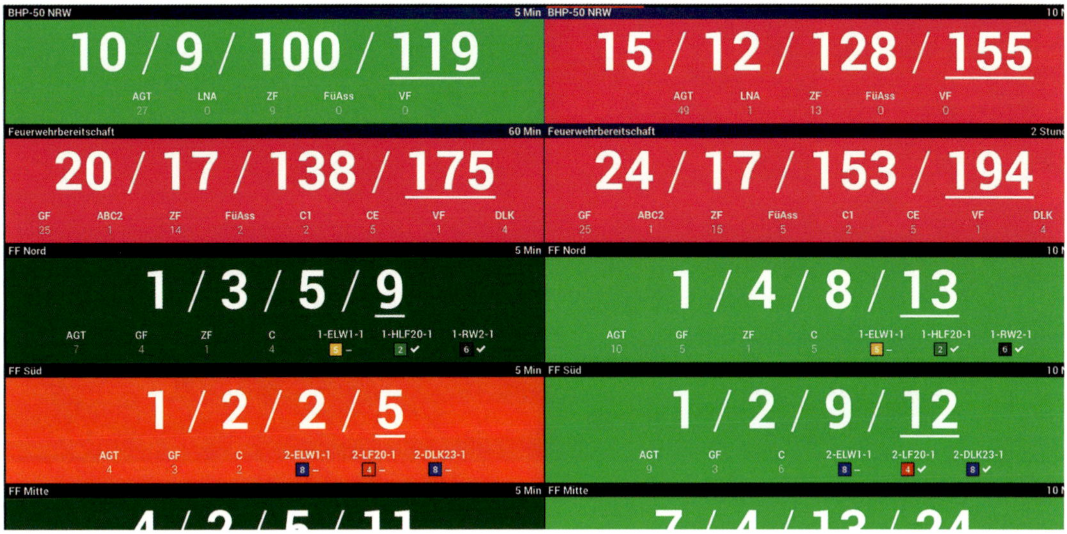

Abb. 42: Übersicht taktischer Einheiten und einzelner Feuerwehr-Einheiten mit taktischer Stärke und zeitlicher Verfügbarkeit am Beispiel DIVERA 24/7. Die beiden oberen Zeilen zeigen taktische Einheiten. Die drei unteren Zeilen die Verfügbarkeit verschiedener Standorte.

Abb. 43: Anhand verschiedener Kräfteübersichten hat der S1 den Überblick aller Kräfte mit den unterschiedlichen Verfügbarkeiten in Echtzeit. Kräfte, die an Wache sind, die kurzfristig verfügbar sind nach Alarmierung und Kräfte, die bereits im Einsatz gebunden sind. So entfällt das Führen von analogen Kräfteübersichten, die vor allem bei dynamischen Lagen schnell veraltet sind.

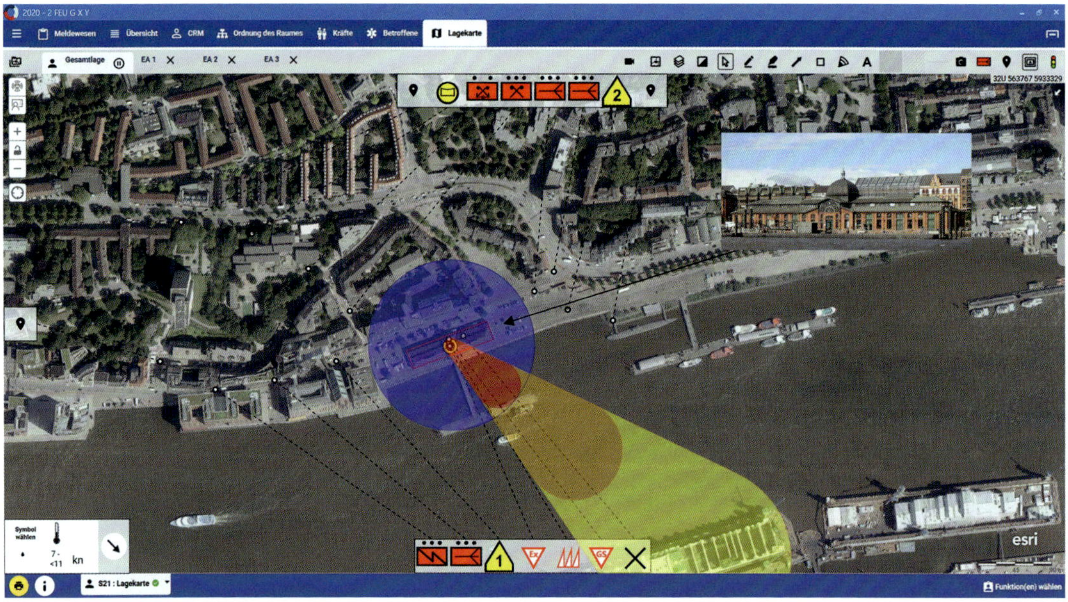

Abb. 44: Exemplarische Lagedarstellung einer Schadenslage mit einem GIS-System. Als Hintergrund wird ein Orthofoto verwendet.

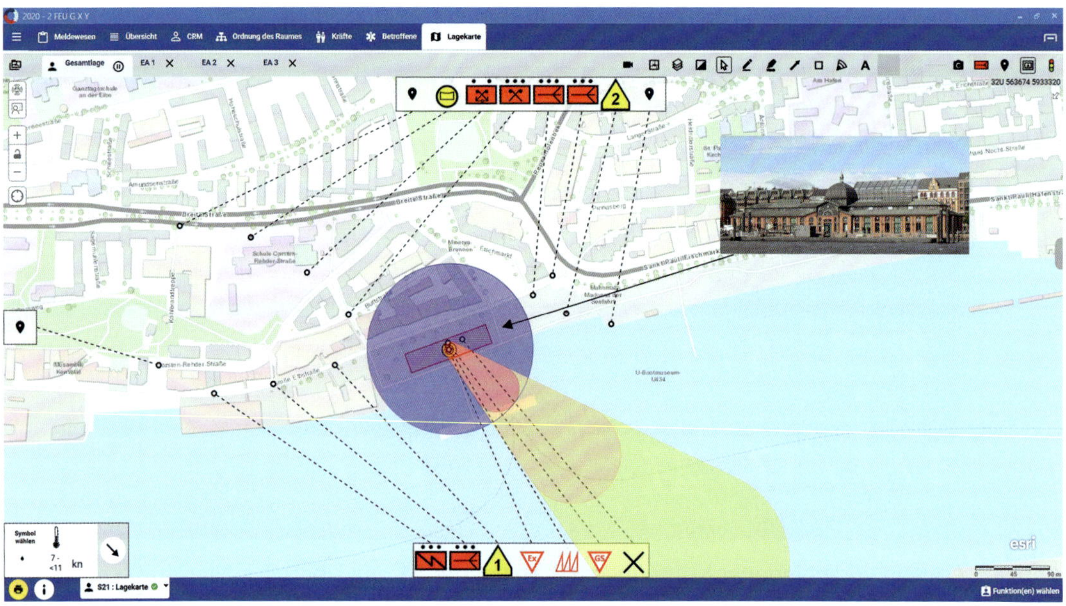

Abb. 45: Darstellung der gleichen Schadenslage mit einer Kartengrundlage. Beide Hintergründe bieten unterschiedliche Vorteile.

satzkräften einzelner Organisationen oder übergeordneter taktischer Einheiten darzustellen. Manche sind dabei ebenfalls über Schnittstelle mit dem Einsatzleitsystem und/oder dem Stabsführungssystem verbunden.

Die Abkürzung GIS steht für Geoinformationssystem oder geographische Informationssysteme.

Geoinformationssystem – GIS

Geographische Informationssysteme dienen der Darstellung und Analyse von Kartendaten. Sie bilden die Erweiterung zur klassischen Papierkarte. Mit Hilfe von Layern können verschiedene Zusatzinformationen ein- und ausgeblendet werden. Eine Ebene (Layer) in einem geografischen Informationssystem ist eine Möglichkeit, gleiche oder

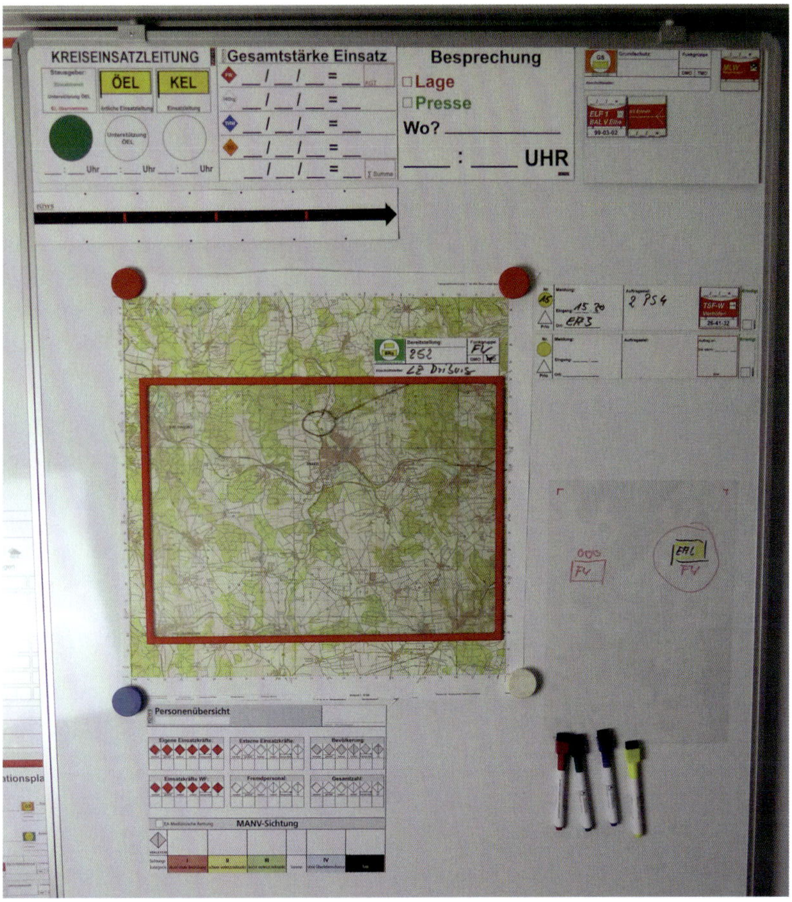

Abb. 46: Magnetfolie über der Kartengrundlage, um nicht direkt auf der Papierkarte zeichnen zu müssen und damit Eintragungen leichter entfernen zu können.

zusammengehörende Objekte (z.B. alle Stromleitungen) zusammenzufassen. Objekte, die sich „auf einer Ebene", also einem Layer befinden, können gemeinsam genutzt werden, um sie zum Beispiel in der Anzeige ein- oder auszublenden.

Historisch leitet sich das Prinzip der unterschiedlichen Ebenen der Arbeitsweise bei der analogen Kartenherstellung ab. Dort wurden für die verschiedenen Inhalte der Karten Folien verwendet auf denen gezeichnet wurde und die in beliebigen Kombinationen übereinandergelegt werden konnten. So blieb die eigentliche Karte unbearbeitet.

Auch bei GIS gibt es kommerzielle und kostenlose Produkte, sowohl als Desktopvariante zur offline-Nutzung, als auch mittels Internetverbindung im Webclient.

Neben der eigentlichen Darstellung von Karten ist die Layerfunktionalität eine der wichtigsten Funktion eines GIS. Sie ist vor allem recht einfach zu bedienen, im Gegensatz zu anderen GIS-Funktionen wie Objektverschneidung, Heatmapping oder Netzwerkanalyse. Die Nutzung solcher Analyse-Funktionen bedarf einer intensiveren Auseinandersetzung mit dem Thema GIS und der genutzten Software. Aus der praktischen Erfahrung bieten die lokalen Ämter für Vermessung/Liegenschaften/Kataster gute Unterstützung bei der Auswahl der Software und dem Zugang zu GIS-Daten. Die meisten GIS-Daten sind häufig schon für andere dienstliche Zwecke vorhanden.

Bei der Nutzung von Führungsinformationssystemen sind die grundlegenden GIS-Funktionen in der Regel schon enthalten, da die Kartendarstellung und Nutzung ein Kernelement einer solchen Software sind.

2 Lagefeststellung

Nach FwDV 100 hat das Sachgebiet **Lage** die vier wesentlichen Aufgaben:

- Lagefeststellung,
- Lagedarstellung,
- Information anderer Stellen und das
- Fertigen der Einsatzdokumentation,

auf die wir im weiteren Verlauf näher eingehen.

S2 – Erkunden

Der S2-Bereich übernimmt im Führungskreislauf die Aufgabe **Erkunden** und bildet damit das Fundament für die Bewältigung der Einsatzlage. Alle Maßnahmen des Stabes basieren auf der Arbeit des S2. Der Einsatzleiter leitet aus den Ergebnissen der Erkundung seine Strategie ab, der S3 den Operationsplan mit den Maßnahmen zur Bewältigung und der S5 die Kommunikationsstrategie. Die Sachgebiete S1 – Personal und S4 – Logistik sowie der Bereich S6 – IuK leiten dann im Anschluss ihre Maßnahmen aus den strategischen Vorgaben und den Planungen des S3 ab. Hier wird deutlich, warum die Arbeit des S2 fundamental wichtig ist für die erfolgreiche Einsatzbewältigung.

2.1 Beschaffen von Informationen

Bevor die Lage das erste Mal dargestellt werden kann, bedarf es der Beschaffung von Informationen aus den verschiedensten Quellen. Eine solche Informationsbeschaffung ist, wie die Erkundung, ein stetiger und während des Einsatzes sich immer wiederholender Prozess, um Änderungen zu erfassen.

Die Informationen lassen sich in die beiden Bereiche

- statische Informationen und
- dynamische Informationen

einteilen.

Statische Informationen

Die statischen Informationen sind in der Regel die ‚kalte Lage' und verändern sich während des Einsatzes nicht oder nur in geringem Maße. Dazu zählt zum Beispiel

- die räumliche Lage mit
- Objekten,
- Verkehrswegen usw.

Diese Daten entstammen häufig den vorbereiteten Einsatzunterlagen in Form von Karten, Objektverzeichnissen, Einsatzplänen etc.

Dynamische Daten

Die dynamischen Daten stellen die eigentliche Gefahrenlage, manchmal auch als ‚heiße Lage' bezeichnet, dar. Diese umfasst die Schäden und Gefahren sowie deren Dringlichkeit zur Beseitigung und die Möglichkeiten zur Gefahrenabwehr.

Die ersten Informationen eines Stabes entstammen der Alarmierung durch die Leitstelle, den vorhandenen Einsatzplänen, Lagemeldungen von Einsatzkräften vor Ort durch Mithören des Funkverkehrs, sowie, je nach Situation, eigenen Beobachtungen.

Im Laufe eines Einsatzes kommen weitere Lagequellen zur Anwendung. Die Nutzung ist dabei abhängig von der Verortung des Stabes (rückwärtiger Stab oder im ELW vor Ort) und der Dauer des Einsatzes (Stunden bis hin zu Wochen).

Sofern es bereits eine übergeordnete Führungsstelle gibt, ist natürlich auch der Befehl der Führungsstelle eine Informationsquelle, die ausgewertet werden muss. Hier sind der Auftrag und die übergeordnete Absicht die wichtigsten Informationen, die aufgenommen werden müssen. An diesem Auftrag richtet sich schließlich der weitere Einsatz aus. In der Praxis kommt dies selten zum Tragen, da sich der Einsatz von „unten" bzw. von „vorne" nach hinten aufbaut und sich der Auftrag schon aus der Schadenslage selbst ergibt und selten konkret von der vorgesetzten Stelle formuliert wird. Der Vollständigkeit halber muss der Auftrag aber als Quelle erwähnt werden.

2.1.1 Anfordern von Lagemeldungen

Lagemeldungen

Eine wesentliche Quelle der Gefahrenlage stellen Lagemeldungen von unterstellten Kräften in mündlicher oder schriftlicher Form dar. Vorteil dieser Lagemeldungen ist die bereits fachlich bewertete Einschätzung in verdichteter Form. Der Stab bekommt in möglichst kurzer und prägnanter Form die Gefahrenlage, die dazugehörige Bewertung und die geplanten Maßnahmen geschildert. Häufig verbunden mit einer Anforderung von benötigten Einsatzkräften und Material.

Solche Lagemeldungen sollten in regelmäßigen Abständen erfolgen und müssen vom Zeitpunkt der Meldung abgestimmt sein auf die nächste Lagebesprechung. Sofern der S2 gezielt bestimmte Informationen benötigt, um diese dem S3 für die Bewertung zur Verfügung zu stellen, müssen diese Informationen bei der Anforderung benannt werden. Ansonsten erfolgt die Lagemeldung nach Standard wie im Kapitel 6 exemplarisch beschrieben.

2.1.2 Einsetzen von Erkundern

Der S2 hat immer die Möglichkeit, neben den angeforderten Lagemeldungen eigene Erkundungen anzustellen. Sei es durch eigene Beobachtungen, durch Erkunder[1] vor Ort oder durch andere Stellen. Zu letzterem kommen wir noch im weiteren Verlauf.

Einsatz von Erkundern

So wie man bei alltäglichen Einsatzlagen eine Einsatzkraft als Erkunder einsetzt, so kommen bei größeren Schadenslagen Erkunder mit unterschiedlichen Einsatzmitteln zum Einsatz. Dies können Erkunder auf Fahrrädern oder Motorrädern sein, die persönliche Inaugenscheinnahme vor Ort, zu Fuß oder auch als Luftbeobachter im Hubschrauber. Das Einsetzen von Erkundern ist nicht als Misstrauen des Stabes gegenüber den Lagemeldungen der unterstellten Kräfte zu werten, sondern dient dazu, einen gezielten und ungefilterten Eindruck der Schadenslage zu erhalten. In einigen Fällen hat die rückwärtige Einsatzleitung mit Luftbeobachtern oder Satellitenbildern auch mehr bzw. andere Möglichkeiten zur Erkundung als die Kräfte vor Ort.

Luftaufnahmen haben den Vorteil, einen besseren Überblick über die räumliche Ausdehnung der Schadenslage zu erhalten. Dies kann wie schon beschrieben, mittels Luftbeobachtern in Hubschraubern oder Flächenflugzeugen erfolgen, mit Drohnen oder auch durch Satelliten.

[1] Sofern der S2 eigene Erkunder benötigt, wie z.B. Kradmelder, sind diese über den S1 anzufordern. Ggfs. kann er sich auch in Absprache mit dem S3 der operativen Kräfte bedienen.

Luftbeobachter

Luftbeobachter sind besonders ausgebildete Personen, um eine Erkundung aus der Luft durchzuführen. Dazu werden entweder Hubschrauber oder Flächenflugzeuge genutzt. Wenn man vom Feuerwehr Flugdienst (FFD) des LFV Niedersachsen absieht, unterhalten die Feuerwehren in Deutschland keine eigenen Fluggeräte. Bei Einsätzen wird daher im Rahmen der Amtshilfe auf Fluggeräte der Polizei, des SAR-Dienstes oder auf Rettungshubschrauber der Primärrettung oder Maschinen für Sekundärtransporte zurückgegriffen. Flugzeug und Pilot(en) werden dabei gestellt und ergänzt durch den Luftbeobachter der Feuerwehr und ggfs. weitere Fachberater wie Förster. Die Schwierigkeiten der Orientierung aus der Luft ist bei der Lufterkundung nicht zu unterschätzen. Das Ergebnis der Erkundung ist daher immer eine Teamleistung aus fliegerischer Leistung, fachkundiger Bewertung z.B. des Försters und taktischer Bewertung des Luftbeobachters.

Abb. 47: Perspektive des Luftbeobachters aus dem Hubschrauber bei einem Brand. Man erkennt die Ausbreitung der Rauchwolke und auch den Verlauf in den oberen Schichten. Quelle: Mit freundlicher Genehmigung Polizeifliegerstaffel NRW

UAV – Drohnen

Abbildung 48 zeigt eine Luftbildaufnahme, die mit Hilfe einer Drohne gemacht wurde. Vorteilhaft gegenüber einer Aufnahme aus dem Hubschrauber ist vor allem die niedrigere Flughöhe während der Aufnahme, die geringeren Kosten und der flexiblere Einsatz. Mit Hilfe einer Drohne sind jedoch nicht nur Bildaufnahmen möglich, sondern auch Videoaufnahmen, die am Boden eingesehen werden können. Damit eignen sich Drohnen auch zur kontinuierlichen Beobachtung bei

Großveranstaltungen. Luftfahrtrechtlich sind Drohnen unbemannte Luftfahrtsysteme. Abgekürzt durch Bezeichnungen wie UAV[1] oder UAS[2]. In mancher Literatur zu diesem Thema wird auch die Bezeichnung VTUAV[3] verwendet. Die Spitzenverbände[4] haben sich aber auf den Begriff Drohne verständigt.

Abb. 48: Adhoc erstellte Aufnahme mittels Drohne

Abb. 49: Mittels Software berechnetes 3D-Modell aus Drohnenaufnahmen

1 Unmanned Aerial Vehicle; bezieht sich nur auf das Fluggerät selber
2 Unmanned Aerial System; bezieht auch die Steuerungseinrichtungen und Bodenstationen mit ein
3 Vertical Take-off and Landing Unmanned Aerial Vehicle: Senkrecht startendes und landendes UAV speziell für den taktischen Einsatz
4 BBK (Hg.) (2019): Empfehlungen für Gemeinsame Regelungen zum Einsatz von Drohnen im Bevölkerungsschutz. 1. Aufl.

Schrägbild-
aufnahmen

Schrägbildaufnahmen vermitteln dem Betrachter Tiefe und Übersicht vom betreffenden Objekt. Diese Art der Luftbildaufnahme zeigt deutlich Größe, Aufbau und Lage des Objektes in der Umgebung und eignet sich deshalb besser für einen Lageüberblick.

Abbildung 48 zeigt, dass sich mittels einer Drohne innerhalb kürzester Zeit eine umfassende Ansicht der Schadensstelle erzeugen lässt, wie man sie hauptsächlich aus der Planübung kennt. Anhand 39 Bildaufnahmen mittels Drohne wurde anschließend das 3D Modell berechnet (Abbildung 49). Die Berechnung mit Standard-PC dauert circa 5 Minuten.

2.1.3 3D-Daten

In manchen Fällen existieren vom Schadensobjekt auch 3D-Daten, die im Rahmen der Lagedarstellung genutzt werden können. Dabei handelt es sich um Daten, die im Vorfeld durch Laserscanning erstellt wurden oder um Drohnenaufnahmen, die vor Ort erstellt werden. Abbildung 49 zeigt ein Beispiel, wenn man aus mehreren zweidimensionalen Bildern ein 3D-Modell erstellt.

2.1.4 Verbindungsperson

Eine Verbindungsperson (je nach entsendender Stelle manchmal als Verbindungsbeamter oder Verbindungsoffizier bezeichnet) dient dem Informationsaustausch zwischen Führungsstellen und kann daher auch als Informationsquelle genutzt werden. Typische Verbindungspersonen sind

- Verbindungsbeamter Polizei (VB-POL)
- Verbindungsperson von anderen beteiligten Stellen

Der Verbindungsoffizier der Bundeswehr nimmt häufig die Aufgabe eines Fachberaters wahr, kann je nach Lage natürlich auch „nur“ als Verbinder eingesetzt sein.

VB-Pol

Die Aufgaben des VB-Pol sind sowohl Informationen aus dem Polizeistab an andere beteiligte Organisationen zu übermitteln als auch die Sammlung von Sachverhalten, die für polizeiliche Fragestellungen relevant sind. Der Verbindungsbeamte der Polizei dokumentiert für die eigene Tätigkeit z.B. Informationen zur Gefahrenlage, Führungsentscheidungen und Maßnahmen.

Der VB-Pol kann zur Erläuterung polizeilicher Maßnahmen als Quelle genutzt werden oder auch zum Abstimmen von Sprachregelungen im Rahmen der Medienarbeit. Er kann z.B. unterstützen bei

- der Identifizierung von Verletzten und Toten,
- dem Verhindern anlassbezogener Straftaten (z.B. Raumschutz bei der Räumung von Gebieten),
- der Aufklärung bei Vermisstenfällen oder auch
- der Bereitstellung von Hubschraubern zur Erkundung.

Verbindungsperson Feuerwehr

Die Aufgabe der Verbindungsperson Feuerwehr in einem Polizeistab ist analog der Aufgaben des Verbindungsbeamten der Polizei zu sehen. Gerade die unterschiedlichen gebräuchlichen Begriffe in den Stäben bedürfen eines „Übersetzers“ z.B. Kräftesammelstelle bei der Polizei und Bereitstellungsraum bei der Feuerwehr.

2.1.5 Lagequellen – Elektronische Systeme

Neben den Lagemeldungen der Einsatzkräfte vor Ort gibt es auch zahlreiche andere Quellen, aus denen die verschiedensten Lagedaten gewonnen werden. Teilweise sind es Daten der kalten Lage, manche Quellen bieten jedoch auch Daten zur aktuellen Lage in Echtzeit oder mit relativ kurzer Verzögerung.

Lagequellen

Tabelle 14 gibt einen Überblick über typische Quellen. Im weiteren Verlauf werden die wichtigsten ausführlich erläutert.

Tab. 14: Übersicht Lagequellen

Kalte Lage	Echtzeitdaten
– Objektpläne – Einsatzpläne – Daten des Einwohnermeldeamtes – Straßensperrungen – Geodaten zu unterschiedlichen Themen wie: - Hydranten - Rettungspunkte - Stromtrassen - Pipeline - Störfallanlgen - Windkraftanlagen	– Wetterdaten – Bettenkapazitäten von Krankenhäusern – Webcams oder Kameras zur Verkehrsüberwachung – Verkehrsdaten

2.1.6 Wetterdaten

Wetterdaten können erheblichen Einfluss auf die Beurteilung der Schadenslage haben und sind daher immer mitzubetrachten.

Beispiel:

Hohe Temperaturen führen beim Freiwerden brennbarer Flüssigkeiten schnell zu explosionsfähiger Atmosphäre, Einsatzkräfte sind schneller erschöpft und die Gefahr der Dehydrierung steigt. Regen kann den Einsatz erschweren oder bei Vegetationsbränden eine Erleichterung bringen. Wind kann für eine schnelle Verdünnung von Schadstoffen sorgen, die hilfreich ist oder aber die Schadstoffe verteilen in Bereiche, die eine Ausbreitung bedeuten.

Aktuelle Wetterdaten erhält man vom DWD oder anderen Wetterdiensten. Die exakten lokalen Wetterdaten wie zum Beispiel Windstärke und -richtung müssen vor Ort gemessen werden. Während für den operativen Bereich vor allem die aktuelle Wettersituation interessant ist, spielt die Wetterprognose für den Krisenstab eine Rolle, da der Entscheidungshorizont hier weiter ist.

FeWIS

Erster Ansprechpartner für die BOS ist der DWD. Dieser ist durch das Gesetz über den Deutschen Wetterdienst (§4 Abs. 1) dafür zuständig, alle Katastrophenschutzeinrichtungen in Deutschland einheitlich über drohende Wettergefahren zu informieren und zu warnen. Das Feuerwehr-Wetterinformationssystem (FeWIS) kann von allen Leitstellen und Einheiten mit übergeordneten Aufgaben (z.B. ABC Zug, Verwaltungsstab etc.) genutzt werden. Dabei handelt es sich um eine geschlossene Benutzergruppe. Die Zugangsberechtigung wird nach einem mit dem Deutschen Feuerwehrverband (DFV), der Arbeitsgemeinschaft der Leiter der Berufsfeuerwehren (AGBF), den Innenministerien der Länder und den Bundesgeschäftsstellen der Hilfsorganisationen abgestimmten Verfahren erteilt. Danach sind die Berufsfeuerwehren, integrierte Einsatzleitstellen des Brand- und Katastrophenschutzes sowie Rettungsdienstes, die Lagezentren und Polizeidirektionen einschließlich der nachgeordneten Einrichtungen in den Bundesländern sowie die Operationszentralen der Hilfsorganisationen bis auf Landesverbandsebene bereits eingerichtet [12]. Der DWD stellt in diesem System täglich seine Informationen über verschiedene Wettergefahren zur Verfügung.

Neben diesen speziellen Leistungen des DWD können auch die öffentlichen Daten zu den verschiedenen Gefahrenindizes genutzt werden, um die Lage zu beurteilen. Durch die zunehmende globale Klimaveränderung und damit einhergehend die zunehmende Gefahr von Vegetationsbränden, kommen den Gefahrenindizes in diesem Bereich immer größere Bedeutung hinzu. Diese Daten sind nicht für das Lagebild vor Ort bei der operativen Bekämpfung des Vegetationsbrandes wichtig, sondern richten sich vor allem an rückwärtige Stäbe zur Beurteilung der Lage.

Während der Waldbrandsaison von März bis Oktober erstellt der DWD täglich eine aktualisierte Waldbrandgefahrenprognose für Deutschland. Die Karte in Abbildung 50 kann im geschlossenen Benutzerbereich aufgerufen werden oder als Übersichtskarte auf der öffentlichen Homepage des DWD. Die Karte im geschlossenen Benutzerbereich enthält detaillierte Informationen zu über 500 Stationen.

Fire Weather Index

Der Waldbrandgefahrenindex hat als Eingangsgrößen die meteorologischen Elemente Lufttemperatur, relative Luftfeuchte, Windgeschwindigkeit und Niederschlagssummen. Diese Parameter fließen in das Modell des DWD mit ein, welches die Struktur des kanadischen

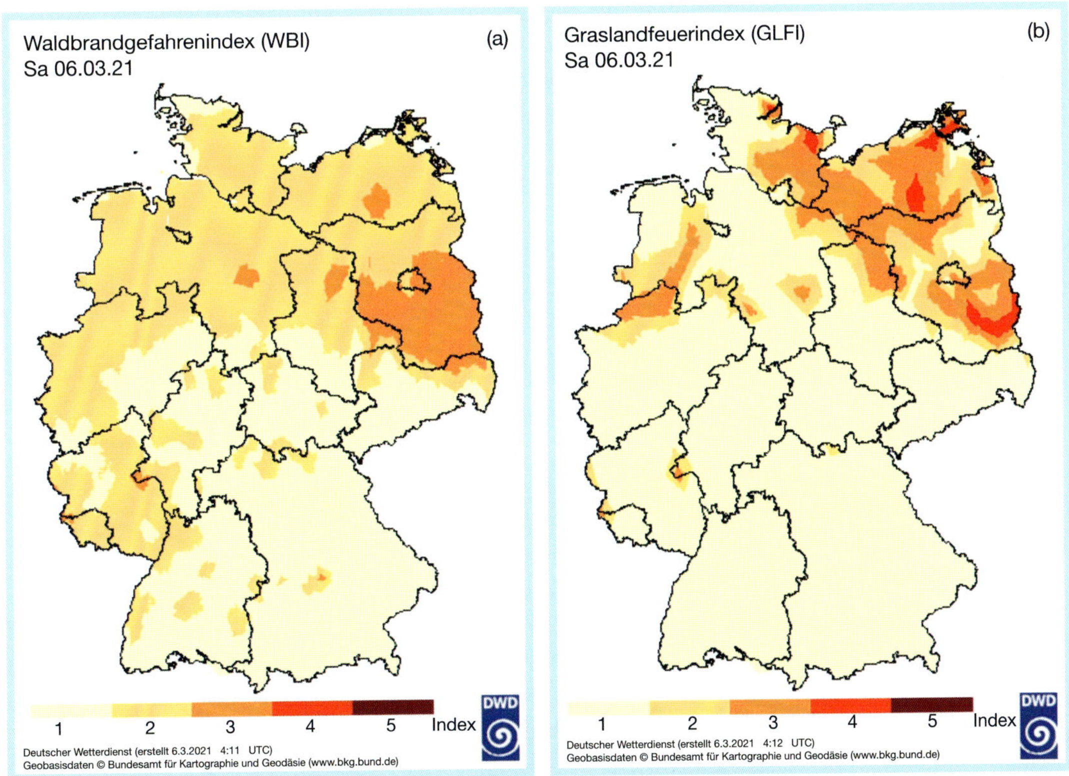

Abb. 50: Übersichtskarten des DWD mit (a) Graslandfeuerindex (b) Waldbrandfeuerindex

Fire Weather Index (FWI) übernimmt und einzelne Ideen des deutschen Baumgartner- und des M68-Indexes aus der DDR übernommen hat [DWD]. Ein wichtiges Kriterium ist der Stand der Vegetation, der ebenfalls bei der Erstellung der Risikokarte berücksichtigt wird.

Graslandfeuerindex – GLFI

Der Graslandfeuerindex (GLFI) mit den Werten von 1 (sehr geringe Gefahr) bis 5 (sehr hohe Gefahr) beschreibt die Feuergefährdung von offenem, nicht abgeschattetem Gelände mit abgestorbener Wildgrasauflage ohne grünen Unterwuchs. Ebenso wie bei dem für Waldlandschaften gültigen Waldbrandgefahrenindex (WBI) wird das witterungsbedingte Feuerrisiko durch fünf Stufen quantifiziert und ist nicht mit dem Waldbrandindex gleichzusetzen. Hilfsweise kann der GLFI auch angewandt werden auf gelbreife Getreidefelder bzw. Stoppelfelder.

Hitzeindex – HI

Der Hitzeindex (HI) ist eine in Einheiten der Temperatur angegebene Größe, die die gefühlte Temperatur auf Basis der gemessenen Lufttemperatur sowie der relativen Luftfeuchtigkeit beschreibt und der Windgeschwindigkeit. Hintergrund ist deren gemeinsame Wirkung auf den menschlichen Organismus und das hierdurch bestimmte Wärmeempfinden, weshalb der Hitzeindex ein Ausdruck dafür ist, wie diese Faktoren in ihrer Kombination auf das tatsächliche Temperatur- und damit Wohlempfinden einer Person Einfluss nehmen. Der Hitzeindex gibt an, wie die Luftfeuchtigkeit das subjektive Wärmeempfinden beeinflusst. Je höher die Luftfeuchte, umso drückender empfinden wir die Hitze. Natürlich ist dieser errechnete Wert nur ein Näherungswert. Auch kommt der Hitzeindex erst ab Temperaturen > 25° C zum Tragen, d.h. also, dass bei steigender Temperatur der Hitzeindex größere Auswirkungen hat. So wie der Waldbrandindex nicht bei der Bekämpfung des Brandes direkt hilft, so ist der Hitzeindex auch eher eine Kenngröße für den Stab, um zum Beispiel bei mehrtägigen Großveranstaltungen das Wetter und die darauf resultierenden Folgen einzuschätzen.

Unwetterzentrale

Neben dem DWD bieten auch andere Dienstleister wie die Unwetterzentrale (www.unwetterzentrale.de) von meteomedia oder Windyty, SE (www.windy.com) zahlreiche Informationen zum Bereich Wetter, welche bei der Lagedarstellung und Beurteilung hilfreich sind. Teilweise bieten die privaten Dienstleister in einem geschlossenen Benutzerbereich verschiedene hochaufgelöste Google Earth Layer mit Wetterdaten. Darin enthalten sind zoombare Radarkarten oder auch aktuelle Niederschlagsmesswerte. In Kombination mit Google Earth kann deutschlandweit das Wetter so georeferenziert[1] dargestellt wer-

[1] Unter dem Vorgang der Georeferenzierung versteht man die Zuweisung raumbezogener Informationen zu einem Datensatz

den. Abbildung 51 zeigt exemplarisch einige Darstellungen. Wetterdaten findet man heutzutage auf zahlreichen Portalen im Internet und auch frei zugänglich. Der wesentlichste Unterschied zwischen kostenlosen und kostenpflichtigen Informationen ist die Aktualität und die Auflösung.

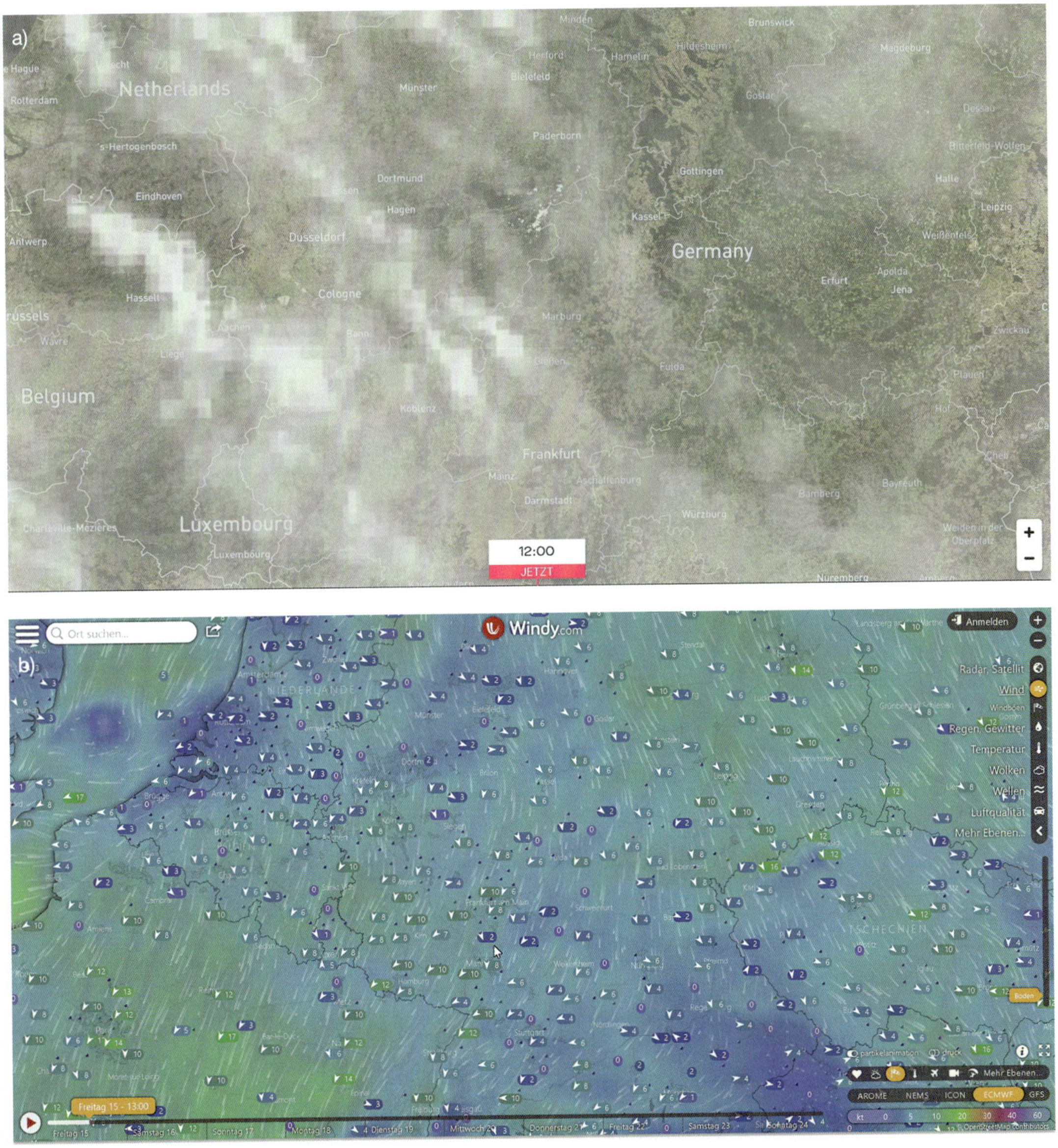

Abb. 51: (a) Satellitenbild der aktuellen Bewölkung: Quelle www.weatherpro.com (b) Winddarstellung

2.1.7 Wasserstraßen und Flüsse

Als gewässerkundliches Informationssystem stellt die Wasserstraßen- und Schifffahrtsverwaltung des Bundes (WSV) im Internet (www.pegelonline.wsv.de) öffentlich die Pegeldaten von zahlreichen Messstellen zur Verfügung.

Pegel

Diese Pegel und Vorhersagen beziehen sich vor allem auf schifffahrtsrelevante Pegel. Auch der elektronische Wasserstraßen Informationsservice ELWIS (www.elwis.de/DE/Karte/) bietet verschiedene Informationen wie Pegel, Kilometrierung, Gefahrenstellen oder Streckenmessung an. Auf Länderebene werden weitere Informationssysteme unterhalten wie z.B. HYGON (Hydrologische Rohdaten Online) in NRW. Auch diese sind öffentlich nutzbar. Die angebotenen Daten sind nicht nur für Hochwasserlagen interessant, sondern können auch bei anderen Ereignissen auf und am Gewässer nützlich sein. Beispielsweise bei einer Schadstoffeinleitung.

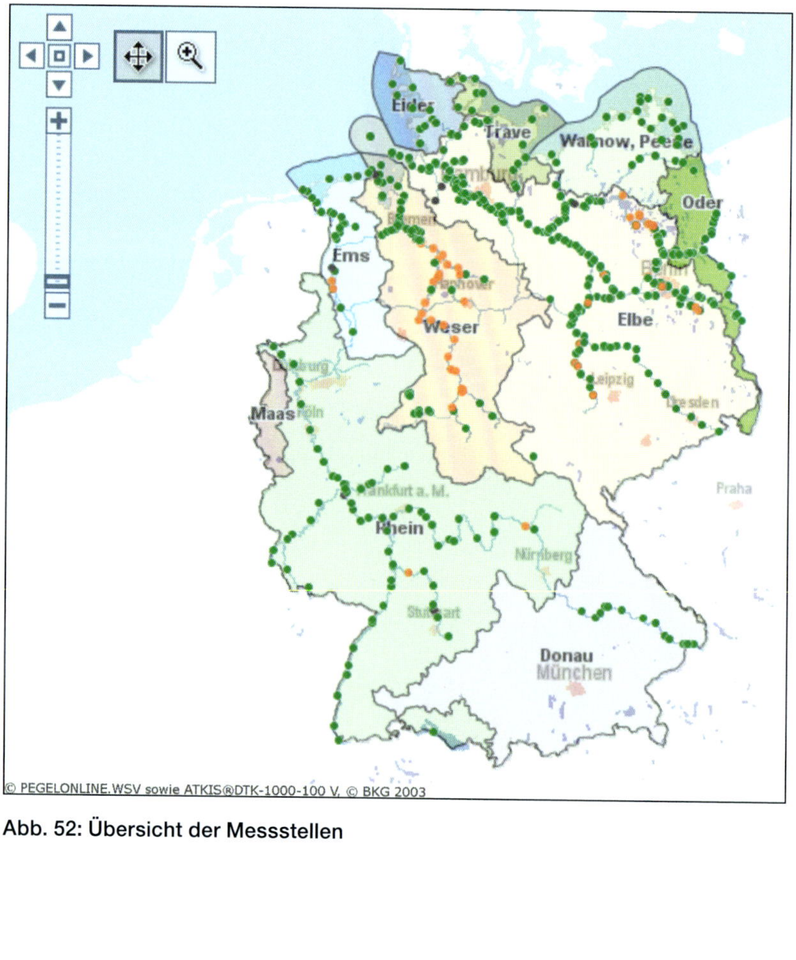

Abb. 52: Übersicht der Messstellen

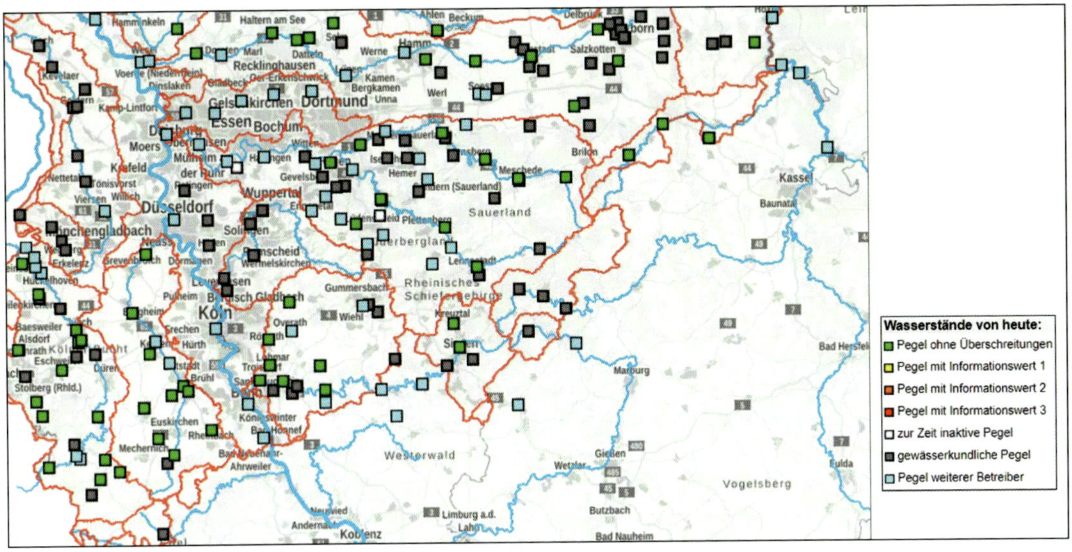

Abb. 53: Gewässereinzugsgebiete

Das Webportal http://www.hochwasserzentralen.de/ bietet einen zentralen Einstieg in die verschiedenen Systeme und aktuelle Meldepegel. Hier werden aus allen Bundesländern verschiedene Landesdaten gebündelt. Beim Hineinzoomen zeigt sich eine detailliertere Darstellung wie in Abbildung 54.

Mobile Pegel können auch über das THW angefordert und zum Einsatz gebracht werden. Deutschlandweit stehen circa 12 mobile Hochwasserpegel zur Verfügung (MHP), die von einem Trupp zum Einsatz gebracht werden. Der MHP-Trupp ist mit 3 Helfern plus 3 Reservehelfern besetzt.

2.1.8 Geodaten auf Basis von OSM

Unter www.openfiremap.org werden auf der Kartenbasis von OpenStreetMap Feuerwehrhäuser, Hydranten, Wasserentnahmestellen und Löschwasserbehälter dargestellt. Es besteht die Möglichkeit, die Daten selbst zu ergänzen und so allen Feuerwehren im Einsatzfall zur Verfügung zu stellen. Ziel des Projekts ist laut Internetauftritt eine für Feuerwehren optimierte Karte zu erstellen. In Abbildung 54 sind drei verschiedenen Zoomstufen angezeigt. Die erste Ansicht zeigt die Lage von Feuerwehrhäusern, der Ausschnitt 1 eine Vergrößerung mit den Bezeichnungen der Löschzüge und der Ausschnitt 2 zeigt auf Straßenebene die Lage von Über- und Unterflurhydranten.

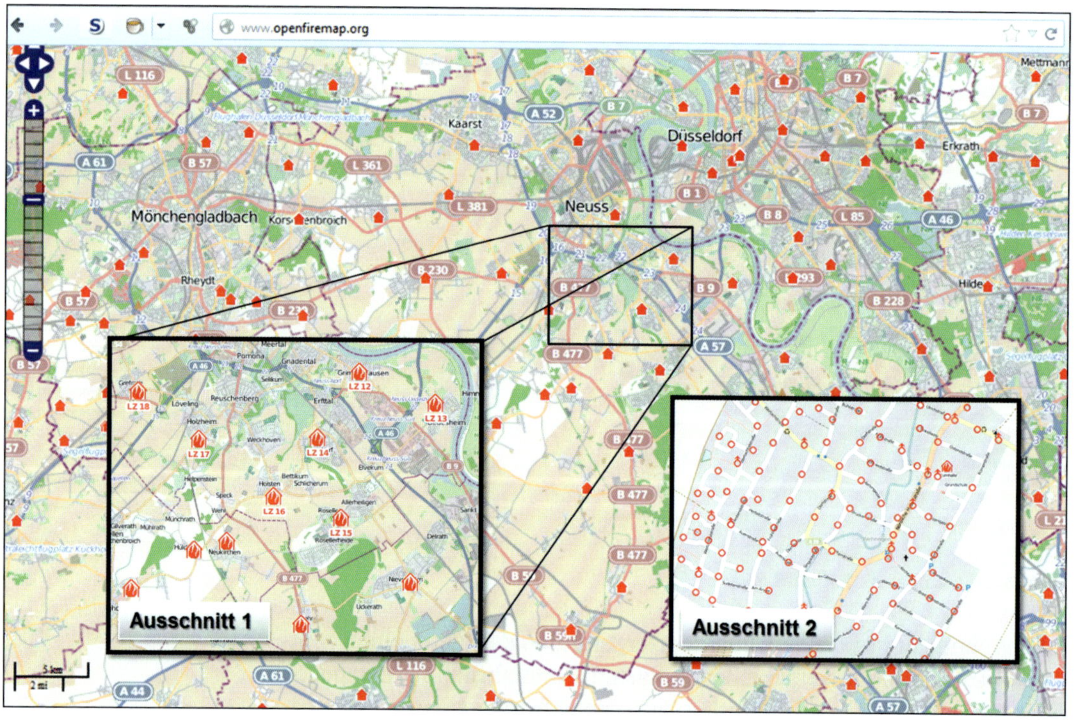

Abb. 54: Darstellung von Feuerwehrgerätehäusern und Hydranten

2.1.9 Fernerkundung durch Erdbeobachtungssatelliten

In Deutschland stellte das Zentrum für Satellitengestützte Kriseninformation[1] (ZKI) entsprechend aufbereitete Satellitenbilder zur Verfügung. Ab dem 1. Januar 2021 wurde diese Aufgabe an das Bundesamt für Kartographie und Geodäsie (BKG) übergeben. Der neu geschaffene Satellitengestützte Krisen- und Lagedienst (SKD) des Bundesamtes für Kartographie und Geodäsie (BKG) ist der zentrale Anlaufpunkt für Bundesbehörden und BOS und unterstützt bei verschiedenen Einsatzlagen durch die Bereitstellung von maßgeschneiderten Karten- und thematischen Analyseprodukten. Die Bereitstellung erfolgt dabei entweder analog oder digital, teilweise sogar als Webservice. Die Basis bilden dabei Fernerkundungs- und klassische Geoinformationen mit Hilfe bewährter und neuester Verfahren.

1 http://www.zki.dlr.de/de

Dabei geht es nicht nur um einen großflächigen Überblick über mehrere Quadratkilometer, sondern auch um die Bewertung von Schäden und die Beobachtung von Verkehrsflüssen. Kommerzielle zivile Satelliten liefern eine Pixelgröße von bis zu 30 cm. Damit lassen sich bereits kleinräumige Objekte gut erkennen, wie z.B. Autos (und damit z.B. Füllungszustände von Parkplätzen) oder Personengruppen. Allerdings sind einzelne Personen selbst nicht zu erkennen bzw. nicht zu identifizieren. Auf Seite 170–174 zeigen wir zwei praktische Beispiele.

Tab. 15: Auflösung kommerzieller Satelliten

Auflösungsstufen	Größe eines Pixels in der Realität
Höchstauflösend	< 1 m
Sehr hochauflösend	1 – 5 m
Hochauflösend	5 – 20 m
Mittel/geringauflösend	> 30 m bis mehrere hundert Meter

Bei der Frage nach der räumlichen Auflösung und der sinnvollen Nutzung von Satellitenbildern kommt es auf die Intention an. Was möchte ich noch erkennen, oder welche Objekte möchte ich voneinander unterscheiden? In unserem Fall der Lagefeststellung interessieren uns vor allem Objekte, die wir als solche identifizieren und interpretieren können. Dafür sind meist mehrere Pixel notwendig (Faustregel: > 7 Pixel/Objekt). Tabelle 15 gibt einen Überblick zur Auflösung von zivilen Satelliten.

Die Bereitstellung der Daten ist von verschiedenen Faktoren abhängig, die nicht alle beeinflussbar sind. Zielgröße ist die Auslieferung innerhalb von 24h. Wenn man aktuelle Daten möchte und keine Archivdaten, muss sich ein Satellit, der die benötigten Sensoren hat, auch über dem aufzunehmenden Gebiet befinden. Und Satelliten sind eben an ihre Umlaufbahn gebunden. Die Rohdaten der Satelliten Sentinel-1 und -2 stehen beispielsweise innerhalb weniger Stunden nach Aufnahme frei zur Verfügung. Sie müssen danach jedoch je nach Anforderung, was der Anwender erkennen möchte, noch aufbereitet werden. Vor allem bei optischen Sensoren muss der Satellit den Bereich auch sehen können. Wolkenfelder, zäher Hochnebel oder auch Rauch können die Sicht versperren. Radarsysteme sind da wetterunabhängiger.

Damit es schnell geht, haben sich im Rahmen verschiedener Projekte länderübergreifend entsprechende Stellen zusammengeschlossen, um die Möglichkeiten von Erddaten besser zu nutzen. Die Nutzung des SKD ist für BOS und Bundesbehörden gemäß Rahmenvertrag kostenfrei, solange gewisse Kriterien erfüllt sind und eine Berechtigung vorliegt.

Wenn Sie eine Anfrage stellen, ist es wichtig, dass Sie folgende Informationen zur Verfügung haben:

- Koordinaten des Einsatzgebietes (grober Umriss der *Area of Interest*),
- Was Sie genau an Informationen brauchen (überflutete Gebiete, Waldbrandflächen, befahrbare Straßen, ...)
- Wie schnell Sie sie brauchen
- Format der Kartenausgabe (JPG, Vektordaten, GIS...)

Für die meisten Nutzer und die meisten Schadenslagen sind Satellitendaten eher die Ausnahme. Mit zunehmender Kommerzialisierung, wie man sie aktuell sogar in der Raumfahrt beobachten kann, werden in den nächsten Jahren neue Produkte mit neuen Möglichkeiten verfügbar werden[1]. Dadurch werden sich vor allem Auflösung und zeitliche Verfügbarkeit verbessern.

2.1.10 VOST – Virtual Operation Support Teams

VOST

Mit zunehmender Verbreitung von sozialen Medien und der Verlagerung von Informationen ins Internet haben sich auch neue Möglichkeiten ergeben, um Lageinformation zu bekommen und aufzubereiten. So wie sich die sozialen Medien als erstes in den USA entwickelt haben, so stammen auch die ersten Überlegungen zu VOST aus dem Ausland. Während im Ausland oft keine besonderen Anforderungen an die Kräfte gestellt werden, sind die wenigen bestehenden VOSTs in Deutschland bei offiziellen Stellen angesiedelt und haben eine BOS-Zugehörigkeit. Dies dient vor allem der Akzeptanz solcher Teams in den verschiedenen Führungsstellen und sichert auch die notwendigen Kenntnisse zum Umgang mit sensiblen einsatzrelevanten Daten.

Das erste ‚offizielle' VOST-Team wurde 2017 beim THW etabliert, da es sich um eine deutschlandweit tätige Organisation handelt. Ein VOST ist also kein loser Zusammenschluss Unbekannter im Internet, sondern eine klar gegliederte Einheit, die Aufträge entgegennimmt und den Stab in den Bereichen S2 und S5 unterstützen kann. Da sich das Thema VOST in Deutschland noch in den Kinderschuhen befindet,

[1] Interessierte suchen in den einschlägigen Suchmaschinen nach HAPS=High-Altitude Pseudosatellites oder Cubesat-Satelliten.

fehlt es aktuell noch an klaren Beschreibungen und Abgrenzungen. Die folgenden Informationen stellen den aktuellen Stand für Deutschland dar und sollen einen ersten Eindruck vermitteln, was ein VOST ist und welchen Beitrag es für die Sachgebiete im Stab liefern kann.

Ein VOST ist eine Gruppe von Einsatzkräften, teilweise auch dezentral und vernetzt über das Internet, die aus dem Internet Lagedaten ermitteln und darstellen. Die Mitglieder eines VOST kennen sich sehr gut mit den sozialen Medien und dem Internet als Lagequelle aus. Sie haben oft einen journalistischen oder medientechnischen Hintergrund und können Bilder, Videos und Textbeiträge auf den einschlägigen Plattformen wie YouTube, Facebook, Instagram, Snapchat und Twitter nach relevanten Informationen durchsuchen und überprüfen. Dazu sichten die Kräfte Videos, Tweets, Posts, Blogbeiträge und Fotos in den sozialen Medien auf relevante Inhalte und prüfen diese auf Aktualität und Richtigkeit. Sie nutzen jedoch auch andere öffentlich oder dienstlich zugängliche Daten wie Luftbilder oder Lagemeldungen der eingesetzten Kräfte. Auch öffentlich zugängliche Webcams oder Videostreams stellen Lagequellen dar, welche je nach Schadenslage hilfreiche Informationen bieten. Ein VOST ist in der Regel auch hierarchisch organisiert und steht über eine Verbindungsperson in Kontakt zum jeweiligen Stab.

Das VOST unterstützt bei den beiden in Tabelle 16 dargestellten Bereichen.

Tab. 16: Aufgabenbereiche von VOST

Monitoring der Medienlage	Erfassung der Schadenslage	Sozial-Media Kommunikation

– Suche und Identifizierung von Falschmeldungen
– Stimmungen in der Bevölkerung aufnehmen und verdichten durch Monitoring der sozialen Medien
	– Betroffene Gebiete identifizieren
	  - Wo ist der Strom überall ausgefallen?
	  - Wo ist der meiste Schneefall?
	– Art und Ausmaß von Schäden
	  - Wo sind Verkehrswege wie Straßen, Brücken oder Unterführungen beschädigt oder nur eingeschränkt nutzbar?
	– Unterstützung bei der Kartographierung
		– Bedienung der unterschiedlichen Kanäle in den sozialen Medien in Absprache mit S5 und/oder Krisenstab/Verwaltungsstab

Die Darstellung der Schadensmerkmale erfolgt dabei häufig als Kartierung. Das bedeutet, die gewonnene Information wird in einer Karte mit einer Koordinate verortet.

2.1.11 Social Media-Analytics – Analyse der sozialen Medien

Sowohl die Vielfalt der sozialen Medien (Facebook, Twitter, Snapchat, Instagram, YouTube, Vimeo, Tik-Tok, Xing, LinkedIn usw.), als auch die Menge an Veröffentlichung (Tweets, Posts, Videos, Bilder) sowie die Geschwindigkeit (manchmal sind schon vor Eintreffen der ersten Kräfte Meldungen im Netz) machen eine manuelle Auswertung unmöglich. Daher gibt es dafür Analyse-Software, um diese Medien systematisch auszuwerten. Diese Softwarelösungen wurden vor allem aus kommerziellem Hintergrund entwickelt, um Kunden genau zu analysieren und Marketingmaßnahmen zu optimieren. Die Ergebnisse (Insights) helfen jedoch auch bei Fragen im Zusammenhang mit einer Schadenslage.

Social-Listening

Bei **Social-Listening** geht es um das Beobachten von Social-Media-Kanälen hinsichtlich Erwähnungen der beteiligten Organisationen, der aktuellen Schadenslage und aller anderen Begriffe und Themen, die für die jeweilige Lage relevant sind. Das können Hashtags sein, die sich bilden oder Schlagworte.

Die gewonnenen Informationen werden im Anschluss analysiert und fließen in die Maßnahmen der Kommunikation mit ein. Dies können sein die Veröffentlichung von allgemeinen Informationen zur Lage, die Richtigstellung von Falschinformationen bis hin zu aufwändigeren Maßnahmen wie einer Pressekonferenz oder der Einrichtung von Informationspunkten.

Manchmal werden die Begriffe Social-Media-Monitoring und Social-Media-Analytics gleichgesetzt, manchmal unterscheidet man zwischen dem Monitoring als dauerhafte Beobachtung der sozialen Medien und der Analyse. Die Analyse kann sich dabei sowohl auf die Daten des Monitorings beziehen und Daten der Vergangenheit berücksichtigen als auch auf die Daten des Social-Listening, bei dem es um die Daten in Echtzeit geht.

Allein der Bereich der Nutzung der sozialen Medien als Erkenntnisquelle, aber auch als Kommunikationsinstrument, füllt mehrere Bücher. Der Schwerpunkt liegt aber mehr im S5-Bereich bzw. der Bevölkerungs- und Medienarbeit. Wichtig im Zusammenhang mit Lagedarstellung ist die Erkenntnis, was ein VOST ist, was es leisten kann und warum es wichtig ist, sich damit im Vorfeld zu beschäftigen.

2.1.12 Einsatz von Videos als Lagequelle

Videos bzw. bewegte Bilder bieten bei der Lagedarstellung Vor- und Nachteile. Videobilder bzw. Kamerabilder bieten eine sehr realistische Darstellung der Lage in Echtzeit. Es stehen sehr viele Details zur Lagebewertung zur Verfügung, die helfen, sich die Lage vor Ort vorzustellen. Dieser Detailreichtum ist jedoch auch gleichzeitig Nachteil. Die ständig bewegten Bilder bergen das Risiko im Stab „Fernsehen zu schauen" und von der eigentlichen Stabsarbeit abgelenkt zu werden. Es sollten daher keine kontinuierlichen Darstellungen von Videobildern im Stab stattfinden. Weiterhin bieten die Videobilder auch immer nur einen kleinen Ausschnitt der Lage, der bei einer Flächenlage von der Gesamtheit der Lage ablenkt.

Mögliche Videoquellen sind:

- Verkehrsampeln über die Polizei im Rahmen der Amtshilfe
- Bahnsteigkameras
- Veranstaltungen im Stadion
- Überwachte Betriebe
- Tunnelkameras in Kontrollräumen
- Kamerabilder von einer Drohe

Zur Erstellung eines Lagebildes kann der Einsatz von Kameras in einem Lagezentrum sehr gute Dienste leisten. Vor allem bei vorgeplanten Einsätzen wie Veranstaltungen können neuralgische Punkte mit Kameraüberwachung ausgestattet werden, um einen ständigen Überblick über die Lage zu gewährleisten. Das bewertete Lagebild kann so in den Stab gebracht werden, ohne dass eine Ablenkung erfolgt.

2.2 Auswerten und Bewerten von Informationen

Im Anschluss an die Lagefeststellung (Erkundung) erfolgt die Auswertung und anschließende Bewertung der Lagedaten. Zum Schluss werden die gewonnenen Daten dargestellt, gespeichert[1] und bei Bedarf an andere Stellen weitergeleitet.

[1] Gespeichert umfasst neben der elektronischen Speicherung auch die Dokumentation in Protokollen, Einsatztagebuch etc.

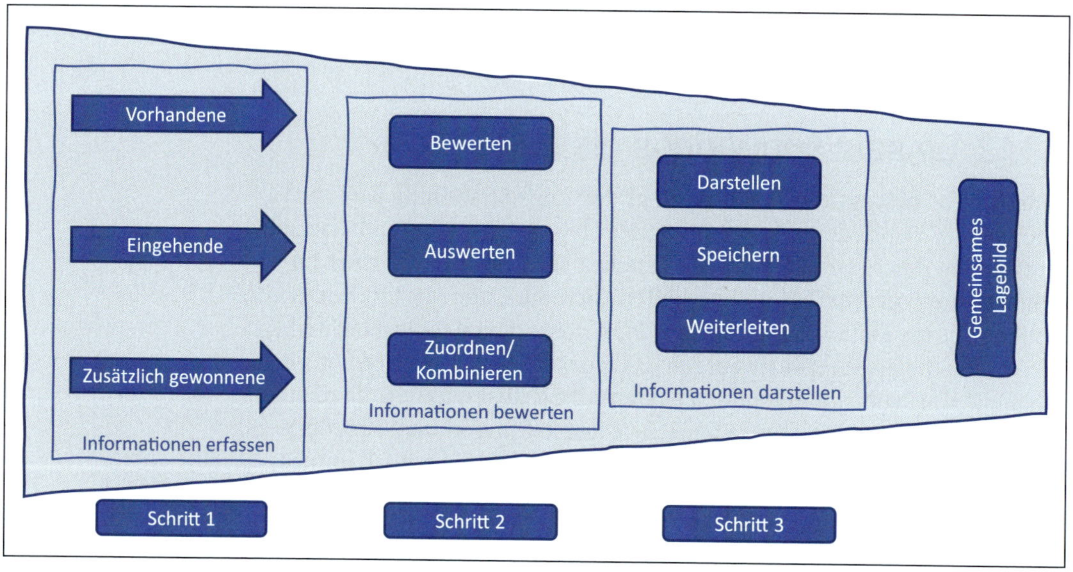

Abb. 55: Informationsfluss bei der Lagefeststellung

Das **Bewerten** von Informationen durch den S2 ist nicht gleichzusetzen mit der **Beurteilung der Lage** durch den S3. Die Bewertung im Sachgebiet 2 bezieht sich allein auf die Güte (richtig, aktuell, Fakt oder Vermutung) der Informationen.

Auswerten bedeutet dabei

- Informationen aus den Lagedaten extrahieren,
- die Validität prüfen,
- Duplikate entfernen,
- Aktualität sicherstellen.

Bewerten bedeutet

- Wichtiges von Unwichtigem Trennen,
- priorisieren und
- bei Bedarf Andere informieren.

2.2.1 Auswerten von Lagedaten

Zwei wesentliche Stressfaktoren bei der Entscheidungsfindung sind zu viele oder zu wenige Informationen. Zuwenig Informationen führen zu Unsicherheit, da immer die Angst mitschwingt, etwas Wichtiges nicht zu wissen und Fehler zu machen. Zu viele Information führen sehr schnell zur Überlast und bergen die Gefahr, dass wichtige Information übersehen werden.

Merke:
Eine optimale Lageinformation ist aktuell, richtig und relevant.

Auswertung der Lagedaten durch S2

Eine wesentliche Aufgabe im S2-Bereich ist daher die Auswertung. Duplikate entfernen bedeutet Doppelmeldungen zusammenzufassen. Beispielsweise kommt eine Lageinformation über die Leitstelle in den Stab und wird kurze Zeit später auch von unterstellten Kräften gemeldet. Bei widersprüchlichen Meldungen zum gleichen Sachverhalt ist zu klären, welche korrekt ist und den Absender der falschen Information über den Sachverhalt in Kenntnis zu setzen, um die Verbreitung von falschen Informationen zu unterbinden. Leider ist die Prüfung in der Praxis nicht so einfach wie es scheint. Meldungen von unterschiedlichen Stellen haben unterschiedliche Meldezeiten[1] (Laufzeiten). So können bei Meldungen korrekt sein, aber eine ist schon veraltet, stimmte aber zum Zeitpunkt der Versendung.

Etwas schwieriger ist die Aufgabe, Information aus den Lagedaten zu extrahieren. Der S2 hat nicht die Aufgabe, die Lage zu verwalten. Vor allem bei vielen Information ist es wichtig, die Daten zu verdichten. Es ist nicht ausreichend, die Pegelstände zu erfassen und an der Lagewand aufzuschreiben. Wichtig ist z.B., aus den Pegelständen die Information zu entnehmen wie *„Der Pegel steigt mit 2 cm pro Stunde und erreicht daher in circa 8 Stunden die kritische Marke“*.

2.2.2 Bewertung der Lage

Die Auswertung und die Bewertung überschneiden sich häufig. Die Bewertung bedeutet, die Lageinformation, die man bekommt, zu sortieren in Wichtig und Unwichtig, sowie eine Priorisierung vorzunehmen. Auch dieser Punkt ist nicht einfach und stellt unter anderem die wesentliche Leistung des S2 dar. Die S2-Funktion beeinflusst mit dieser Bewertung die Überlegungen der anderen Stabsbereiche und Funktionen.

Eine Hilfestellung zur Priorisierung kann der Beförderungsvermerk zur Vorrangstufe sein, die der Absender verwendet hat. Weitere Orientierungshilfe für die Bewertung ist die zeitliche Dringlichkeit (gibt es eine Frist oder einen Entscheidungszeitpunkt, der beachtet werden

[1] Siehe hierzu Kapitel 1 zum Informationsverzug

muss?) oder auch die Konsequenzen bei Nichtbeachtung der Meldung.

Im Rahmen der Bewertung kann der S2 zu der Erkenntnis kommen, die Information nicht nur zur Lage zu nehmen, sondern diese sofort an andere Stellen zu kommunizieren.

Der S2 sollte seine Informationen auch analysieren und aus komplexen Informationen verständliche Kernaussagen herausarbeiten und formulieren. So gilt es z.B. aus den Lagemeldungen der Einsatzabschnitte mit zahlreichen Informationen zu unterschiedlichen Sachverhalten diese zu bewerten, zu verdichten und darzustellen.

2.2.3 Simulationswerkzeuge zur Entscheidungsunterstützung

Ziel einer jeden Einsatzleitung, egal ob Gruppenführer, TEL oder Krisenstab, ist es „vor die Lage" zu kommen, um rechtzeitig die richtigen Maßnahmen zu ergreifen. Wie schön wäre es daher, wenn wir also ein wenig in die Zukunft sehen könnten, um uns entsprechend vorzubereiten auf das, was da kommt. In Zeiten immer besserer IT-Technik bieten Simulationen eine Möglichkeit, um verschiedene Varianten der Zukunft zu simulieren. Simulationen können die Zukunft nicht vorhersagen. Alle Prognosen sind mit einem mehr oder weniger großen Fehler behaftet, der von vielen Faktoren abhängt: von der Genauigkeit der Eingangsgrößen, dem verwendeten Modell und der Möglichkeit, in der vorhandenen Zeit die Simulation auch auszuführen. Egal welche Simulation man nutzt, alle haben ihre Grenzen, die man kennen muss, um die Ergebnisse richtig zu interpretieren und Maßnahmen daraus abzuleiten. Es handelt sich bei allen Simulationen um mathematische Modelle. Da ein Modell immer nur ein ungefähres Abbild der Realität ist, haben alle diese Modelle Grenzen. Man muss im Grunde wählen zwischen Modellen, die sehr genau sind, dafür aber kompliziert sind in der Bedienung durch die Vielzahl an Parametern und zeitintensiv in der Berechnung, oder im Gegenzug Modelle, die sehr einfach und schnell zu Ergebnissen kommen, dafür aber Ungenauigkeiten beinhalten.

Simulation ist laut Definition des VDI die Nachbildung eines dynamischen Prozesses in einem Modell, um zu Erkenntnissen zu gelangen, die auf die Wirklichkeit übertragbar sind. Es geht hier in erster Linie um PC-gestützte Simulationen. Manchmal wird eine Simulation auch als Hochrechnung oder Prognose bezeichnet.

Typische Anwendungsfälle im Bereich der BOS im Einsatzgeschehen sind vor allem Ausbreitungsmodelle. Es gibt jedoch auch andere Simulationen, die wir hier kurz vorstellen.

■ Ausbreitungsberechnungen für luftgetragene Schadstoffe

Es gibt zahlreiche Modelle, um die Ausbreitung von luftgetragenen Schadstoffen zu berechnen und darzustellen. Alle Modelle sind mit Unsicherheiten behaftet, die aus dem verwendeten Modell sowie der Genauigkeit der Messdaten resultieren. Die Vielzahl der Modelle bedarf daher einer intensiven Auseinandersetzung. Hier werden daher

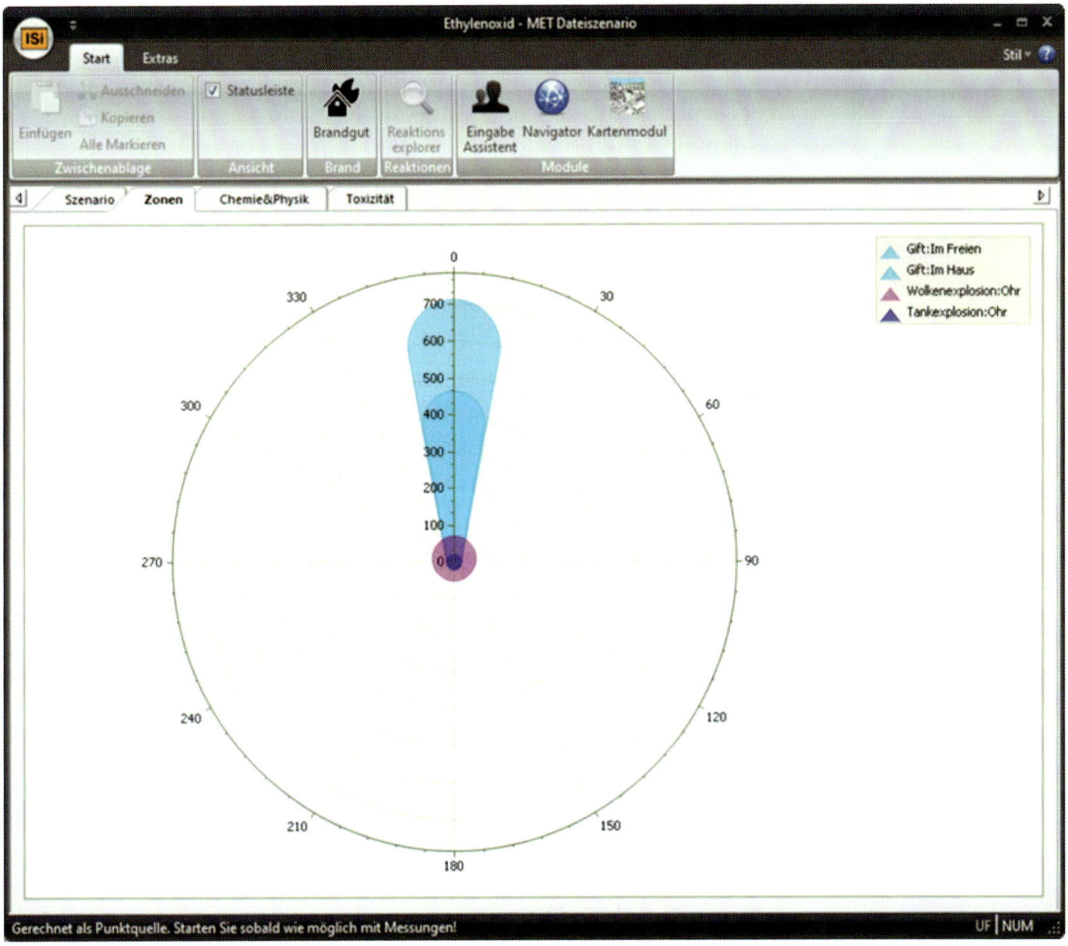

Abb. 56: MET-Modell

nur zwei Modelle vorgestellt, die sich aus Sicht der Verfasser ideal ergänzen und relativ einfach einzusetzen sind.

HEARTS-System

Der DWD bietet neben den bereits erwähnten Leistungen auch die Durchführung einer Ausbreitungsberechnung für die beiden Fälle **Rauchausbreitung bei Brandereignissen** oder **Freisetzung von Schadstoffen** an. Diese wird mit dem Ausbreitungsprogramm HEARTS durchgeführt und liefert Plots in Zeitabständen zwischen 20 Minuten und 12 Stunden. Vorteil von HEARTS ist, dass bei den Wetterdaten nicht nur lokale und bereits vergangene Messdaten in das Modell einfließen, sondern auch Vorhersagedaten. Ziel ist, dass die Berechnungsergebnisse innerhalb von spätestens 30 Minuten beim Anforderer vorliegen. Die Auflösung dieser Ausbreitungsberechnung liegt bei circa 7 km und macht damit den Unsicherheitsfaktor deutlich.

MET-Modul

Das zweite Modell ist das Modell für Effekte mit toxischen Gasen (MET) der Firma ISi Technologie GmbH. Das MET-Modul ist ein Werkzeug für die schnelle Beurteilung bei Produktfreisetzungen. Es werden direkt interpretierbare Gefahrendistanzen in Meter ausgewiesen, aus denen Maßnahmen abgeleitet werden können.

Folgende Gefahren können abgeschätzt werden:

- Toxische Wirkungen eines Gases oder Gemisches im Freien, im Haus oder einem Tunnel
- Wolkenexplosion (UVCE)
- Tankexplosion mit Trümmerflug
- Thermische Strahlung eines Feuerballs z.B. bei einem (BLEVE)
- Sprengstoff-Gefahrenradien (TNT-Modell)
- Freisetzung von Festkörpern als Partikel

Ausbreitung von Hochwasser

Neben der Ausbreitung luftgetragener Schadstoffe sind Ausbreitungsberechnungen im Zusammenhang mit Hochwasser seit einigen Jahren gängige Praxis. Diese Berechnungen erfolgen vor allem im Vorfeld zu einem Einsatz im Rahmen der Einsatzvorbereitung und können dann im Stab genutzt werden.

Typischerweise werden solche Ausbreitungsberechnungen für unterschiedliche Wasserstände gerechnet und liegen entweder als Karte vor, oder können in elektronischer Form als Layer über die jeweilige Kartengrundlage gelegt werden.

Hochwasser-gefahrenkarte

Abbildung 57 zeigt Ausschnitte aus den zwei typischen Kartentypen. Nämlich einer Hochwasserrisikokarte und einer Hochwassergefahren-

(a) (b)

Abb. 57: (a) Hochwasserrisikokarte und (b) Hochwassergefahrenkarte

karte. Die Hochwassergefahrenkarten (HWGK) informieren, welche Bereiche bei Hochwasser überflutet werden und welche Wassertiefen und Fließgeschwindigkeiten zu erwarten sind. Die Hochwasserrisikokarten beinhalten eine Bewertung und zeigen

- wo ein Risiko für empfindliche Nutzungen vorhanden ist,
- ob das Risiko z. B. für die menschliche Gesundheit oder für wirtschaftliche Werte besonders groß ist
- sowie für welche Bereiche Maßnahmen entwickelt werden sollten, um das Risiko zu vermindern.

Simulation von Infektionsgeschehen

Auch die Simulation von Infektionsgeschehen ist seit Jahren möglich und es bestehen stabile Modelle mit guten Prognosemöglichkeiten. Das Programm InfluSim v. 2.1 als Beispiel erlaubte bereits 2008 die Simulation des zeitlichen Verlaufs eines Influenza-Ausbruchs auf Basis verschiedener Parameter zur Alters- und Risikoverteilung in der Bevölkerung sowie zur Infektiosität[1].

Besondere Aufmerksamkeit bekam dieser Bereich dann im Rahmen der Corona-Lage 2019 bis 20??.

Abbildung 58 zeigt Simulationen zum Infektionsgeschehen, die mittels Covid-Simulator erstellt wurden https://covid-simulator.com/.

Covid-Simulator

[1] www.epimos.com

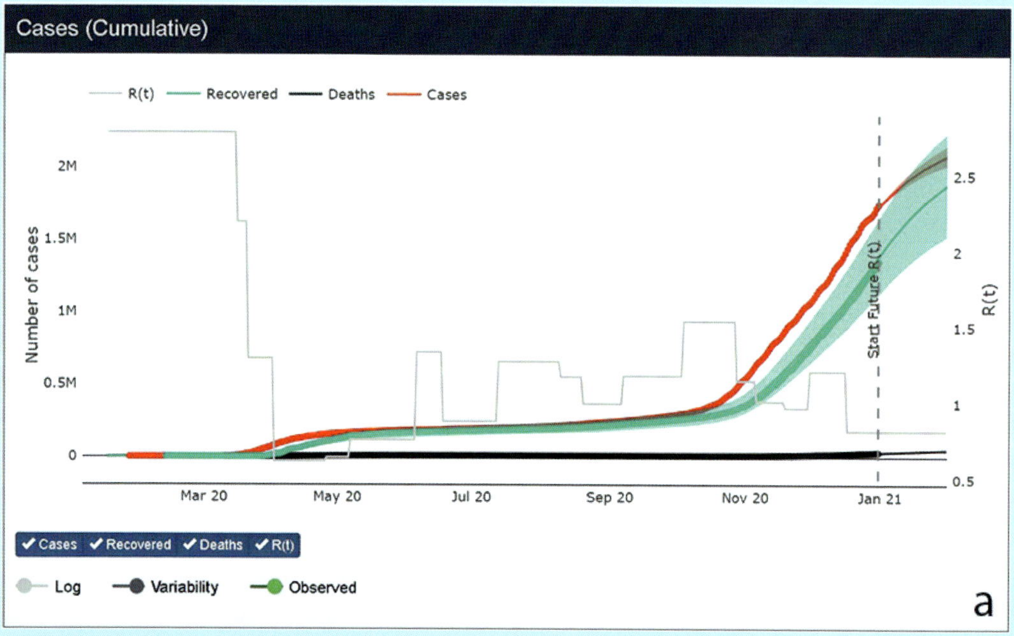

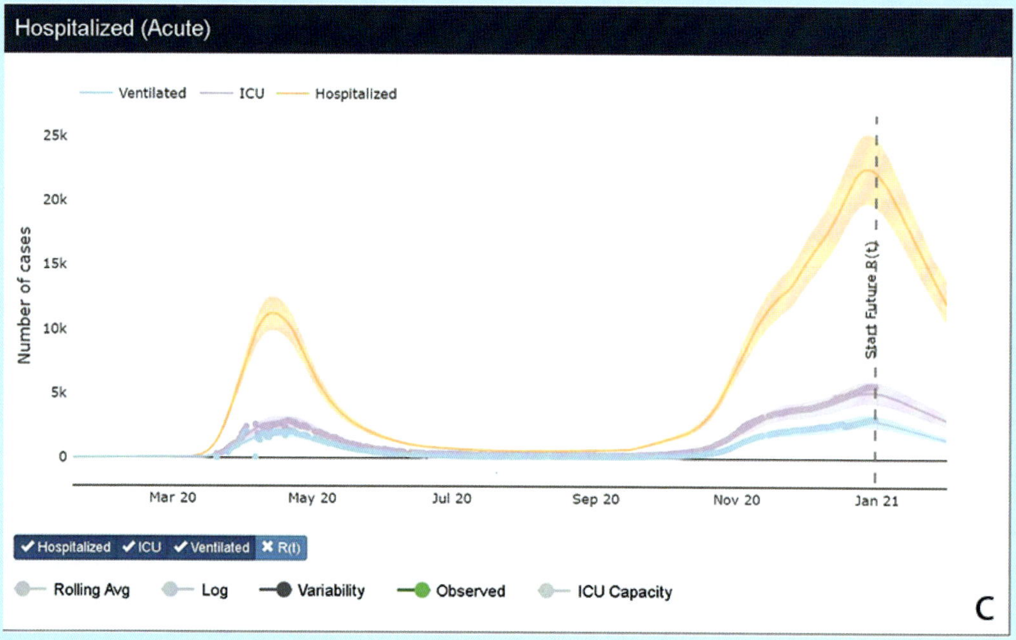

Abb. 58: Simulationen zum Infektionsgeschehen mittels Covid-Simulator

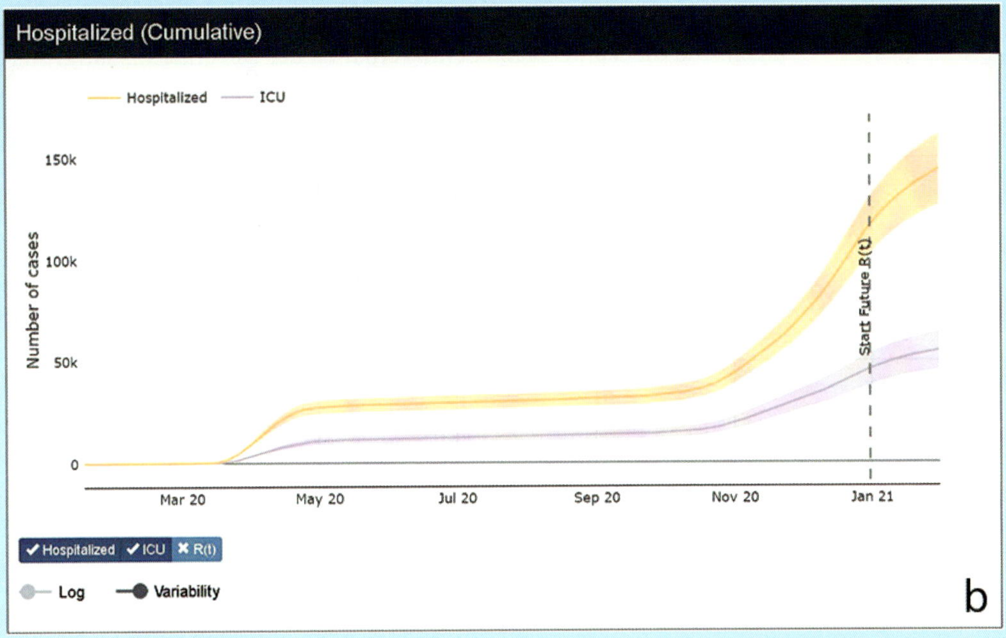
Hospitalized (Cumulative)
Hospitalized
ICU
150k
100k
50k
0
Number of cases
Start Future R(t)
Mar 20
May 20
Jul 20
Sep 20
Nov 20
Jan 21
✔ Hospitalized
✔ ICU
✖ R(t)
Log
Variability

b

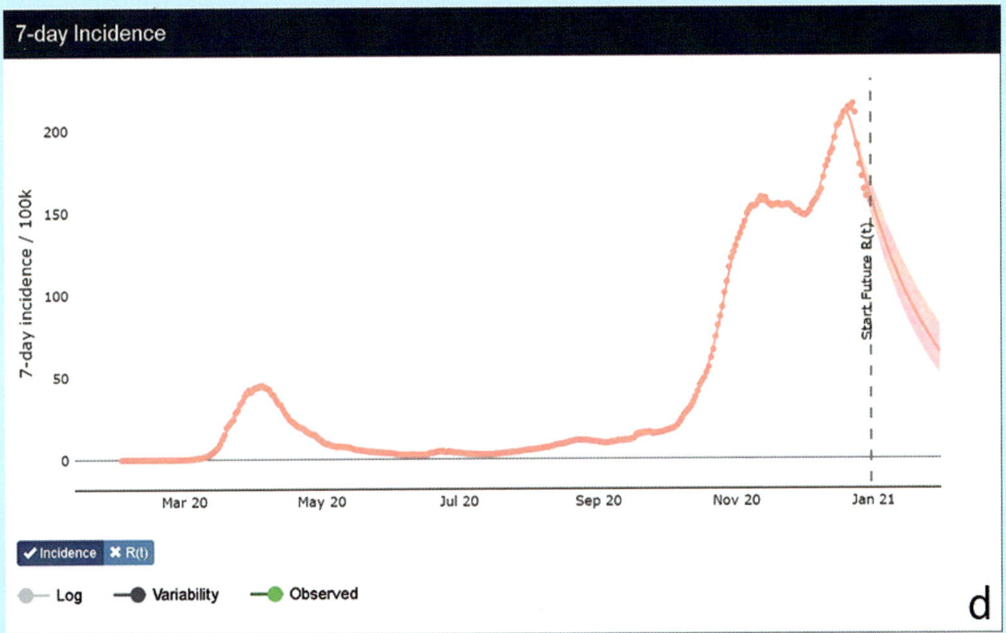
7-day Incidence
200
150
100
50
0
7-day incidence / 100k
Start Future R(t)
Mar 20
May 20
Jul 20
Sep 20
Nov 20
Jan 21
✔ Incidence
✖ R(t)
Log
Variability
Observed

d

Die Abbildungen zeigen die statistischen Unsicherheiten ab dem Zeitpunkt der Simulation. Schwierig in der Simulation solcher Infektionslagen sind die Vorhersagen beim Verhalten der Bevölkerung aufgrund von z.B. Beschränkungen.

Merke:

Alle Simulationen haben ihre Grenzen und geben nie die Realität wieder. Sie helfen bei der Entscheidung, ersetzen aber keine Entscheidung. Je genauer die Simulation, desto höher sind die Anforderungen an den Bediener.

Simulation von Kranarbeiten im Rahmen von Bergungen

Bergevorgänge im Rahmen von Einsätzen, beispielsweise bei Zugunfällen oder Gebäudeeinstürzen, können aufwendige Bergungsarbeiten notwendig machen. Solche Bergungsvorgänge können mittels Software im dreidimensionalen Raum simuliert werden. Ziel ist hier die Planung des Kraneinsatzes mit den auftretenden Stützlasten, dem Bodendruck sowie der Ausladung und der Prüfung auf mögliche Kollisionen oder Überlastung. Solche Simulationen sind hilfreich bei schwierigen Bergungen, wenn z.B. entgleiste Waggons unter Brücken gerutscht sind, Leitungen im Boden verlaufen, auf dem abgestützt werden soll.

Abstimmung zwischen S2 und S3

In einer solchen Situation ist eine enge Abstimmung zwischen S2-Lage (Luftaufnahmen, Leitungswege im Boden), dem S3 (Planung und Sicherung des Bergevorganges) sowie dem oder den beteiligten Bergungsunternehmen als Fachberater notwendig. Letztere halten solche Softwarelösungen vor, um Kraneinsätze planen zu können. Die Simulation dient u.a. dem S3 zur Bewertung der geplanten Maßnahmen durch das Bergungsunternehmen.

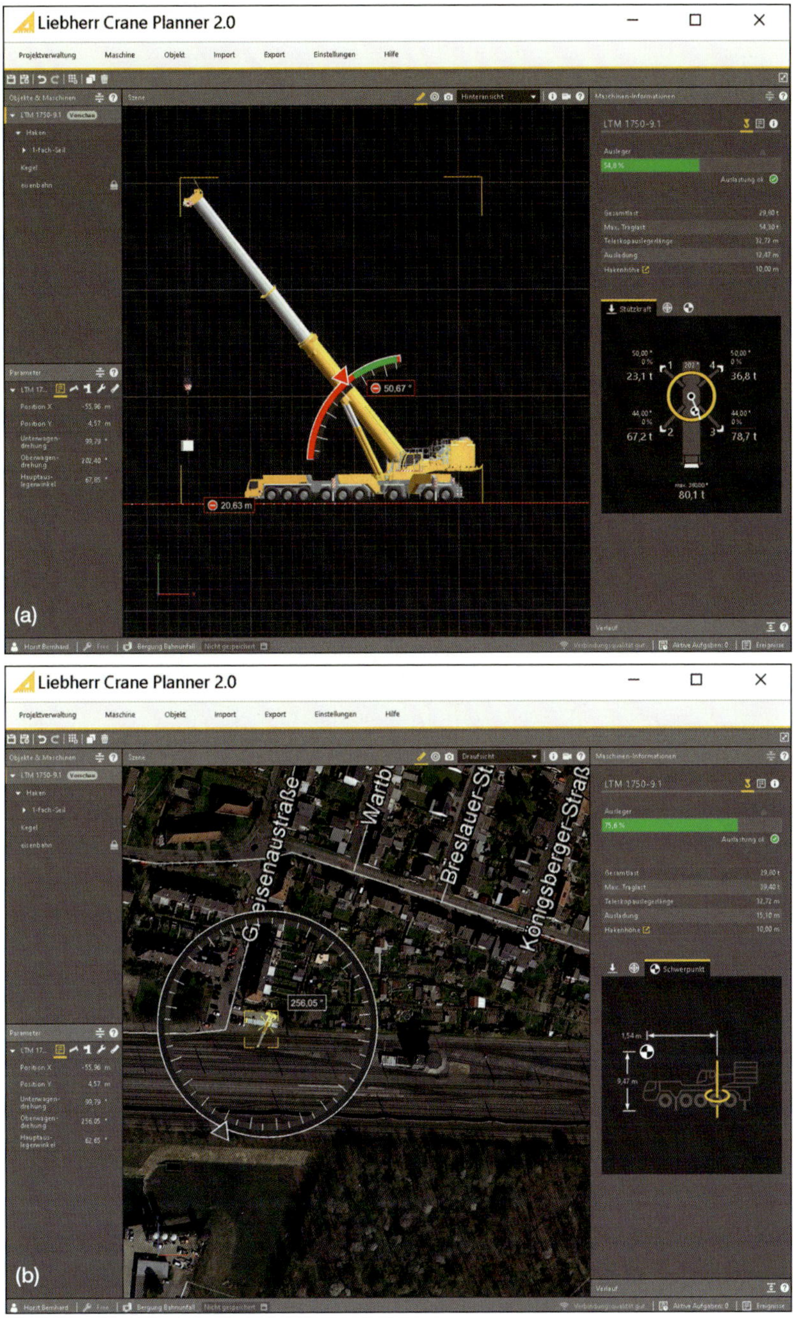

Abb. 59: (a) Durch Integration von Luftbildern, Orthofotos oder aktuellen Drohnenaufnahme kann der Aufstellort von Kränen geplant werden
(b) Verschiedene Ansichten in 3D erlauben die Planung von Bewegungsabläufen sowie die Analyse verschiedener Szenarien zur Bewertung der Bergung.

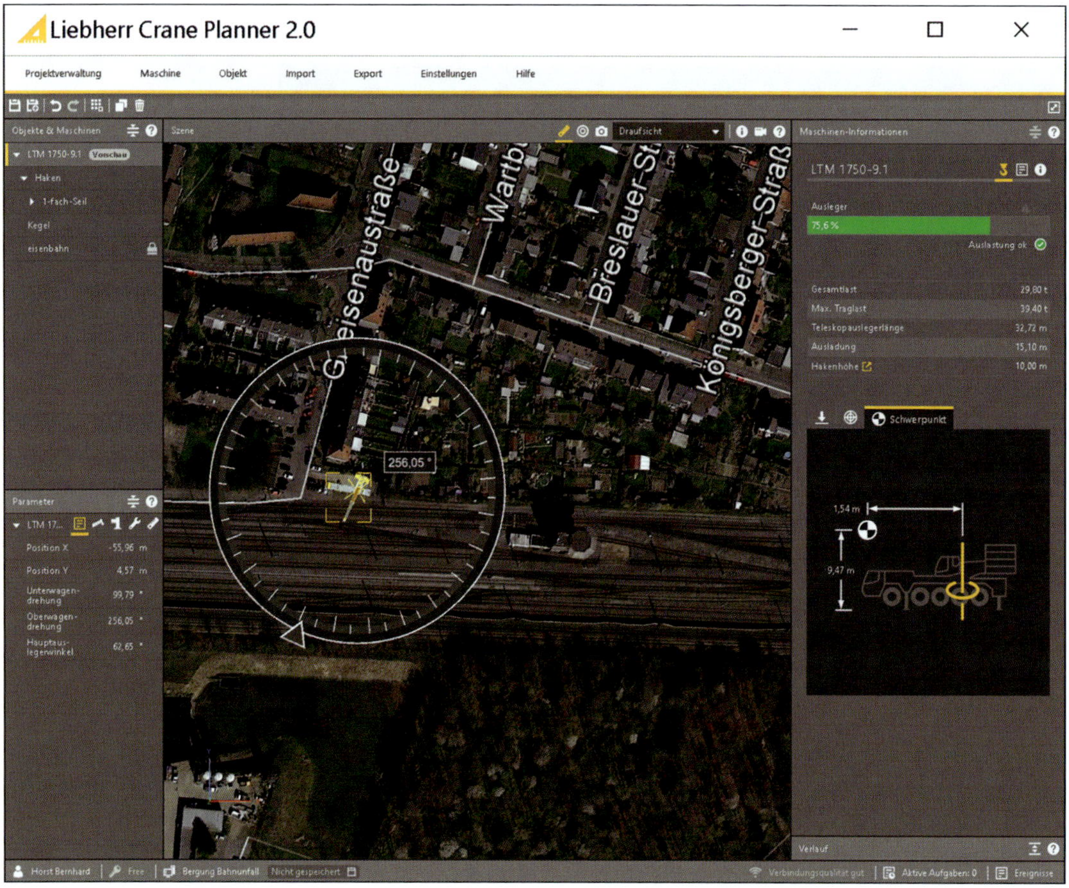

Abb. 60: Durch automatische Berechnung von Lasttabellen, Stützlasten und Schwerpunkt kann die Situation genau bewertet werden

3 Lagedarstellung

Nachdem wir jetzt das Thema Lage**feststellung** ausführlich erläutert haben, kommen wir zur nächsten wichtigen Aufgabe im S2-Bereich. Die **Darstellung** der Lage dient dazu, die Feststellungen grafisch und textlich zu visualisieren. Die grafische Darstellung dient, in der jeweiligen Situation und Führungsstufe, der räumlichen Ordnung und der schnellen Erfassung durch den oder die Betrachter. Sie muss der jeweiligen Führungsstufe angepasst sein. Das bedeutet: Mit steigender Führungsstufe wird die Lagedarstellung umfangreicher, jedoch weniger detailreich.

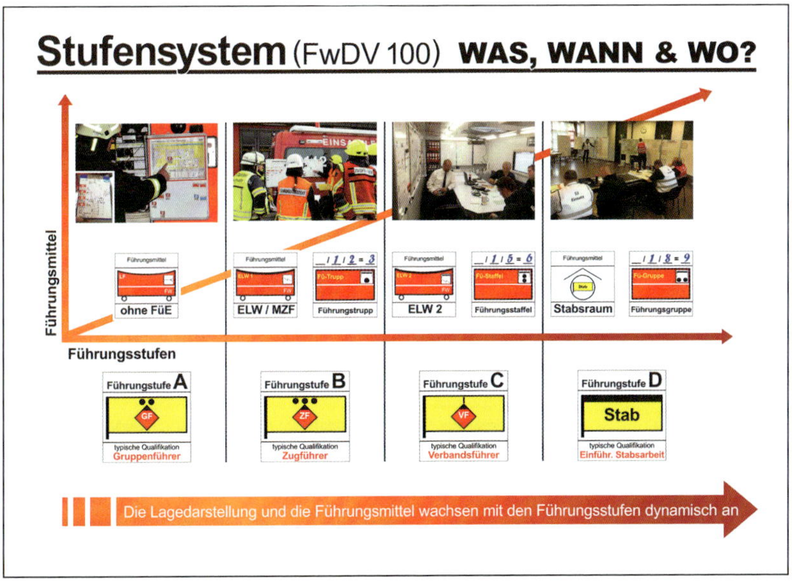

Abb. 61: Übersicht der Führungsmittel und typischen Qualifikation in den verschiedenen Führungsstufen

Stufensystem nach FwDV 100

Wenn wir uns mit Lagedarstellung beschäftigen wollen, müssen wir uns erst einmal über den Begriff „Lage" klarwerden, damit wir wissen, was wir darstellen. Der Begriff **Lage,** manchmal wird auch der Begriff **Lagebild** verwendet, bezeichnet die jeweilige Situation mit den auf Seite 16 genannten Inhalten. Die Lage ist *die Gesamtheit aller Faktoren, die auf die Auftragserfüllung einer Einheit einwirken oder einwirken können.* Genau genommen ist das Lagebild die visuelle Darstellung der Lage, oft werden die beiden Begriffe jedoch gleichbedeutend benutzt. In mancher Literatur findet man auch den Begriff Lageskizze für die eigentliche Kartendarstellung und den Begriff Lagekarte für die Gesamtheit der Elemente (Skizze, Führungsorganisation, Schadenskonten, Zusatzinformationen usw.) zur Lagedarstellung. Die FwDV 100 definiert die Lagekarte wie folgt: „Die Lagekarte ist das verkleinerte Abbild der örtlichen Verhältnisse an der Einsatzstelle mit der Darstellung aller wesentlichen Maßnahmen zur Abwehr und Beseitigung der vorhandenen Gefahren und Schäden."

Dynamik der Lage

Die Lage ist nichts Statisches, sondern unterliegt *immer* einer Dynamik. Da ein Lagebild immer nur eine Momentaufnahme sein kann, erkennt man schon die Schwierigkeit. Wenn eine dynamische Situation statisch dargestellt werden muss, gehen automatisch Informationen verloren bzw. sind schon veraltet, wenn sie ins Lagebild eingetragen werden. Eine brauchbare Lagedarstellung muss sich daher auf die wesentlichen Fakten beschränken und kann und darf nicht jedes Detail darstellen. Bei der Lagefeststellung muss der S2 bzw. der für die Lage Verantwortliche wissen, in welcher **Führungsstufe** und **Führungsebene** er sich befindet, um die Darstellung der Lage an die eigenen Bedürfnisse anzupassen. Der Begriff Führungsebene und Führungsstufe sind nicht identisch und haben unterschiedliche Bedeutungen. Der Be-

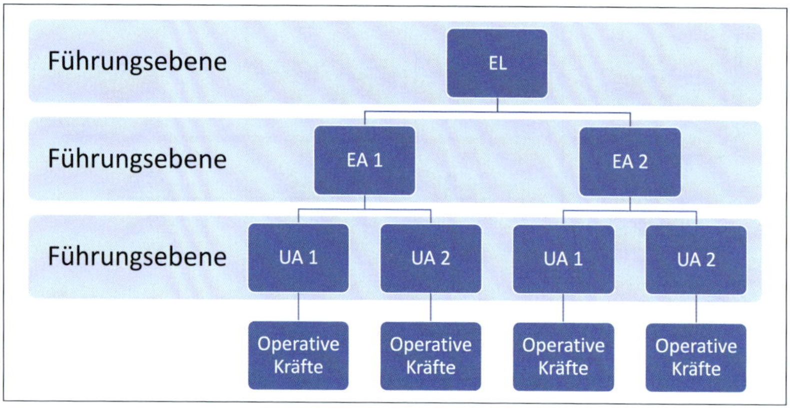

Abb. 62: Verschiedene Führungsebenen

griff Führungsstufe findet sich in der FwDV 100 und unterscheidet in die vier Stufen in Abbildung 63. Die Führungsstufe ist nicht gleichzusetzen mit der Führungsebene, auch wenn es häufig Übereinstimmungen gibt. Die **Führungsebene** ist ein Merkmal der Aufbauorganisation (manchmal Führungsharke genannt). Alle Führungskräfte einer Ebene befinden sich im gleichen Unterstellungsverhältnis zur Leitungsfunktion und haben einen ähnlichen Verantwortungsbereich. Die Ebene kennzeichnet das Unterstellungsverhältnis. Wer ist wem unterstellt bzw. übergeordnet.

Führungsstufen

Die Führungsstufen in der FwDV 100 beschreiben die aufwachsende Führungsorganisation und sollen verdeutlichen, dass die Führungsstrukturen immer mit den Anforderungen der Schadenslage mit aufwachsen. Trotz unterschiedlichen Führungsebenen kann es sich um die gleiche Führungsstufe handeln. Leider sind die Führungsstufen nicht eindeutig definiert und werden daher in der Praxis unterschiedlich umgesetzt [12]. In der Praxis ist der Übergang zwischen den Stufen teilweise fließend. Für den Bereich der Lagedarstellung ist dies jedoch nicht von Bedeutung. Wichtig ist die Erkenntnis, dass Lagedarstellung auf allen Ebenen und in allen Führungsstufen stattfindet und auch sinnvoll ist. Jedoch teilweise mit unterschiedlichen Mitteln, einem unterschiedlichen Detaillierungsgrad und mit einem unterschiedlichen Kräfteansatz. Tabelle 17 gibt einen Überblick über die Stufen, die typischen Führungsmittel und in der letzten Spalte die Hinweise zur Lagedarstellung.

Abbildung 63 stellt den mit den Führungsebenen aufwachsenden Umfang der Einsatzleitung dar. Je umfangreicher und anspruchsvoller die Schadenslage wird, desto umfangreicher wird auch die benötigte Führung. Während in der Führungsstufe A der Einsatzleiter noch alle Aufgaben selbst wahrnehmen muss, kann er sich in der Führungsstufe D auf einen ganzen Stab ‚abstützen', der ihm bei der Entscheidungsfindung hilft. Mit der Führungsstufe ändert sich auch Art und Umfang der Lagedarstellung.

Die Vielzahl an Informationen führt beim Stab zu folgendem Problem. Er muss entscheiden, welche Informationen wichtig sind oder wichtig werden können und welche neuen Informationen erzeugt werden müssen. Da diese Aufgabe bei großen Schadenslagen nicht von ein oder zwei Personen wahrgenommen werden kann, wird ein **Lagezentrum** installiert, welches sich um das Lagebild kümmert, während der Stab die Entscheidungen trifft. Ein solches Lagezentrum findet sich häufig auf Ebene der Länder.

Tab. 17: Übersicht der Führungsstufen

Führungs-stufe	Beschreibung nach FwDV 100	Typische Qualifikations-ebene und Führungseinheit	Typische Szenarien	Lagedarstellung
A	Führen ohne Führungseinheit	Gruppenführer Keine	Taktische Einheiten bis zur Stärke von zwei Gruppen zur Bewältigung von z.B. Pkw-Brand, Baum auf Gebäude, Ölspur	**Lagedarstellung erfolgt auf dem taktischen Arbeitsbrett, der Atemschutzüberwachungstafel durch Maschinisten und Melder**
B	Führen mit örtlichen Führungseinheiten wie Führungstrupp oder -staffel zusammen mit der Leitstelle	Zugführer Führungstrupp[1] oder Führungsstaffel[2]	Zug oder Verband an einer Einsatzstelle zur Bewältigung von z.B. Wohnungsbrand, Befreiung einer eingeklemmten Person.	**Taktische Arbeitstafel am ELW 1 mit Führungsassistent(en). Die Darstellung beinhaltet in der Regel bereits mehrere Abschnitte**
C	Führen mit einer Führungsgruppe zusammen mit der Leitstelle	Verbandsführer Führungsgruppe, teils schon in stabsmäßiger Struktur	Verband an einer Einsatzstelle zur Bewältigung von z.B. einem Gebäudeeinsturz	**Taktische Arbeitswand im ELW 2 oder einer Führungsstelle. Die Lagedarstellung umfasst auch das Umfeld der eigentlichen Schadensstelle mit z.B. Bereitstellungsräumen, Patientenablage etc.**
D	Führen mit einer Führungsgruppe oder mit einem Führungsstab; zusammen mit Leitstelle und Fernmeldebetriebsstelle	Rückwärtiger Stab mit mehreren Führungskräften, die in der Stabsarbeit ausgebildet sind. Führungsgruppe oder Führungsstab[3] des Kreises oder der kreisfreien Stadt	Mehrere Verbände an einer Einsatzstelle oder an mehreren Einsatzstellen im Schadengebiet z.B. bei einer Flächenlage oder einem Zugunfall	**Lagewand in einem Stabsraum, meistens im rückwärtigen Bereich. Die Darstellung kann mehrere Gebietskörperschaften umfassen oder eine ausgedehnte Einsatzstelle mit mehreren Verbänden.**

1 Nach DIN 14011:2010-06 ist der Führungstrupp eine Führungseinheit, bestehend aus taktischem Führer, einem Führungsassistenten, einem Melder, einem Fahrer/Melder und den erforderlichen Führungsmitteln. Im Katastrophenschutz und in der Feuerwehr-Dienstvorschrift 3 wird auch die Bezeichnung „Zugtrupp" verwendet.

2 Nach DIN 14011:2010-06 sind die Führungsstaffel und Führungsgruppe eine Führungseinheit, bestehend aus taktischem Führer, Führungsassistenten, Führungshilfspersonal und den erforderlichen Führungsmitteln, in der Stärke einer Staffel bzw. einer Gruppe

3 Nach DIN 14011:2010-06 ist der Stab eine Führungseinheit, bestehend aus taktischem Führer, Führungsassistenten, Führungshilfspersonal und den erforderlichen Führungsmitteln, gegliedert in Sachgebiete

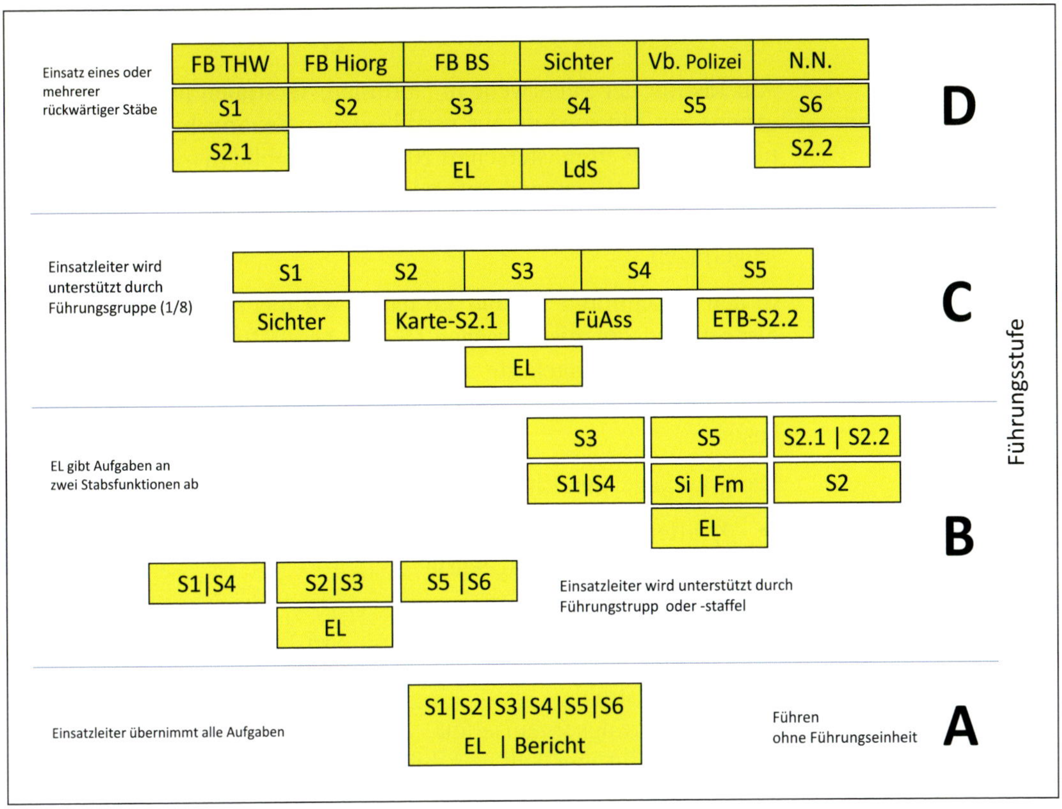

Abb. 63: Aufgabenverteilung innerhalb der Einsatzleitung

Lagezentrum

Das **Lagezentrum** beobachtet die Lage, sammelt Daten, bündelt die Informationen und gibt sie an die verantwortlichen Stellen weiter. Im Lagezentrum findet somit die Erhebung der Lagedaten statt und eine Bewertung der Informationen. Das Lagezentrum trifft keine operativ-taktischen Entscheidungen, sondern erkundet die Lage, bereitet die Daten auf und stellt sie in Form von Lagekarten und Lageübersichten dem Stab zur Verfügung. Durch ständige inhaltliche Kontrolle wird versucht, eine größtmögliche Realitätsnähe und einen höchstmöglichen Aktualitätsbezug herzustellen. Ein Lagezentrum besteht immer aus mehreren Personen und kommt erst bei einer größeren und länger andauernden Schadenslage zum Einsatz. Bei kleineren Stabslagen übernimmt die S2-Funktion im Stab diese Aufgaben.

3.1 Aufbau einer Lagekarte

Am Institut der Feuerwehr in Nordrhein-Westfalen hat eine Arbeitsgruppe mit Mitgliedern aus verschiedenen Feuerwehren in Vorbereitung auf die Weltmeisterschaft 2006 das Lagebild in mehrere Informationsgruppen (Elemente) aufgeteilt und damit zu einer strukturierten und angepassten Lagedarstellung auch außerhalb des Landes NRW beigetragen.

Elemente der Lagekarte

In den Abschnitten 1.5 und 1.6 haben wir uns bereits mit dem technischen und organisatorischen Design beschäftigt und die Grundlagen gelegt. Die Lagekarte sollte immer aus den gleichen Elementen, manchmal auch als Lagefelder oder Informationsgruppen bezeichnet, bestehen.

Die grundlegenden Elemente sind:

- Kräfteübersicht
- Lageskizze bzw. Lagekarte
- Informationen.

Je nach Führungsstufe kommen weitere Elemente hinzu:

- Der Zeitstrahl
- Die Führungsorganisation
- Eine Statusübersicht verschiedener Bereiche, oft als Ampel ausgeführt
- Aufgabenübersicht offener Punkte

Eine taktisch-operative Lagedarstellung besteht in der Regel aus den folgenden Elementen:

- Aktuelle Lage/Schadenslage
  - Ereignisse
    - Deichbruch, Explosion, Brandereignis, Unfall
  - Schäden
    - Mensch (Verletzte, Tote, Vermisste etc.)
    - Material (Fahrzeuge, Gebäude)
    - Umwelt (Flüsse, Flächen, Gebiete)
  - Gefahren und Gefahrenbereiche
    - Explosion, Atemgifte, Ausbreitung
  - Eingesetzte Kräfte und Mittel
    - Mannschaft
    - Fahrzeuge
  - Wetter
    - Windrichtung und Stärke

  - Temperaturen
  - Niederschlag
  - Bewölkung
- Führungsorganisation
  - Einsatzabschnitte und -schwerpunkte
  - Plätze für Reserven/Bereitstellung (Bereitstellungsräume und Sammelstellen)
  - Maßnahmen

▶ Lageentwicklung
- Zeitlicher Verlauf
  - Trends
  - Zeitstrahl
  - Schadensentwicklung
  - Kräfte im Zulauf

Nicht in jeder Lage und gibt es Informationen zu jedem dieser Punkte. Manche sind auch abhängig von der Führungsstufe. Als Checkliste kann man sich jedoch an dieser Aufzählung orientieren, um alle wichtigen Informationen zu beachten. Die Darstellung folgt dem eigentlichen Gedankengang zur Entscheidung und soll eben genau diesen Entscheidungsprozess unterstützen.

Abb. 64: Die ersten Ideen zu einem durchgängigen Lagedarstellungssystem wurden bereits im Jahr 2003 im Buch „Einsatz- und Abschnittsbildung“ dargestellt.

▶ Was ist die Gefahrenlage bzw. das Problem?
▶ Welche Auswirkungen entstehen dadurch?
▶ Welche Mittel stehen zur Verfügung und wo sollen sie zum Einsatz kommen?
▶ Welche Maßnahmen folgen daraus und was sind die Ziele?

Die Lagekarte bezieht sich immer auf die jeweilige Situation, in der sich die Leitungsfunktion befindet und enthält alle relevanten Informationen, die für ein Übergabegespräch bzw. zur Lagebesprechung dienen. Das Land NRW hat in seinem Lagedarstellungssystem die Idee der Feuerwehr Düsseldorf aus dem Jahr 2002 aufgegriffen und landesweit eingeführt. Die Grundidee in Düsseldorf war, die alarmierten Einheiten schon in der Anfangsphase eines Einsatzes einfach darzustellen und vorhandene Führungsmittel wie Objektpläne und Einsatzdepesche in das System zu integrieren. Daraus entstand im Laufe der Jahre das System FÜsYS, welches mittlerweile in allen Führungsstufen Verwendung findet.

Arbeitsmittel zur Darstellung

Wesentliche Arbeitsmittel in der praktischen Darstellung sind:

▶ Das taktisches Arbeitsbrett mit dem taktischen Arbeitsblatt,
▶ die taktische Arbeitstafel und
▶ die taktische Arbeitswand.

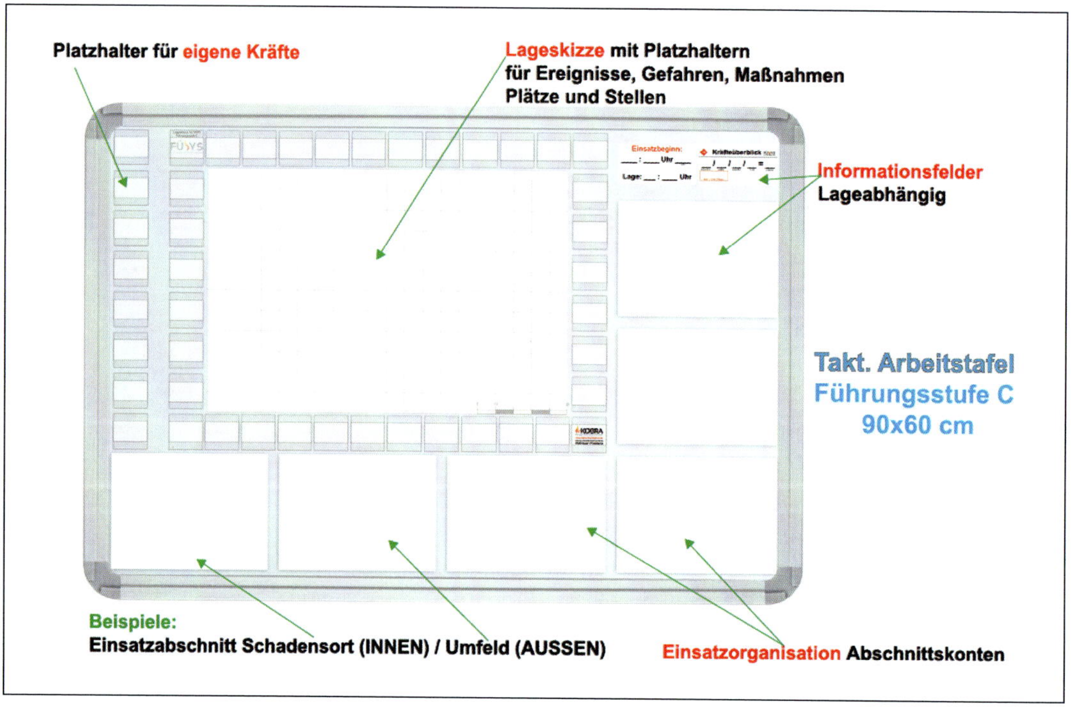

Abb. 65: Beispiel einer taktischen Arbeitstafel

Das Beispiel einer taktischen Arbeitstafel in Abbildung 65 enthält verschiedene Elemente zur flexiblen Nutzung. Neben dem größten Feld für die Lageskizze gibt es Felder für die taktische Gesamtstärke, den Zeitpunkt der Lagedarstellung, leere Felder zur Darstellung der Einsatzabschnitte oder lageabhängiger Informationen. Die vorgefertigten

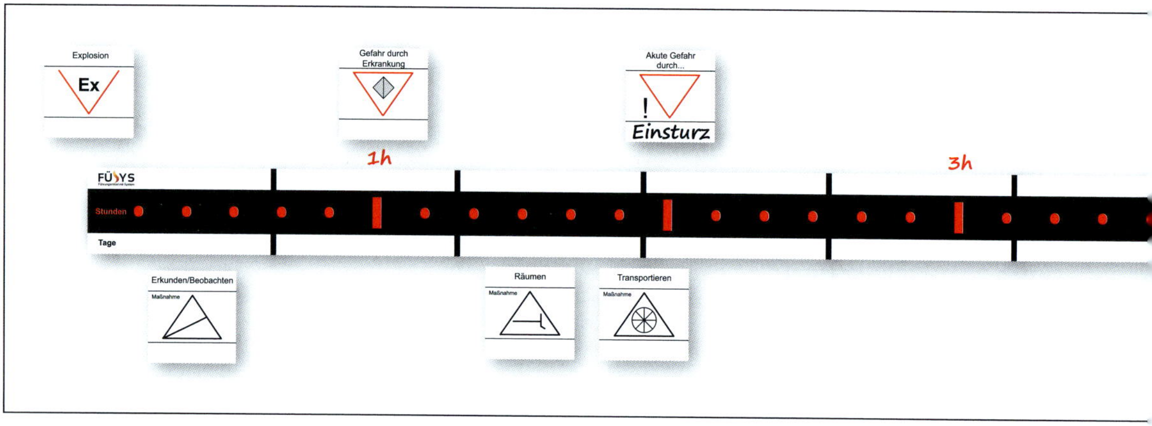

Abb. 66: Zeitstrahl als Element der Lagedarstellung

taktischen Zeichen können neben der Karte angebracht werden, um sie später einsetzen zu können.

Die Lagedarstellung besteht aus den folgenden Tätigkeiten:

- Dem Führen der eigentlichen Lagekarte
- Dem Führen des Zeitstrahls
- Der Darstellung der Führungsorganisation
- Dem Führen von Übersichten
  - Liste offener Punkte/Maßnahmen

Die **Lagekarte** sollte immer einen hohen Wiedererkennungswert haben, damit sich der Betrachter schnell zurechtfindet und nicht lange nach Informationen suchen muss. Dies bedeutet, dass nach Möglichkeit immer die gleiche Anordnung der verschiedenen Elemente stattfinden soll. Die Werkzeuge zur Darstellung sollten einfach in der Handhabung sein und mit wenig Trainingsaufwand beherrschbar sein. Die Ausfallsicherheit sollte möglichst hoch sein. Dies führt dazu, dass auch im Zeitalter der Digitalisierung ein Whiteboard, ein Flipchart und eine klassische Papierkarte gute Dienste leisten.

Der **Zeitstrahl** ist neben der Karte das wichtigste Element der Lagedarstellung. Er veranschaulicht den zeitlichen Verlauf und hilft dabei die Lage in zeitlicher Dimension zu ordnen.

Die Aufzählung der bisherigen Tätigkeiten im Sachgebiet 2 macht deutlich, dass diese ab der Führungsstufe C nicht von einem S2 allein

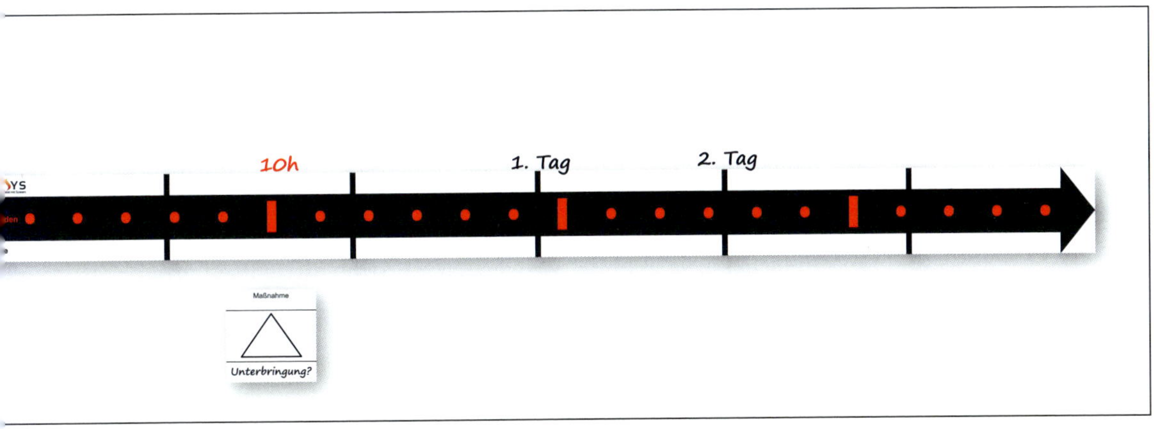

bewältigt werden können. In der Regel wird der S2 unterstützt von einem **Lagekartenführer**, oft als S2.1 bezeichnet, und einem **Einsatztagebuchführer**, dem S2.2. Zu den Aufgaben des S2.2. kommen wir noch im weiteren Verlauf. Neben diesen beiden Funktionen, die dem S2 direkt im Stab zuarbeiten, benötigt er auch Kräfte im Schadensgebiet, die für ihn erkunden wie im Abschnitt 2.1.2 erläutert, oder die für ihn Recherchearbeiten in den verschiedenen Systemen durchführen oder diese bedienen.

3.2 Führen einer Lagekarte

Der Begriff Lagekartenführer beschreibt eine Funktion, deren Aufgaben wir im folgenden Abschnitt näher erläutern wollen. Die Funktion des Lagekartenführers wird je nach Führungsebene von unterschiedlichen Personen und in unterschiedlicher Ausprägung wahrgenommen. Während in der Führungsstufe B der Führungsassistent auf dem ELW den Einsatzleiter bei der Darstellung der Lage unterstützt, übernimmt in einer TEL das Sachgebiet 2 mit der Stabsfunktion S2.1 diese Aufgabe. Im Bereich des Krisenstabes ist die Lagedarstellung und Dokumentation ebenfalls vorhanden. Je nach Bundesland ist die Aufgabe in einer Rechtsvorschrift klar beschrieben.

3.2.1 Aufgaben des Lagekartenführers – S2.1

Lagekartenführer

- Erstellen und Fortschreiben der Lagekarte
  - Darstellen von Anzahl, Art und Umfang der Schäden
- Darstellen von Einsatzabschnitten und -schwerpunkten
- Darstellen der eingesetzten, bereitgestellten und noch erforderlichen Einsatzmittel und -kräfte
- Selbständiges Einholen von Lageinformationen wie z. B. Wetterdaten
- Kontrolle der dargestellten Lage und einlaufender Informationen auf Widersprüche
- Dokumentation der Lagekarte[1]
- Entscheidung über die verwendeten Karten (thematisch, Maßstab, Ausschnitt)

[1] In elektronischen Systemen wird teilweise ein Lagefilm erstellt. Bei der manuellen Führung am Whiteboard oder vergleichbaren Mitteln empfiehlt sich ein Foto in regelmäßigen zeitlichen Abständen

Um diese Aufgaben adäquat erfüllen zu können, benötigt der Lagekartenführer folgende Fähigkeiten:

- Sicherer Umgang mit taktischen Zeichen
- Kenntnisse der Stabsarbeit
- Er muss Lagequellen kennen
- Fähigkeit, Zusammenhänge grafisch darstellen zu können
- Räumliches Vorstellungsvermögen
- Zeichnerische Fähigkeiten
- Sicherer Umgang mit Karten und Koordinaten
- Sicherer Umgang mit PC-Technik

3.2.2 Aufgaben S2

Der S2 leitet das Sachgebiet und wird dabei von seinen Führungsassistenten unterstützt. Der S2 ist grundsätzlich verantwortlich für die Erledigung der beschriebenen Aufgaben im Abschnitt 1.1. Er muss diese nicht zwangsläufig selbst machen.

Typische Unterstützungsfunktionen sind der Einsatztagebuchführer sowie der Lagekartenführer. Diese Aufzählung ist jedoch nicht abschließend. Bei Bedarf können auch weitere Assistenten notwendig sein.

Im Rahmen der Lagebesprechung trägt der S2 mit dem Lagevortrag zur Unterrichtung (LVU) den aktuellen Stand der Lage vor. Verantwortlich für die Durchführung der Lagebesprechung an sich ist der S3. Er terminiert die Lagebesprechung in Absprache mit dem Leiter des Stabes oder dem Einsatzleiter und der S3 moderiert auch die Lagebesprechung, sofern es keinen Leiter des Stabes gibt.

Jetzt gibt es jedoch ab der Führungsstufe C auch noch zahlreiche Lagedaten aus einigen Sachgebieten, die für das jeweilige Sachgebiet relevant sind, aber die gemeinsame Lagekarte überfüllen würden oder auch von untergeordneter Bedeutung sind für alle Stabsbereiche. Diese Sachgebietskarten werden in den jeweiligen Sachgebieten geführt. In der Praxis werden solche sachgebietsbezogenen Karten als Handkarte (z.B. in DIN A3) von der jeweiligen S-Funktion geführt oder an einer Nebenwand.

3.2.3 Darstellung im Sachgebiet 4

Eine Lagekarte im S4-Bereich beinhaltet zum Beispiel Angaben zu

- Versorgungspunkten
- Logistikstützpunkten

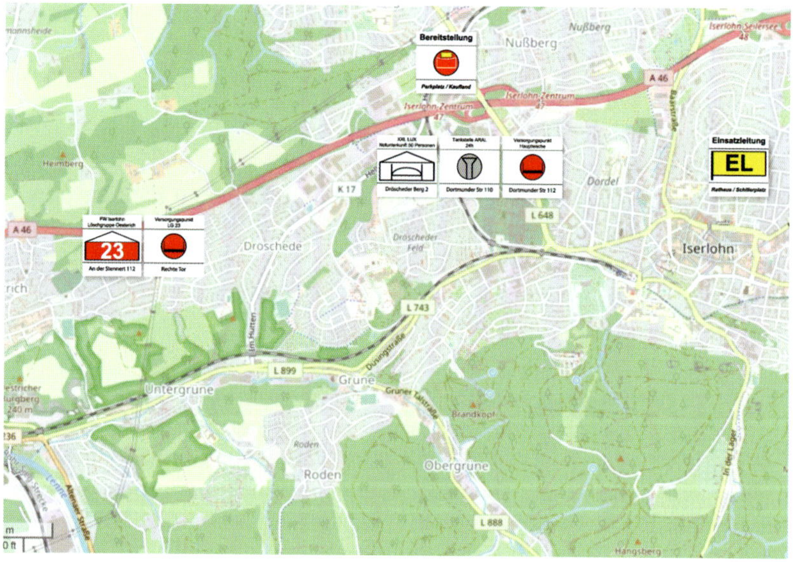

Abb. 67: Handkarte S4 mit Versorgungspunkten und Unterkünften für auswärtige Kräfte zur Planung des Versorgungskonzeptes

- Versorgungswegen
- Materialerhalt

Es kann durchaus vorkommen, dass Elemente auf beiden Karten (gemeinsame Lagekarte und Handkarte) vorhanden sind; es ist in der Praxis wie immer von vielen Randbedingungen abhängig. Das Ziel der Handkarte ist es, die gemeinsame Lagekarte nicht mit Details zu überfrachten, die nicht für alle relevant sind, die aber helfen, die Sachgebietsarbeit zu unterstützen. Die Hand- oder Nebenkarte darf nicht dazu führen, dem Gesamtstab wichtige Informationen vorzuenthalten. Abbildung 67 zeigt eine vorbereitere Handkarte für den S4-Bereich, welche dann im Einsatz in den einzelnen Lagefeldern mit Eintragungen gefüllt wird.

3.2.4 Darstellung im Sachgebiet 5

Die Handkarte des S5 beinhaltet zum Beispiel Informationspunkte für die Presse, an denen Pressesprecher der Organisationen zur Verfügung stehen, die Auslastung der Bürgerhotline/des Infotelefons, die Planung der nächsten Pressekonferenz, Übersicht der Presseanfragen etc. oder auch, je nach personeller Stärke des S5-Bereiches, die Personalplanung im eigenen Bereich. Auch Ängste und häufige Fragen der Bürger an die Hotline sind für den S5-Bereich für die weitere Planung der Kommunikation wichtig.

Abb. 68: Handkarte des S5 mit Notfallinformationspunkten, Anlaufstellen für Medien und Presseampel

3.2.5 Darstellung im Sachgebiet 6

Der S6-Bereich ist sehr techniklastig. Im Digitalfunk würde er zum Beispiel die Kapazitätserweiterung des Netzes mittels mobiler Zellen

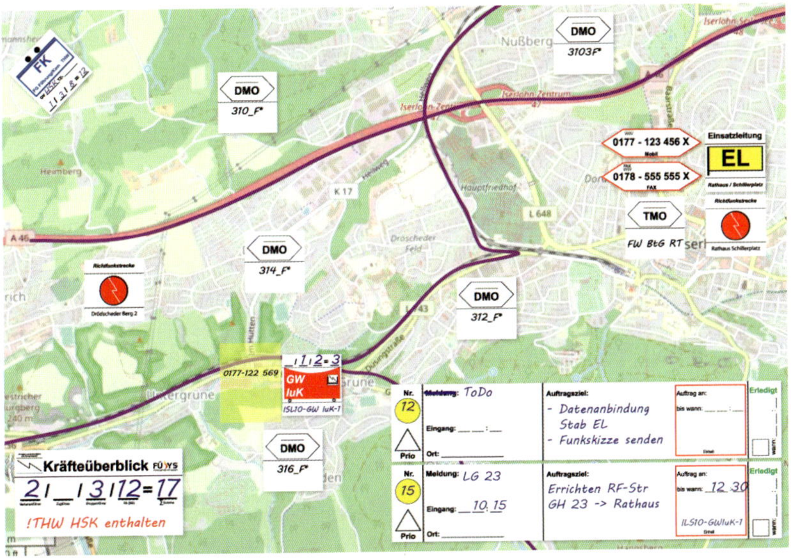

Abb. 69: Handkarte des S6 mit Lageinformationen zur Fernmeldeplanung

koordinieren. Der Standort solcher Zellen, technische Richtfunkanbindungen etc. sind jedoch für den restlichen Stab nicht relevant und müssen nicht auf die gemeinsame Karte.

3.2.6 Darstellung im Sachgebiet 7/Fachberater PSNV

Unabhängig, ob es ein eigenes Sachgebiet 7 (PSNV) im Stab gibt oder ob es über einen Fachberater gelöst wird, ist der Bedarf eines psychosozialen Lagebildes gegeben, wenn die psychosozialen Aspekte eine bestimmte Dimension umfassen (Terror, Amok, MANV als typische Beispiele). Da sich die Maßnahmen an den Betroffenen ausrichten, macht es Sinn, das psychosoziale Lagebild in die beiden Teilbereiche Einsatzkräfte (PSNV-Lage E) und Bevölkerung (PSNV-Lage B) zu teilen [14]. Eine Quelle für die Bewertung der Betroffenheit der Bevölkerung sind die sozialen Medien. Hier kommt es zu einem engen Austausch mit dem S5. Auch ein VOST ist hilfreich, um die Menge an Informationen zu Stimmungen, Sorgen, Wünschen aus der Bevölkerung zu sichten und zu verdichten. Solche speziellen Informationen werden nicht in der Gesamtlagekarte geführt, sondern verdichtet im Lagevortrag erwähnt. Maßnahmen aus dem S7-Bereich, benötigte Kräfte sowie betroffene Personen etc. werden jedoch in der Gesamtlage mitgeführt.

3.3 Lagedarstellung in den verschiedenen Führungsstufen und Ebenen

Wie eingangs bereits erwähnt, findet Lagedarstellung in allen Führungsstufen statt. Aber immer angepasst an die Führungsebene und den Auftrag. Während der Schwerpunkt auf den unteren Ebenen im operativ-taktischen Bereich liegt, wechselt er mit steigender Führungsebene zum politisch-administrativen Bereich. Hier findet jedoch die FwDV 100 nur noch bedingt Anwendung. Die Prinzipien der Stabsarbeit, wie sie in der FwDV 100 beschrieben sind, finden jedoch auch dort Anwendung.

Je niedriger die Führungsstufe, desto schneller die Lageänderungen, und desto einfacher[1] ist die Lagedarstellung. Eine grafische Lage-

[1] Nicht einfacher im Sinne von leichter, sondern wenige Zeichen, einfache Handskizzen etc.

Baumdorf	14.430 EW	118 km2 122 EW/ km2	Limburgien	45.451 EW	135 km2 336 EW/ km2
Villig	73.456 EW	193 km2 379 EW/ km2	Oberstadt	24.852 EW	292 km2 85 EW/ km2
Rizdorf	19.540 EW	165 km2 118 EW/ km2	Unterstedt	23.985 EW	172 km2 139 EW/ km2
Diezingen	29.786 EW	159 km2 187 EW/ km2	Kobran	13.325 EW	128 km2 104 EW/ km2

Abb. 70: Musterlandkreis „Lasel LA“

darstellung macht auch nicht bei jedem Einsatz Sinn bzw. ist nicht notwendig. Bei einem Pkw-Brand braucht die Position des LF nicht grafisch festgehalten zu werden. Bei einem Zimmerbrand mit Menschenleben in Gefahr, 15 Personen in einem Mehrfamilienwohnhaus und drei Trupps im Innenangriff, ist auch unterhalb der Stabsebene eine Lagedarstellung sinnvoll und hilfreich.

Abb. 71: Sicht der ersteintreffenden Einheit beim Krankenhaus in Diezingen

Die grundsätzlichen Anforderungen an die Lagedarstellung auf der taktischen Ebene, also Gruppen- und Zugführer, sind jedoch identisch mit den Regeln in Abschnitt 3.2. So detailliert wie nötig und so einfach wie möglich.

Betrachten wir nun anhand eines konkreten Beispiels die Lagedarstellung in den verschiedenen Führungsstufen. Hierzu bedienen wir uns des Musterlandkreises „Lasel LA“

Angenommene Lage ist der Brand in einem Krankenhaus in Diezingen. Abbildung 71 zeigt die Sicht der ersteintreffenden Einheit.

3.3.1 Führungsstufe A

Die ersteintreffende Einheit wird diesen Einsatz in der Führungsstufe A beginnen. In der Führungsstufe A stehen dem Einheitsführer keine Führungsmittel zur Verfügung.

Informationsgruppen in der Führungsstufe A sind:

- das Alarmschreiben,
- die Kräfteübersicht mit der Anzahl der eingesetzten Trupps ist übersichtlich und wird auf der Atemschutzüberwachungstafel geführt und

- eine Skizze, meist aus der Vogelperspektive, und die erkannten Gefahren.

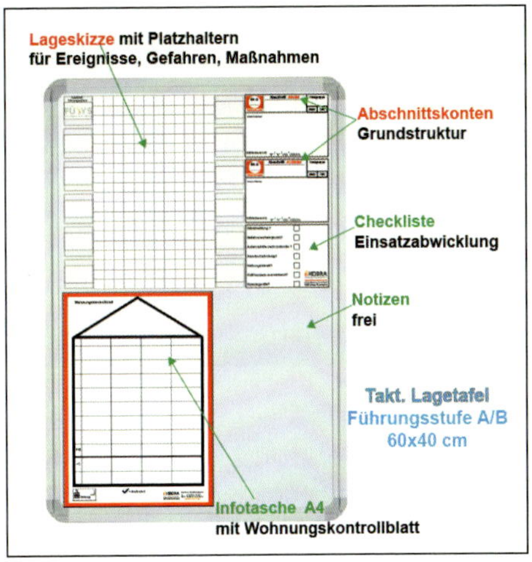

Abb. 72: Takt. Lagetafel der Führungsstufe A/B (60 x 40 cm)

Der Einheitsführer ist für seine Lagefeststellung und Darstellung selbst zuständig. Er bedient sich zur Unterstützung in der Regel seines Maschinisten oder wenn vorhanden, seines Melders und setzt seine Trupps entsprechend ein. Eine typische gedankliche Einteilung der Kräfte ist die Unterscheidung in:

- Innen,
- Außen und
- Reserve.

Die Lagefeststellung in der Führungsstufe A basiert auf der eigenen Wahrnehmung des Einheitsführers aus den vier Phasen der Erkundung (Frontalansicht, Personen befragen, Innenansicht und Rundumansicht), sowie den Informationen aus dem Alarmschreiben und ggfs. aus Objektplänen.

Ihm stehen zur Lagedarstellung in der Regel zur Verfügung:

1. Die Atemschutzüberwachungstafel (Kräfteübersicht, wer ist wo tätig), welche vom Maschinisten oder Melder geführt wird.
2. Sein taktisches Arbeitsbrett

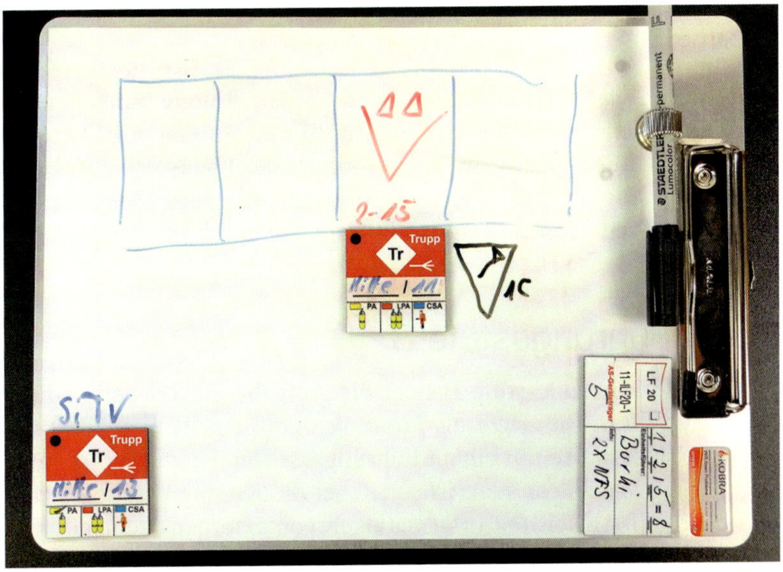

Abb. 73: Taktisches Arbeitsbrett in der Führungsstufe A

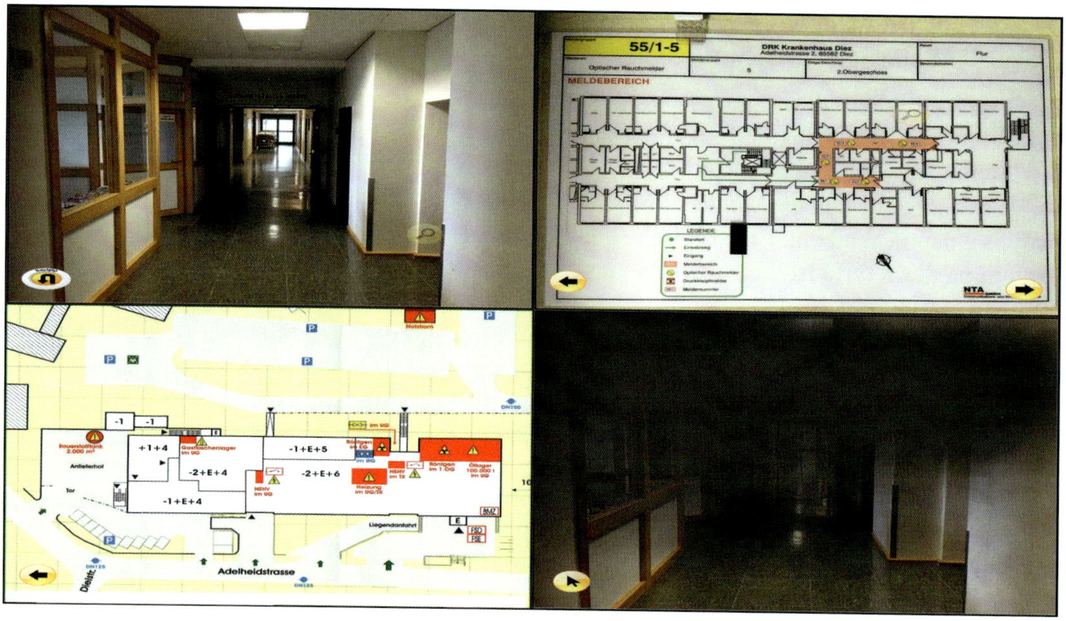

Abb. 74: Lageinformationen des Einheitsführers in der Führungsstufe A

Vor allem in der Anfangsphase und bei dynamischen Lagen wie Bränden ist diese „Lagedarstellung" häufig sehr rudimentär. Es handelt sich um schnell gefertigte Handskizzen aus der Draufsicht, teilweise auf den Laufkarten oder Objektplänen, welche als Kartengrundlage dienen. Eingetragen werden z.B. der Ort des Brandes und welcher Trupp wo eingesetzt wird.

Im weiteren Verlauf dieses Einsatzes werden weitere Einheiten an der Einsatzstelle eintreffen und ein Zugführer mit einem ELW wird die Einsatzleitung übernehmen. Hier erfolgt der Lagevortrag in Form einer Übergabe mit den bisherigen Erkundungsergebnissen und den getroffenen Maßnahmen. Damit wechselt die Führungsorganisation in die Führungsebene B.

3.3.2 Führungsstufe B

Auch in der Führungsstufe B liegt die Aufgabe der Lageerkundung beim Zugführer. Ihm steht als Führungsmittel ein ELW 1 oder z.B. ein MZF, idealweise mit einem Führungsassistenten, zur Verfügung. Der Führungsassistent stellt in der Regel die Kommunikation sicher und kann auf Anweisung Informationen von externen Stellen einholen und die Erkundung unterstützen. Zur Lagefeststellung bedient sich der Zugführer der Erkundungsergebnisse seiner Einheitsführer, seiner eigenen Wahrnehmung und den schon oben beschriebenen Informationsmitteln. Seine „Sichtweise" ist nicht mehr der einzelne Trupp, sondern die unterstellten taktischen Einheiten. Einige Standardeinsatzregeln legen bereits Standardeinsatzabschnitte fest wie **Innen und Außen** oder **Schadensort und Umfeld**.

Für die Lagedarstellung auf der unteren taktischen Ebene können auch taktische Zeichen verwendet werden. In einigen Fällen sind sie vom Detaillierungsgrad jedoch ungeeignet. Wenn dargestellt werden soll, wie ein Fahrzeug praktisch steht, wo sich ein Übergabepunkt einer Löschwasserversorgung über lange Wegstrecke befindet oder an welcher Stelle tragbare Leitern im Rahmen einer Anleiterbereitschaft in Stellung gebracht wurden, sind die klassischen taktischen Zeichen nur sehr bedingt oder gar nicht geeignet. Leider gibt es für die kleinräumige Darstellung in Deutschland keine genormten Zeichen. Abbildung 75 stellt einige Einsatzmittel dar, die in diesem Zusammenhang genutzt werden können. Eine besondere Herausforderung bei der kleinräumigen Darstellung sind Lagedarstellungen im Boden, z.B. beim Abriss von Rohrleitungen, Kabeln und Kanälen im Rahmen von Tiefbaustellen größeren Ausmaßes oder Überdruckbaustellen.

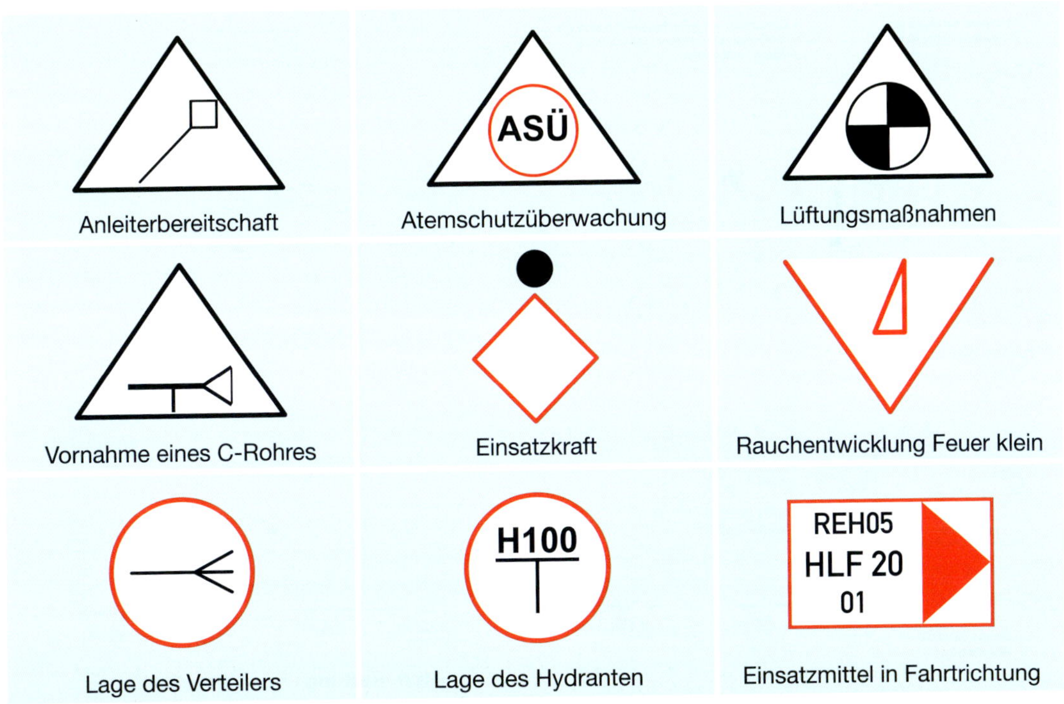

Abb. 75: Zeichen für kleinräumige Darstellung

Merke:

Die Lagedarstellung orientiert sich immer an der jeweiligen Zielgruppe. Bei der gleichen Schadenslage benötigen die Stellen Einsatzleitung, Krisenstab, Öffentlichkeitsarbeit, Einsatzabschnittsleitung jeweils eine unterschiedliche Darstellung hinsichtlich des Inhaltes und des Detaillierungsgrades.

Als hilfreich haben sich Vordrucke bzw. vorgefertigte Tafeln für die Lagedarstellung erwiesen, die eine erste Struktur als Rahmen vorgeben und entsprechende Informationsgruppen beinhalten. Diese Informationsfelder können lageangepasst genutzt werden.

In der Führungsstufe B sind mindestens ein Zugführer und zwei Gruppenführer vorhanden. Die Vorgabe von Standardeinsatzabschnitten basiert auf den Erfahrungen der Vergangenheit, dass in der Regel die meisten Einsatzstellen mit einer gleichen Führungsorganisation bewältigt werden können.

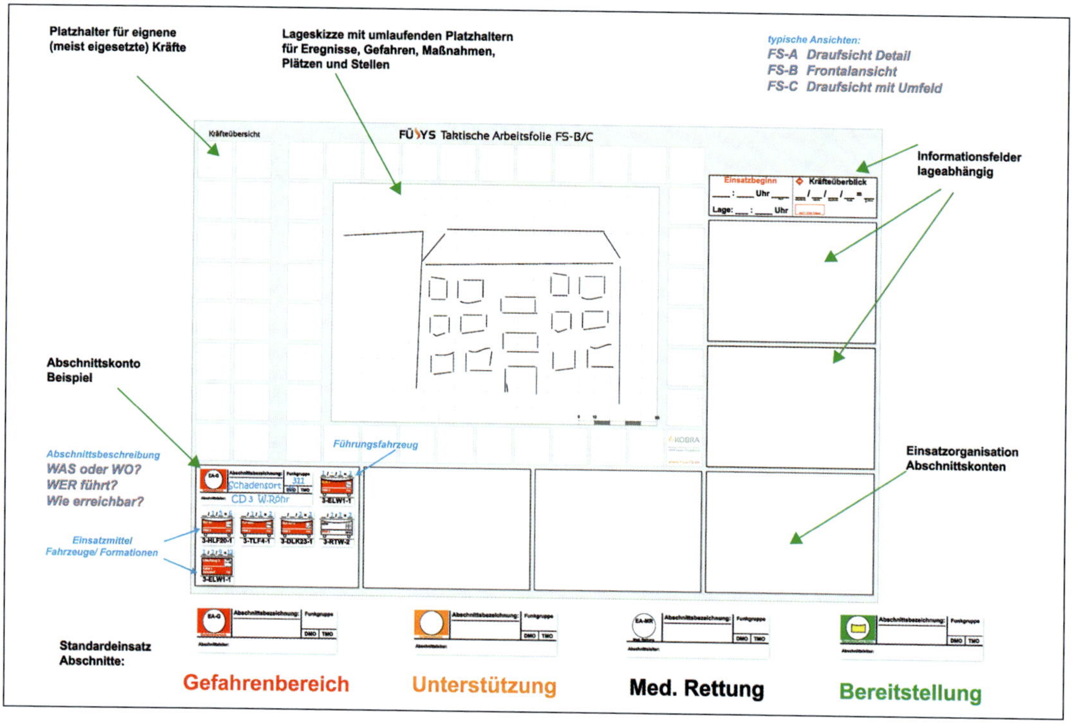

Abb. 76: Taktische Arbeitsfolie des FÜsYS-Systems für die Führungsstufen B und C

Mit den Standardabschnitten

- ▶ Gefahrenabwehr (Innen oder Schadensort),
- ▶ Unterstützung (Außen oder Umfeld),
- ▶ Medizinische Rettung (Rettung oder Gesundheit) und
- ▶ Bereitstellung (Logistik),

lassen sich vor allem in der ersten Phase alle Einsatzstellen der Feuerwehr grundlegend strukturieren.

Die notwendigen Informationen, die im Bereich der Lagedarstellung über einen Abschnitt benötigt werden, sind:

1. Welche Aufgabe oder welcher Ort bestimmt den Abschnitt?
2. Was ist der Auftrag?
3. Wer führt diesen Abschnitt?
4. Wie kann ich diesen Abschnitt erreichen?

Weitet sich die Gefahrenlage weiter aus und die Führungsorganisation wächst weiter auf, entwickelt sich der Einsatz weiter in die Führungsstufe C. Beispielsweise, weil in unserem Beispiel Stationen geräumt

Abb. 77: Lageeinweisung am ELW 1 in der Führungsstufe B

werden müssen und der Einsatzabschnitt medizinische Rettung erweitert werden muss.

Bei der Übergabe der Einsatzleitung an die nächste höhere Führungsebene (Verbandsführer) erfolgt die Lageeinweisung im Idealfall schon an der taktischen Arbeitstafel am ELW1 wie in Abbildung 77 dargestellt.

Der Zugführer erläutert seine Erkundungsergebnisse, seinen Einsatzschwerpunkt, die aktuelle Gliederung der Einsatzstelle mit den vorhandenen und geplanten Einsatzabschnitten sowie die getroffenen und geplanten Maßnahmen und die dafür benötigten Kräfte.

Zur Darstellung der Lage bedient er sich der taktischen Arbeitstafel für die Führungsstufe B/C wie in den Abbildungen 78 und 79 gezeigt. Die Lageskizze ist hier z.B. die Frontalansicht oder ein vorgefertigter Objektplan. Die Darstellung umfasst neben dem Schadensobjekt auch das nähere Umfeld mit Wasserversorgung und dem Bereitstellungsraum der Einsatzstelle.

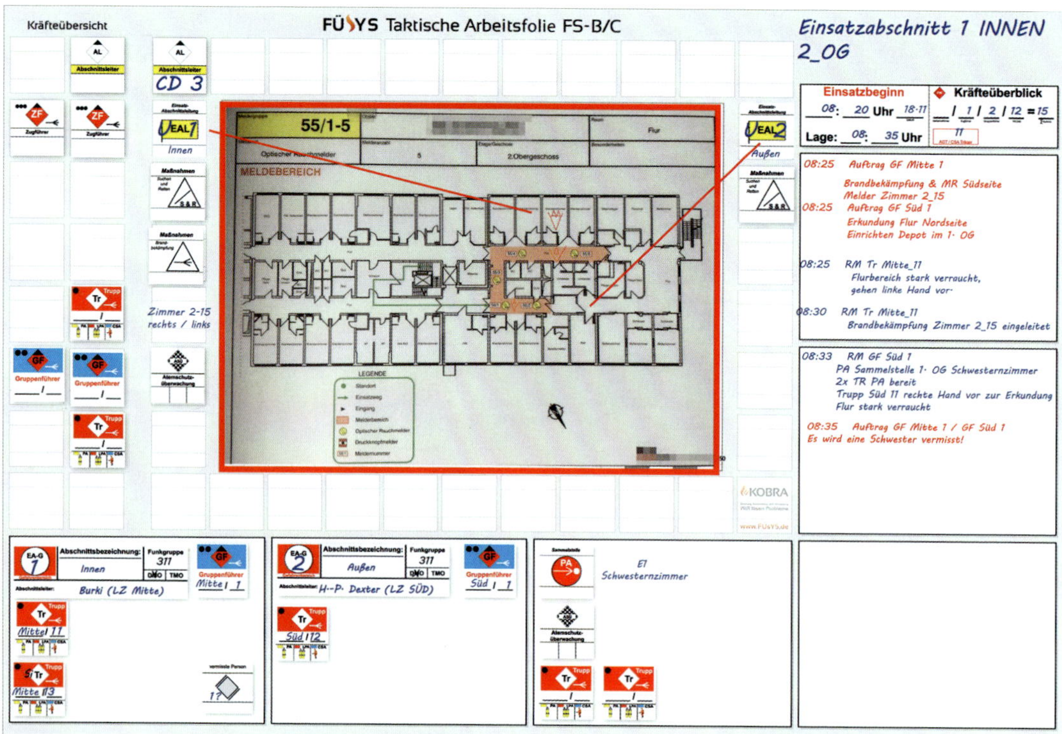

Abb. 78: Lagedarstellung in der Führungsstufe B für das Beispiel „Brand im Krankenhaus“

3.3.3 Führungsstufe C

Um in der Führungsstufe C mit einer Führungsgruppe führen zu können, wird ein ELW 2 benötigt. Hier hat der Einsatzleiter erstmals die Möglichkeit, die Aufgabe der Lagefeststellung und der Lagedarstellung an einen S2 zu delegieren. Da in der Praxis, vor allem im ehrenamtlich geprägten Bereich, das Aufwachsen schrittweise erfolgt, kann es notwendig sein, die Aufgaben und Abläufe in der Einsatzleitung der Anzahl der vorhandenen Führungskräfte anzupassen. Spricht man von der Führungsstufe C, beinhaltet dies eine stabsmäßige Führung an der Einsatzstelle.

In unserem Beispiel trifft mit dem ELW 2 eine entsprechende Führungsgruppe ein, die den Einsatzleiter stabsmäßig unterstützt und somit auch in der Führungsstufe C führt. Die Darstellung erfolgt dann im ELW. Hier gilt es im Vorfeld, die Übergabe besonders zu trainieren, da erstmalig eine sehr umfangreiche Lagedarstellung vom ELW 1 in den ELW 2 „übertragen" werden muss.

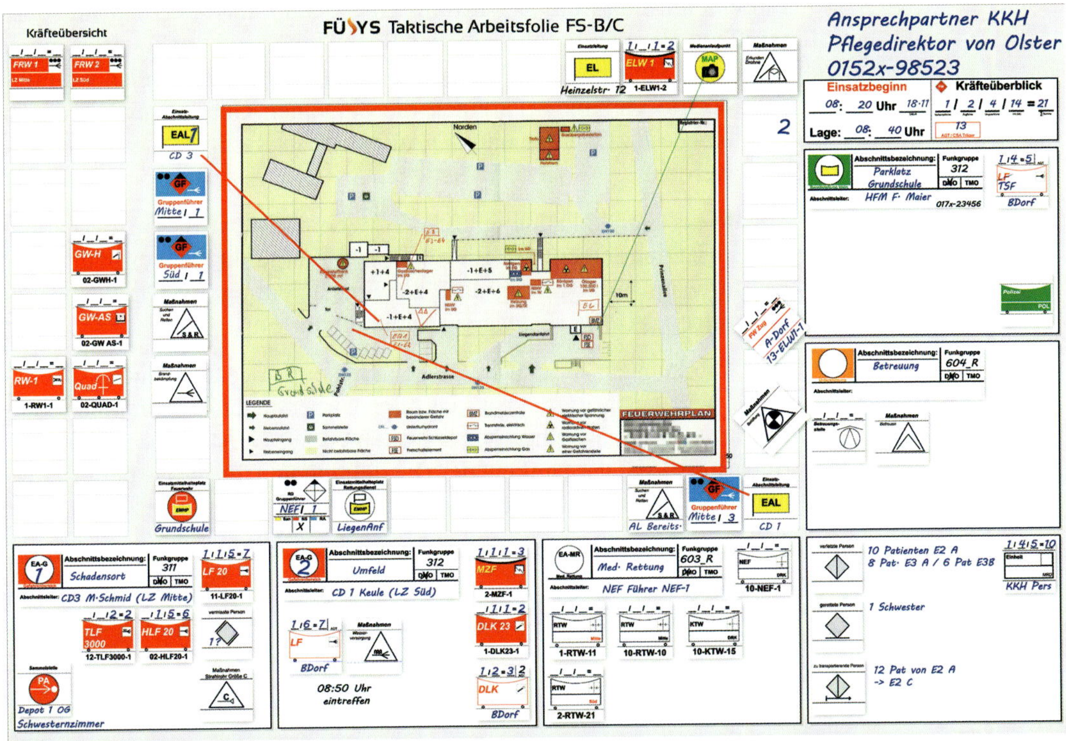

Abb. 79: Lagedarstellung der Führungsstufe C

Die Einsatzstellenstruktur wurde aus der Führungsstufe B übernommen. Es gibt zwei Abschnitte **Gefahrenbereich** (Schadensort und Umfeld) und einen Einsatzabschnitt **medizinische Rettung,** noch geführt von dem ersteintreffendem NEF. Ein Unterstützungsabschnitt **Betreuung** ist vorgeplant, personell jedoch noch nicht beschickt. Ebenso ist ein Bereitstellungsraum benannt, der geführt wird, jedoch noch keine weiteren Einsatzmittel enthält. Die Perspektive der Darstellung hat sich jetzt räumlich erweitert von der bisherigen Etage auf das Gesamtobjekt mit Umfeld, Zuwegung und weiteren Bereitstellungsräumen.

In dem Beispiel kann man gut erkennen, dass es gerade in der Anfangsphase eines Einsatzes durchaus hilfreich sein kann, neben den Fahrzeugen in den Abschnitten auch die Unterstellungen und Aufgaben der Führungskräfte in der Lagekarte zu visualisieren.

3.3.4 Führungsstufe D

Wird die Unterstützung durch einen rückwärtigen Stab benötigt, wechselt die Führungsorganisation in die Stufe D.

In der Führungsstufe D wird mit einem Stab unterstützend im rückwärtigen Bereich geführt. In der Regel fangen die ersteintreffenden Kräfte im Stabsraum an, die Lage zu erfassen. Sind ausreichend Führungskräfte vorhanden, können die einzelnen Gebiete jeweils durch Personal besetzt werden und die Aufgaben als Sachgebiet wahrgenommen werden.

Sobald der Stab vollständig und einsatzbereit ist, wird die Übernahme der Einsatzleitung erklärt. Bis zu diesem Zeitpunkt kann es in der Praxis durchaus vorkommen, dass die Einsatzleitung vor Ort bleibt und die Führungskräfte rückwärtig unterstützen.

Die Abbildungen 81 und 82 zeigen Beispiele der taktischen Arbeitswand, wie sie in improvisierten oder vorbereiteten Stabsräumen zum Einsatz kommt. Wesentlicher Unterschied zur Darstellung in der Führungsstufe C ist der Umfang der Darstellung und die Größe der Darstellungsflächen. In einem rückwärtigen Stab sind in der Regel immer mehr

Abb. 80: In der Führungsstufe D sind alle Sachgebiete besetzt. Der Übergabepunkt für andere Führungsstellen ist der Bereitstellungsraum.

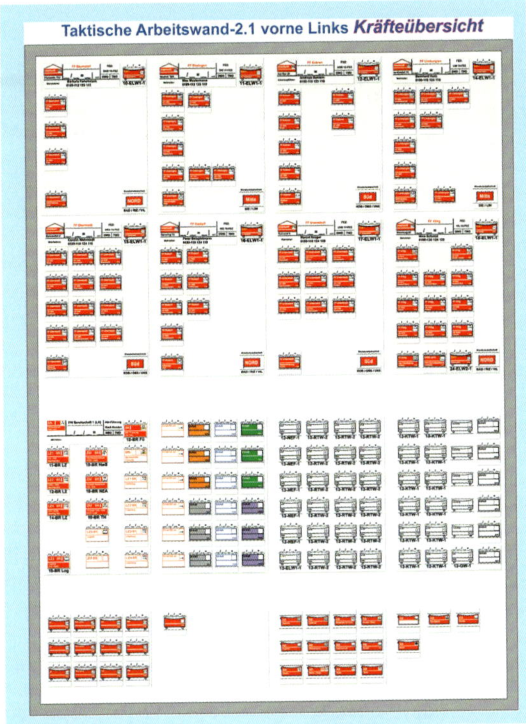

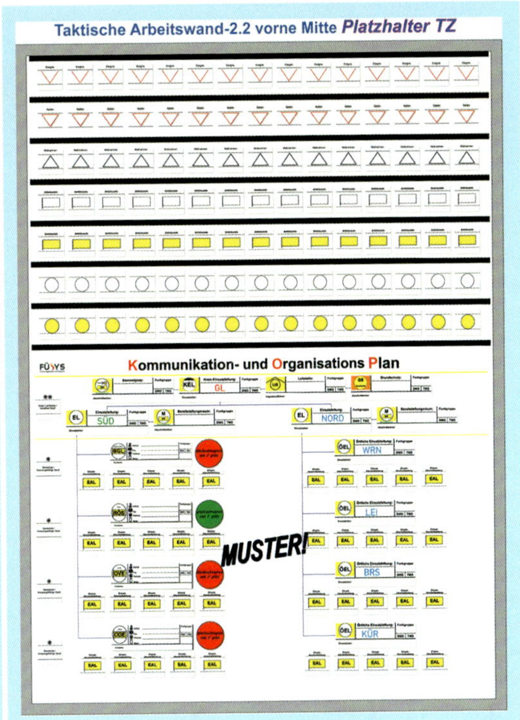

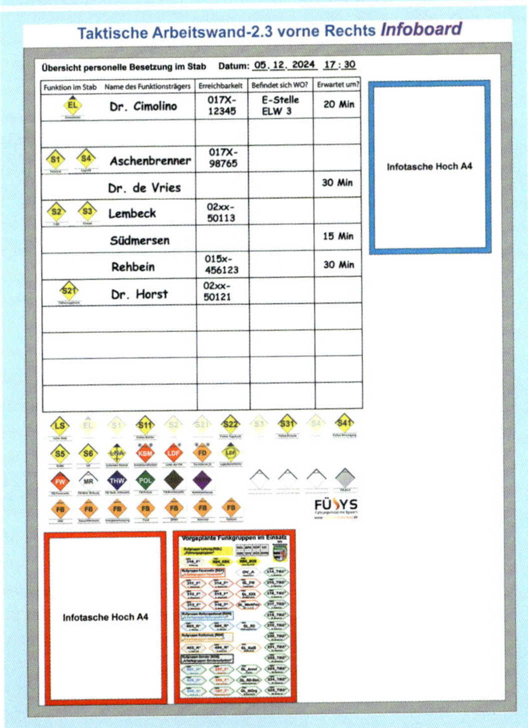

Abb. 81: Typische Aufteilung einer taktischen Arbeitswand mit Kräfteübersicht, Lageskizze und Zusatzinformationen

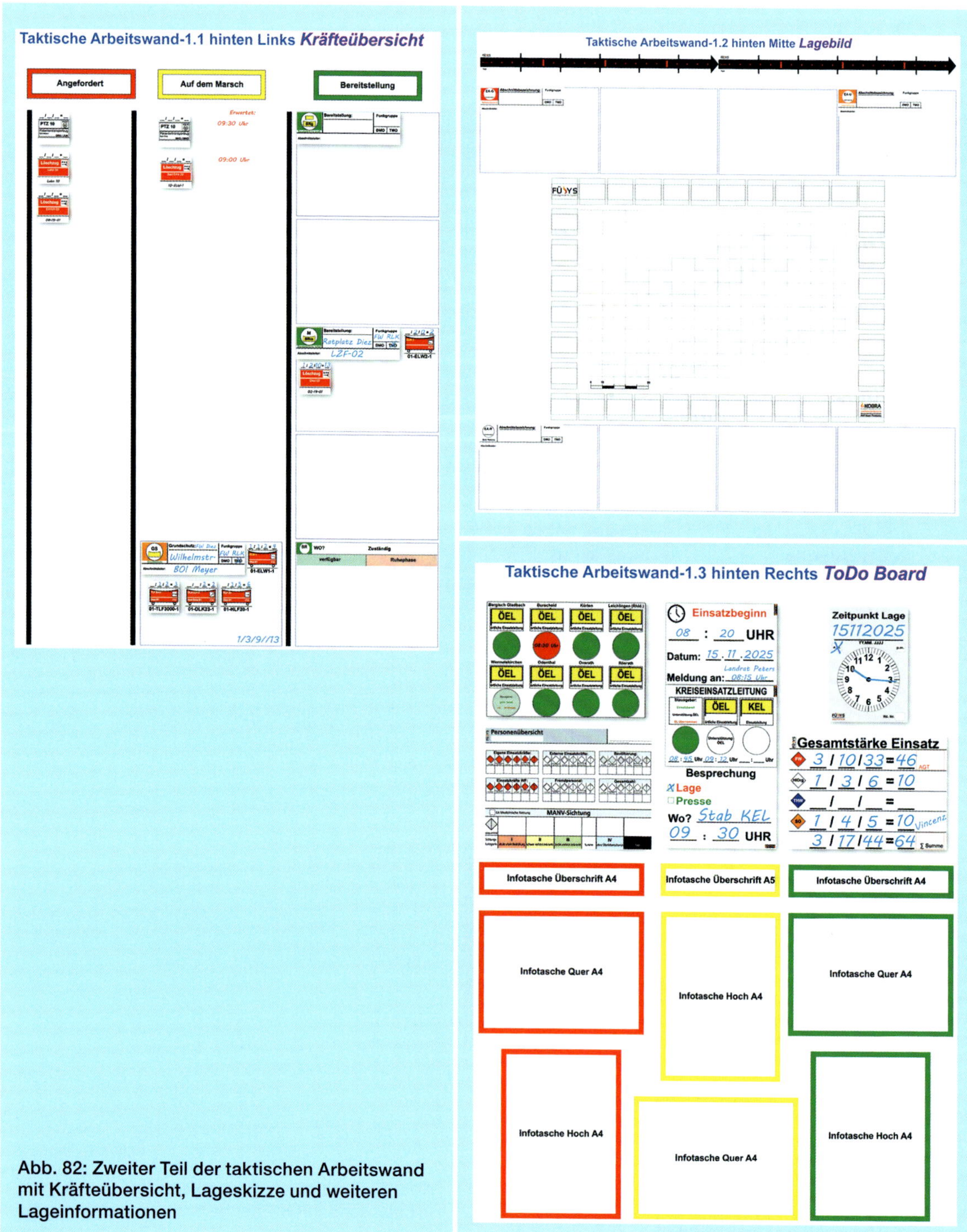

Abb. 82: Zweiter Teil der taktischen Arbeitswand mit Kräfteübersicht, Lageskizze und weiteren Lageinformationen

Darstellungsflächen vorhanden als vor Ort. Eine besondere Bedeutung der Führungsstufe D hat der Zeitstrahl, da sich der Planungshorizont stark erweitert. Wir haben dies in Abschnitt 3.1 ausführlich erläutert.

Bei den meisten Lagen endet die Führungsorganisation auf Ebene des Kreises. Übergeordnete Stellen werden häufig nur über das Ereignis informiert, bauen aber selber keine eigene Führungsorganisation auf.

Die folgenden Ausführungen für die Führungsebenen oberhalb der Kreisebene zeigen jedoch, das auch dort Lagedarstellung wichtig ist und zum Einsatz kommt. Sie wird jedoch immer abstrakter und löst sich vom Detail. Die wesentlichen Elemente sind jedoch immer enthalten.

■ Lagedarstellung auf Landesebene

Bei größeren Schadenslagen[1] oder größeren vorgeplanten Ereignissen[2] wird auch auf Ebene der Mittelbehörden und der Länder eine stabsmäßige Organisation aufgebaut. Schwerpunkt liegt hier auf dem politisch administrativen Bereich und nicht dem operativ taktischen. Teilweise gibt es dazu auch konkrete Vorschriften, wie zum Beispiel in Baden-Württemberg die Verwaltungsvorschrift der Landesregierung und der Ministerien zur Bildung von Stäben bei außergewöhnlichen Ereignissen und Katastrophen (VwV Stabsarbeit).

■ Lagedarstellung auf Bundesebene

GMLZ

Die Leitstelle auf Ebene des Bundes ist das Gemeinsame Melde- und Lagezentrum von Bund und Ländern (GMLZ). Grundlage der Aufgaben des GMLZ ist § 16 ZSKG. Danach hält der Bund Einrichtungen zur Lageerfassung und -bewertung sowie zum Nachweis und zur Vermittlung von Engpassressourcen vor. Diese werden im Rahmen der Amtshilfe auch zur Koordinierung von Hilfsmaßnahmen bereitstellt.

Das GMLZ hat damit drei zentrale Aufgaben:

1. Lagemanagement
   - Monitoring und Bericht über Ereignisse von länderübergreifender oder bundesweiter Bedeutung
2. Nationale Anlaufstelle (National-Contact-Point – NCP)
   - Meldestelle für andere Staaten bei Warnungen, um Meldungen an Behörden innerhalb Deutschlands weiterzuleiten
3. Ressourcenmanagement
   - z.B. Beschaffung von Sandsäcken bei Hochwasserlagen in größerem Ausmaß

[1] z.B. Love-Parade-Unglück, Zugunfall, Covid-19, Terroranschlag

[2] Fußballweltmeisterschaft, Weltjugendtag

Abb. 83: Darstellung von Informationen im GMLZ

Abb. 84: Dispostionsplätze im GMLZ

Das GMLZ steht außerdem im engen Austausch mit Bevölkerungsschutzlagezentren anderer EU-Staaten und der EU-Kommission, die mit dem Emergency Response Coordination Centre (ERCC) ein eigenes Lagezentrum in Brüssel betreibt.

Lagedarstellung auf EU-Ebene

Das Emergency Response Coordination Centre, ERCC, Nachfolger des früheren Monitoring and Information Centre (MIC) der europäischen Kommission in Brüssel, ist die Operationszentrale des EU-Gemeinschaftsverfahrens im Bereich Zivilschutz. Es ist 24/7 Stunden im Schichtbetrieb besetzt und ermöglicht den Ländern den Zugang zur gemeinsamen Plattform.

Jedes Land, innerhalb oder außerhalb der EU, das von einer Katastrophe erschüttert wird, kann sein Hilfeersuchen an die EU über das ERCC stellen.

ERCC

Während größeren Schadenslagen spielt das ERCC eine wichtige Rolle in drei Bereichen:

1. **Kommunikationszentrale:** Das ERCC unterstützt als zentrale Anlaufstelle beim Austausch von Hilfeersuchen und Hilfsangeboten. Dies hilft den circa 30 teilnehmenden Staaten bei der Reduzierung des Verwaltungsaufwandes bei allen Kontakten mit dem betroffenen Land. Weiterhin bildet das ERCC ein zentrales Forum für die teilnehmenden Staaten für den Zugang und Austausch von Informationen über die verfügbaren Ressourcen und die mögliche Unterstützung zu einem bestimmten Zeitpunkt.
2. **Bereitstellung von Informationen:** Die ERCC verbreitet Informationen über den Katastrophenschutz im Bereich Vorsorge und

Abb. 85: Einsatzbearbeitung im ERCC in Brüssel

Abb. 86: Darstellung im ERCC in Brüssel

Einsatz für alle beteiligten Staaten sowie für ein interessiertes breites Publikum. Als Teil dieser Rolle verbreitet das ERCC Frühwarnungen (ERCC Daily) über Naturkatastrophen und informiert über die neuesten Updates zu laufenden Einsätzen und Interventionen im Rahmen des EU-Mechanismus.

3. **Unterstützung bei der Koordination:** Das ERCC erleichtert die Bereitstellung der europäischen Unterstützung im Rahmen des EU-Gemeinschaftsverfahrens. Dies geschieht auf zwei Ebenen: auf Ebene der Lagezentralen durch passende Angebote auf die Bedürfnisse, dem Identifizieren von Lücken in der Hilfe und Suche nach Lösungen und der Bündelung von gemeinsamen Res-

sourcen. soweit wie möglich; im Bereich der Katastrophe durch den Einsatz von EU-Experten vor Ort, wenn erforderlich.

Lagedarstellung auf internationaler Ebene

OSOCC

Natürlich macht die Lagedarstellung jetzt nicht Halt auf Ebene der EU. Die Vereinten Nationen nutzen zur Koordinierung ihrer Kräfte unter anderem ein virtuelles On-Site Operations Coordination Centre (OSOCC). Auch dieses virtuelle OSOCC enthält die im Abschnitt 3.1 angesprochenen wichtigsten Lageinformationen zum Einsatz. Eingesetzte Kräfte, Kartenmaterial, Wetter, Schäden etc. finden sich hier ebenso wie auf der Lagekarte beim Wohnungsbrand. Nur in etwas anderer Form. In den Abbildungen 87 und 88 sehen Sie die Einsatzübersicht zur „internationalen Ölspur" auf Mauritius. Lagemeldung und Satellitenbilder sind in den wesentlichen Elementen genauso wie im Kleinen.

Man erkennt, dass Lagedarstellung auf allen Ebenen zum Einsatz kommt und wichtig ist, um sich einen Überblick über die Lage zu verschaffen und diesen zu behalten. Man erkennt auch, dass es auf höheren Führungsebenen immer abstrakter wird, bzw. immer weniger Details wichtig sind. Das ist gemeint, wenn jemand vom ‚Big picture' spricht. Also dem großen Gesamtüberblick und nicht mehr von der einzelnen Einsatzkraft.

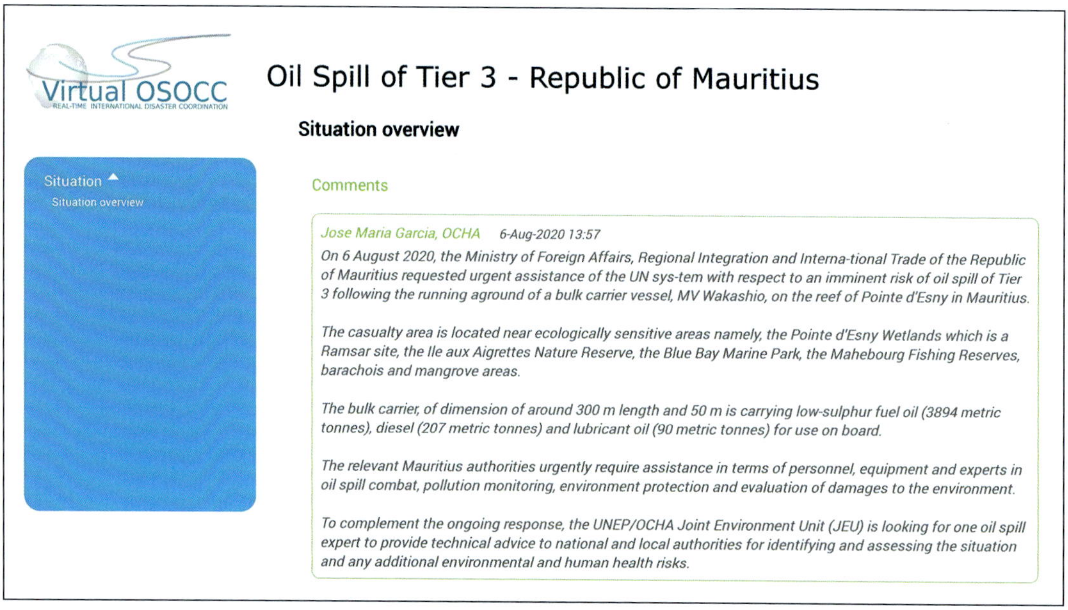

Abb. 87: Zusammenfassung der Lage auf internationaler Ebene an einem konkreten Beispiel

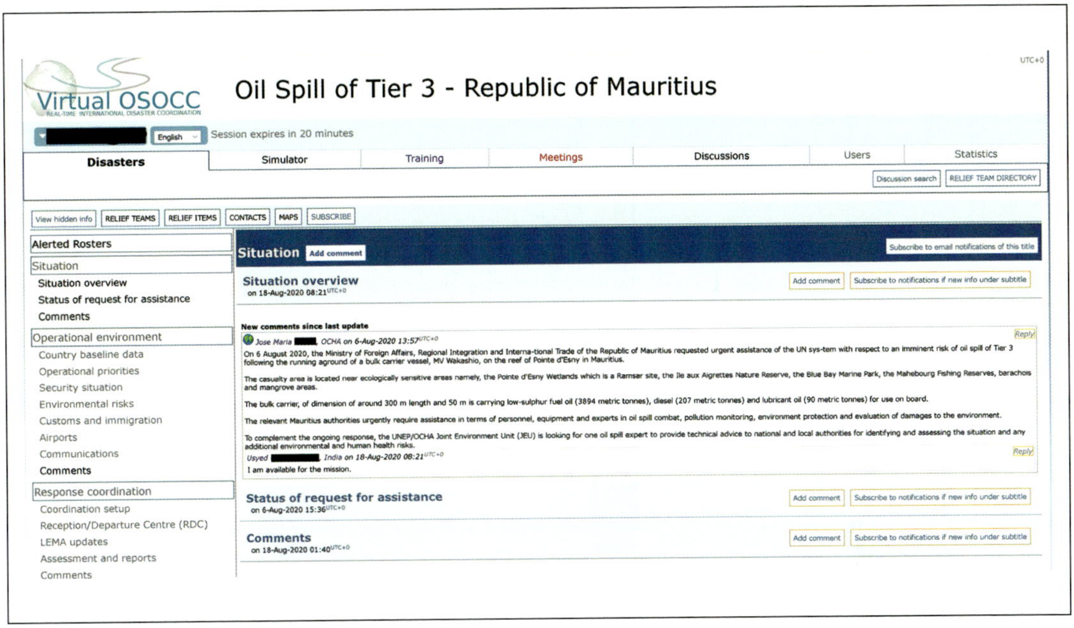

Abb. 88: Zusammenfassung der Lage auf internationaler Ebene an einem konkreten Beispiel

3.4 Führen von Einsatzübersichten nach FwDV 100

Die Aufgabe **Führen von** Einsatzübersichten erfolgt zum einen durch die Darstellung **der Gefahren** und **Schäden** (Ereignissen) auf der Lagekarte und je nach Situation auch in Form von Schadenskonten. Die **Einsatzabschnitte** mit dem jeweiligen Schwerpunkt werden in der Führungsorganisation geführt und, wenn sie räumlich gegliedert sind, auch in Form von Einsatzabschnittsgrenzen auf der Lagekarte.

Die Übersicht der Kräfte wird in den Übersichten des S1 geführt für Einsatzmittel die:

- angefordert,
- alarmiert oder
- auf dem Marsch sind.

Sobald die Einsatzkräfte eingetroffen sind, werden sie einem Bereitstellungsraum bzw. einem Einsatzabschnitt zugeordnet. Erfolgt die Lagedarstellung mit dem taktischen Arbeitsblatt oder der Tafel, werden die Einheiten oder Fahrzeuge auch direkt auf der Karte dargestellt.

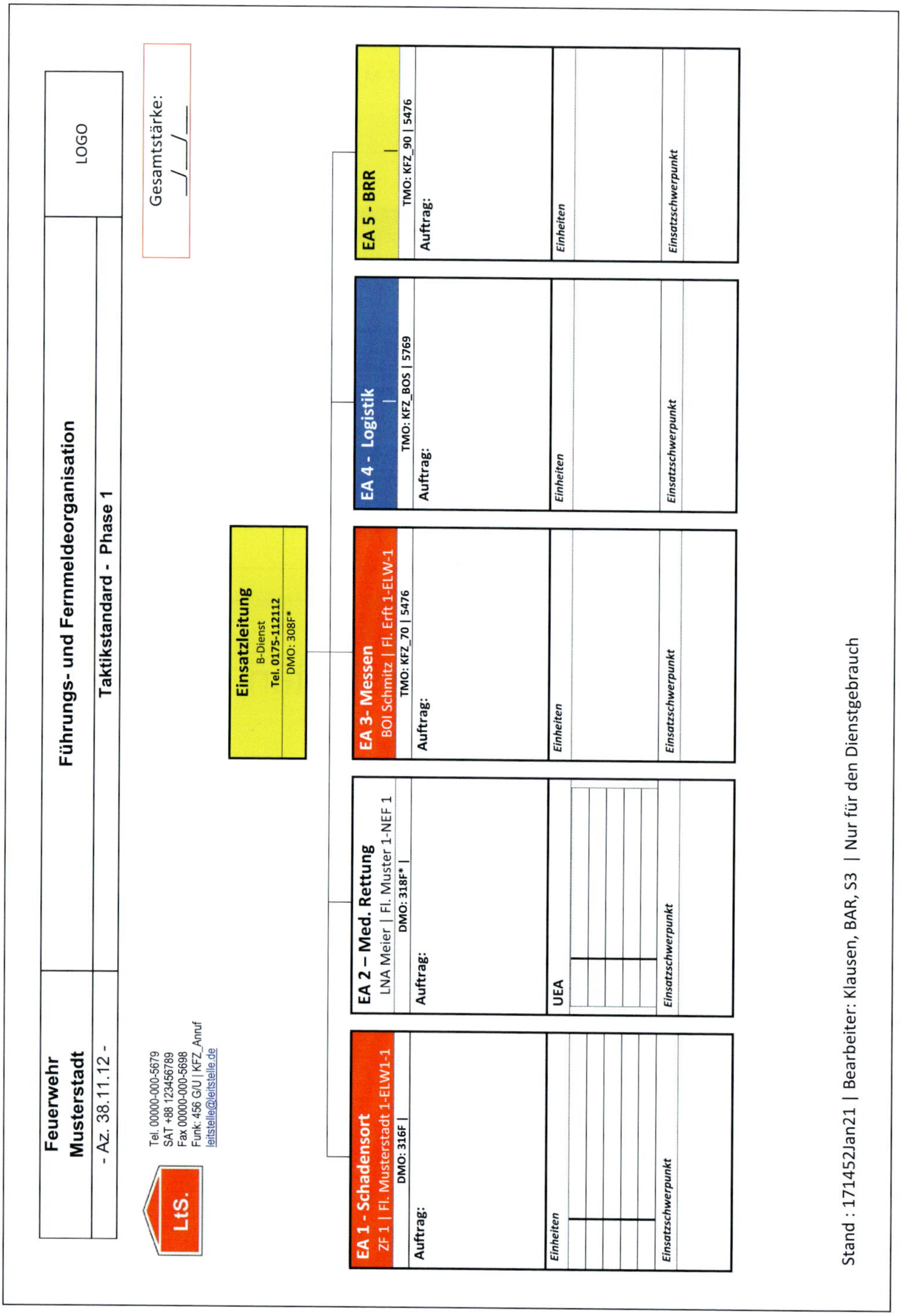

Abb. 89: Beispielhafte Skizze einer Führungsorganisation mit Einsatzabschnitten

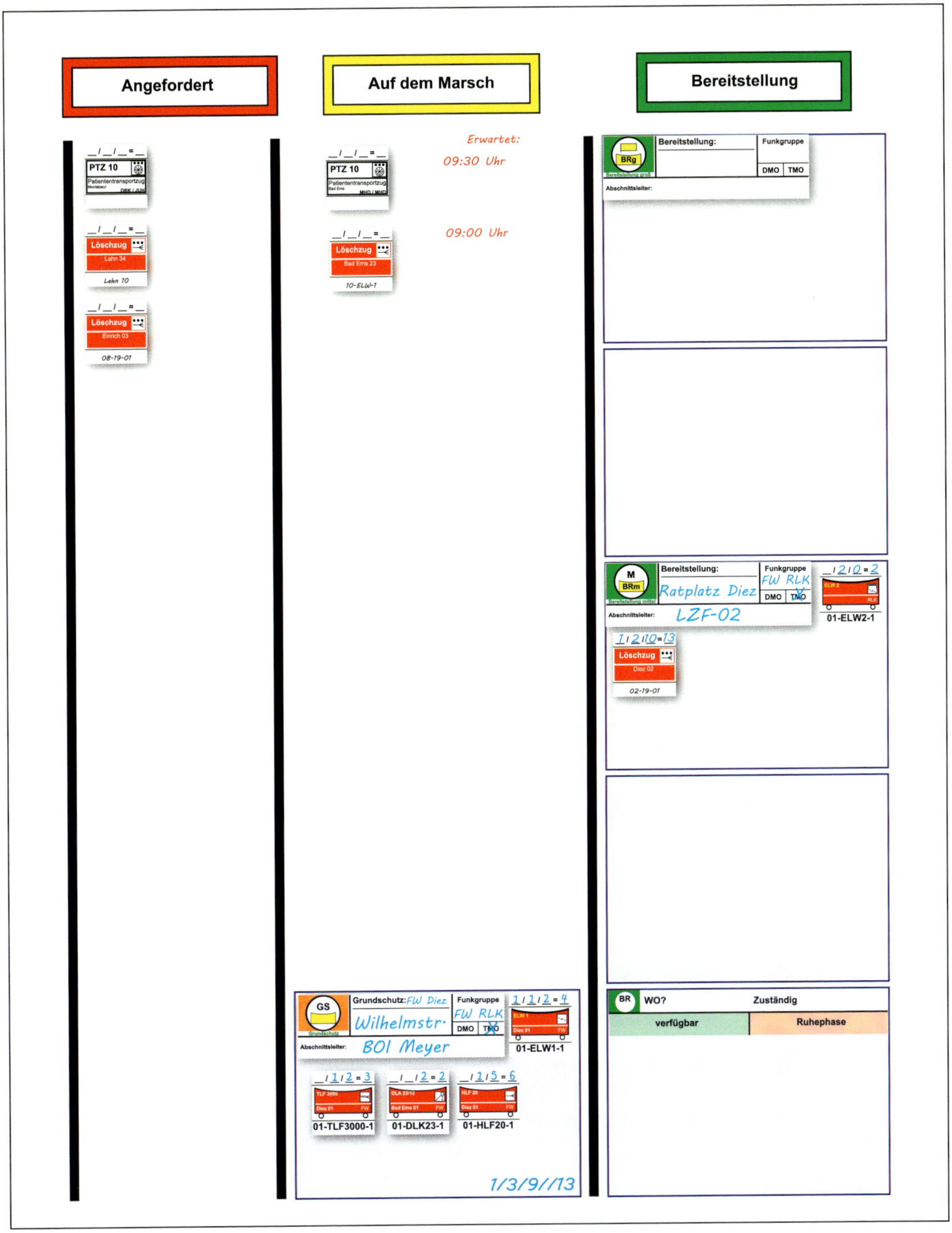

Abb. 90: Darstellung einer Kräfteübersicht

3.5 Social Media – Darstellung der Lage

	Medien		
	Soziale Medien	Lokalpresse	Überregional
Status			
Bewertung	Tlw. Fake-News, Spott über defektes Horn der EE 03	2 Teams vor Ort	Keine Relevanz
	VOST aktivieren, LSt		

Abb. 91: Darstellung der Medienlage mittels Ampel-System

Da der Bereich Social Media in den letzten Jahren zunehmende Bedeutung im Bereich der Medienarbeit erlangt hat, soll er nicht unerwähnt bleiben. Die Ergebnisse der Social Media-Beobachtung können vergleichbar den Erkenntnissen der klassischen Medien dargestellt werden. Abbildung 91 zeigt ein Beispiel der Darstellung. Wie schon an anderer Stelle ausgeführt, orientiert sich die Darstellung am Betrachter. Während im operativ-taktischen Stab der Gesamteindruck für die gemeinsame Karte ausreicht, kann in einem Verwaltungs- oder Unternehmensstab eine detaillierte Darstellung notwendig sein.

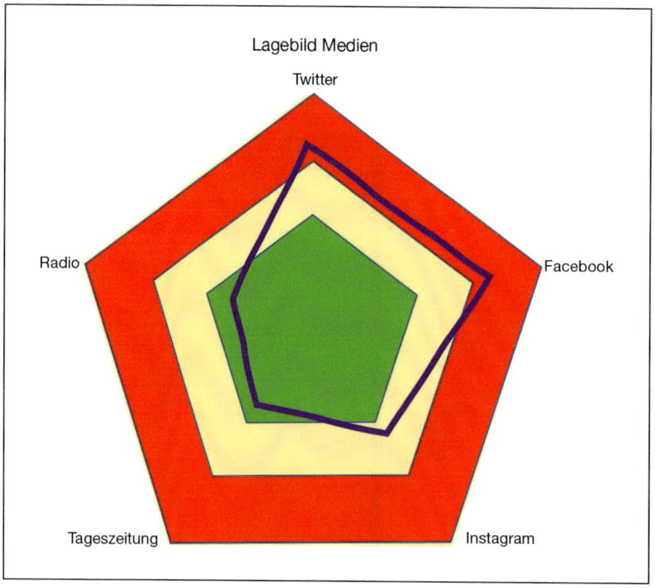

Abb. 92: Darstellung der Medienlage als Spinnendiagramm

Neben der Darstellung der Lage selber ist vor allem der Abgleich der Lage zwischen den beteiligten Pressestellen wichtig, um die Pressearbeit der verschiedenen Stellen mit einer abgestimmten und im Idealfall einheitlichen Sprachregelung durchzuführen.

Lageergänzung im Bereich Social Media

Stand: 12.09.2012 15:26 -- Verfasser BOI Mustermann

Gesichtete Medien:

☒Facebook, ☒Twitter, ☐Flickr, ☐Instagram, ☐YouTube, ☐___________

Suchbegriffe, Hashtags:

Unfall BAB Musterstadt, #ereignis, #

Zusammenfassung | Status[1]: GELB

Rot: Lage eskaliert, benötigte Reaktion | Gelb: Engmaschige Beobachtung | Grün: Lage neutral/positiv
Werden Vorwürfe gegen die Behörden erhoben? Kommt es zu Spekulationen?

Stimmung ist leicht aufgeheizt. Es werden Vorwürfe gegen die Rettungskräfte erhoben wegen langer Anmarschzeit und der Dauer der Sperrungen. Einsatzkräfte haben vor Ort Gaffer beschimpft wegen Fotoaufnahmen.
Presseerklärung wird vorbereitet in Absprache mit S5

Erkenntnisse/Lageinformationen:

Wo sind Schwerpunkte? Wie ist die Verkehrslage? Kommt es zu Spontalhelfer-Angeboten?

Keine Lage relevanten Erkenntnisse

Abb. 93: Lageergänzung im Bereich Social Media. Dokumentation und Handzettel für den S5

3.6 Taktische Zeichen

Taktische Zeichen sind untrennbar mit der Lagedarstellung verbunden, da sie extra dafür entwickelt wurden. Im vorliegenden Buch geht es jedoch vor allem um den Gesamtkontext der Aufgabe der S2-Funktion auf den verschiedenen Führungsebenen. Grundlagen zu und Umgang mit taktischen Zeichen werden im Buch „Taktische Zeichen für Feuerwehr, THW und Rettungsdienste" ausführlich erläutert[1]. Im folgenden Abschnitt erläutern wir daher nur kurz, welchen Sinn und Zweck taktische Zeichen haben und den Zusammenhang mit dem Thema Lagedarstellung.

Entwurf der FwDV 102

Mit dem Entwurf der DV 102 durch die ständige Konferenz für Katastrophenvorsorge und Bevölkerungsschutz (SKK) im Jahre 1999/2003 wurde auf der Grundlage der PDV/DV 102 eine einheitliche Vorlage

1 „Taktische Zeichen für Feuerwehr, THW und Rettungsdienste" – Reihe Fachwissen Feuerwehr. ISBN 978-3-609-68396-6

für alle BOS-Einheiten zur Verfügung gestellt. Einige Zivilschutz- bzw. Katastrophenschutzorganisationen haben den Entwurf als organisationsinterne Vorschrift übernommen. Bei der Feuerwehr wurde die Vorschrift bisher nur als „Lehrunterlage“ bzw. „Ausbildungs- und Gebrauchsanleitung“ herausgegeben bzw. genutzt.

Zum Ende des Jahres 2010 ist dann eine Überarbeitung der Empfehlungen zur Dienstvorschrift 102 herausgegeben worden, die auf die Anforderungen des Digitalfunks und der Möglichkeit der elektronischen Darstellung von Lagekarten eingeht. Aber auch diese Version wurde nicht von allen BOS verbindlich eingeführt. Nach Auflösung der SKK im Januar 2011 kam es dann zu keiner Überarbeitung bzw. Weiterführung. Die Arbeit sollte in anderen Gremien fortgeführt werden.

Für die Feuerwehr gibt es im Zusammenhang mit taktischen Zeichen nur die FwDV 100, die verbindliche Ausführungen enthält. In der Anlage 6 zur FwDV 100 wurden einige wenige taktische Zeichen rechtlich verbindlich eingeführt [3]. Leider enthält die Anlage jedoch nur sehr rudimentäre Angaben, die eine sachlich und fachlich richtige Lagekartenführung erschweren. In einigen Punkten widersprechen sich die Angaben in der FwDV 100 und den Empfehlungen der SKK. Erschwerend kommt hinzu, dass einige dort eingeführte taktische Zeichen unterschiedliche bzw. nicht klar abgegrenzte Bedeutungen haben. Während in den Empfehlungen zur DV 102 verschiedene Organisationsfarben vorgeschlagen werden, nutzt die Polizei die Farbe Rot z.B. für Störer, Gefahren, Schäden. Der eigentliche Grundgedanke, nämlich eine gemeinsame >>Sprache<< zur Lagedarstellung, wird damit unterwandert. Dieser Umstand ist seit Jahren erkannt [1, 4, 5], findet jedoch nicht die nötige Mehrheit für eine einheitliche Lösung.

Schwierigkeiten in der Praxis sind vor allem unklare Bedeutungen von einzelnen Zeichen. Was genau ist z.B. eine Befehlsstelle und was ist eine Einrichtung der Führung? Die festgelegten Farben helfen zwar in vielen Fällen, wie wir später noch zeigen werden, bringen aber auch Probleme bei den immer mehr zunehmenden „gemischten“ Einheiten. Welche Farbe bekommt eine Einheit, die aus Feuerwehr, Rettungsdienst und THW besteht?

Aktuell gibt es also keine einheitliche organisationsübergreifende Festlegung, wie taktische Zeichen verwendet werden sollen. Unabhängig davon, ob es eine geeignete Rechtsgrundlage gibt, werden taktische Zeichen in der Praxis jedoch verwendet und auch benötigt. Die folgenden Ausführungen zu taktischen Zeichen sind daher, aufgrund einer fehlenden und geeigneten übergreifenden Regelung, an der Praxis ausgerichtet und berücksichtigen dabei die oben erwähnten Empfehlungen, wo es möglich und sinnvoll ist. In der Praxis findet man durch diese Regelungslücken unterschiedliche Formen und Ausprägungen von taktischen Zeichen. Diese Freiheit durch fehlende Regelung bietet wie immer den Vorteil, das man „sein“ taktisches Zeichen kreieren kann. Der Nachteil ist jedoch auch, dass einige Zeichen dann doch der Erläuterung bedürfen und dem Grundgedanken des gemeinsamen und eindeutigen Verständnisses zuwiderlaufen.

Taktische Zeichen sind, von den eingangs geschilderten Problemen abgesehen, eine „gemeinsame Sprache“ und dienen als Werkzeug für eine einheitliche, übersichtliche und strukturierte Lagedarstellung. Die Lagedarstellung ist vor allem in größeren Schadenslagen wichtiges Mittel, um Informationen darzustellen und weiterzugeben.

Im Sinne einer gemeinsamen Sprache ist es notwendig, sich organisations- und bundeslandübergreifend auf ein System von Zeichen mit entsprechenden Bedeutungen zu einigen, um sich verständigen zu können.

Taktische Zeichen sind Symbole auf Karten, Plänen, Übersichten, Skizzen usw. zur Darstellung von

- Behörden, Organisationen, Dienststellen, sonst. Gefahrenabwehrkräften
- Führungseinrichtungen und -stäben
- Fahrzeuge und Einheiten mit den Fachaufgaben
- Personen, Einsatzkräften, Tieren
- Anlässen, Ereignissen, Gefahren, Schäden
- Einsatzräumen und Richtungen
- Objekten, Anlagen, Einrichtungen
- Einsatzmaßnahmen
- Führungs- und Einsatzmittel

Durch die Systematik der taktischen Zeichen ergeben sich nahezu unendlich viele Zeichen. Mit Hilfe der folgenden grundlegenden Symbolik können Sie jedoch schon sehr viele dieser Zeichen lesen und auch selbst erstellen.

3.6.1 Grundzeichen

Die Grundzeichen bilden die Basis und werden in der Regel ergänzt durch eine Farbe zur Zuordnung sowie einigen ergänzenden Symbolen sowie bei Bedarf einer textlichen Abkürzung.

Die taktischen Zeichen wurden aus dem militärischen Bereich übernommen und in einigen Punkten an den Bedarf der zivilen Gefahrenabwehr angepasst. Die folgenden Ausführungen beziehen sich daher auch bei fehlenden Vorgaben teilweise auf die ursprüngliche Systematik, wie sie in den militärischen Vorschriften ausgeführt wurden. Um eine Lagekarte anzufertigen oder zu lesen, sollte der Anwender in der Bedeutung der Grundzeichen unterwiesen sein.

Eine häufige Ausprägung eines taktischen Zeichens ist das vorgefertigte Zeichen. Das taktische Zeichen ist rechteckig und dreigeteilt. Im oberen und unteren Bereich können Informationen eingetragen werden. In der Mitte findet sich das Grundzeichen, das mit ergänzenden Informationen versehen dargestellt werden kann.

Tab. 18: Übersicht der Grundzeichen

Vorgefertigtes taktisches Zeichen	Anwendung
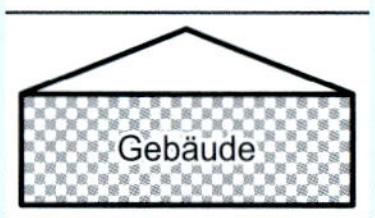	Visualisierung von Unterkünften, Krankenhäusern, Objekte etc. Die im Zeichen angedeutete Transparenz soll verdeutlichen, dass hier in der Praxis eine Farbe genutzt wird. Die Farbgebung entspricht später der Organisationsfarbe wie im Abschnitt 3.6.3 erläutert.
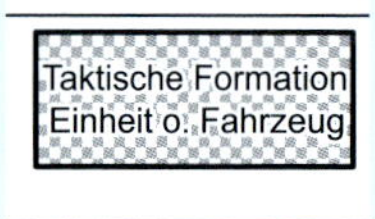	Zur Darstellung von Mannschaft und Gerät. In Kombination mit einer Antriebsart dient es der Darstellung von Fahrzeugen. Hier transparent dargestellt. Die Farbgebung entspricht später der Organisationsfarbe wie im Abschnitt 3.6.3 erläutert.
	Durch Farbe und weitere Ergänzungen können Funktionen und Zustände der Person dargestellt werden. Die Farbgebung entspricht später der Organisationsfarbe wie im Abschnitt 3.6.3 erläutert.
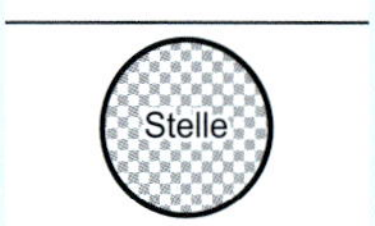	Kennzeichnung einer Stelle oder Platz, um verschiedene Einrichtungen darzustellen. Die Farbgebung entspricht später der Organisationsfarbe wie im Abschnitt 3.6.3 erläutert.

Tab. 18: Übersicht der Grundzeichen *(Forts.)*

Vorgefertigtes taktisches Zeichen	Anwendung
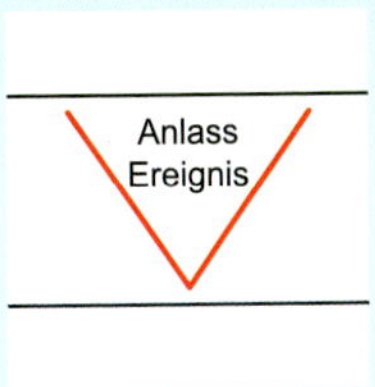	Ein Ereignis ist zeitlich abgeschlossen und häufig Ursache für ein Schadensereignis. Aus einem Anlass können Gefahren abgeleitet werden. Daher auch die rote Kennzeichnung. Z.B. bei dem Anlass Brandereignis können die Gefahren Atemgifte, Sichtbehinderung, Wärmestrahlung etc. erkannt werden.
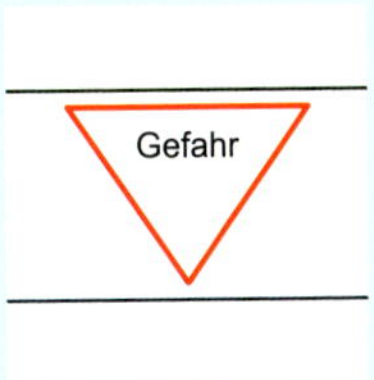	Hinweis mit Zusatzzeichen und/oder!/?, um auf Vermutungen oder akute Gefahren hinzuweisen. Im Vergleich zum Ereignis handelt es sich um ein geschlossenes Dreieck, wie man es aus dem Straßenverkehr kennt. Merkhilfe: Gefahren können verletzen wie ein spitzer Gegenstand.
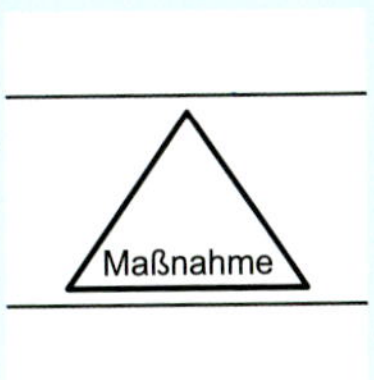	Zur Gefahrenbekämpfung werden Maßnahmen ergriffen. Merkhilfe: Maßnahmen werden gegen die Gefahren ergriffen. Daher genau andersherum als die Gefahr.
	Darstellung einer Befehlsstelle. Vor Ort ist dies häufig der ELW mit Führungsassistent und Einsatzleiter
	Ortsgebunden, ortsfest Zusatzzeichen, welches mit anderen Grundzeichen kombiniert wird, um darzustellen, dass das Objekt ortsgebunden ist. Es wird für Stellen genutzt, die fest geplant und installiert sind.
	Fläche als Freihandlinie Kennzeichen einer Ausdehnung auf einer Karte mit klaren Grenzen

Kennt man die 10 Grundzeichen und kann diese einsetzen, lassen sich schon sehr viele Darstellungen fertigen und auch lesen.

Gebäude

Gebäude werden benötigt, um darzustellen wo Menschen und Geräte untergebracht sind. Das taktische Zeichen hierfür ist selbsterklärend. Ein Kasten mit einem Dach obendrauf. Bei der Formation wird es schon ein wenig schwieriger. Eine Formation ist ein Sammelbegriff und kann z.B. eine taktische Einheit, eine Gruppe, ein Zug oder ein Verband etc. sein. Diese Formation wird als Rechteck dargestellt und ist flexibel erweiterbar. Eine Einheit muss befehligt werden, hierfür nutzt man das taktische Zeichen Befehlsstelle, welches durch eine Fahne mit Flaggenstock am linken Rand gekennzeichnet wird.

Befehlsstelle

Eine Befehlsstelle[1], kennzeichnet den Platz der Einsatzleitung oder einer Abschnittsleitung. Es wird verwendet für verschiedene Stellen mit Weisungsbefugnis gegenüber den unterstellten Kräften. Häufig wird es verwendet für die Darstellung von Einsatzleitungen oder Einsatzabschnittsleitungen. Das Zeichen für bewegliche Befehlsstellen, welche im militärischen Bereich Anwendung findet, wurde aus den Empfehlungen gestrichen. Unverständlicherweise, da gerade bei den BOS die bewegliche Befehlsstelle, in der Regel der ELW, den Regelfall darstellt. In der Praxis führt dies nicht zu Problemen, da jeder Führungskraft bewusst ist, dass die nichtpolizeiliche Gefahrenabwehr von vorne, also aus dem ELW führt.

Stelle oder Platz

Einheiten, die geführt werden, befinden sich an einer Stelle oder einem Platz. Das Grundzeichen hierfür ist der Kreis. Das Zeichen für eine Stelle oder einen Platz wird beispielsweise verwendet zur Darstellung von Sammelplätzen, Bereitstellungsräumen, Patientenablagen oder Lotsenpunkten.

Da eine Formation Mannschaft und Gerät darstellt, müssen die Personen auch separat dargestellt werden können, daher gehört die Raute zu den Grundformen, die eine Einsatzkraft kennen sollte.

Die nächste Grundform ist die Fläche, an der Einsatzkräfte tätig werden sollen. Die Fläche wird als Freihandlinie gezeichnet.

Anlass oder Ereignis

Das Zeichen für Anlass oder Ereignis ist ein oben offenes Dreieck, was der Grundform für Gefahr sehr ähnlich ist. Es wird in Kombination mit textlichen Angaben oder Symbolen verwendet. Oft besteht

[1] Eine Befehlsstelle ist entweder ortsfest oder beweglich. In der FwDV 100 wird sie definiert mit „Die Befehlsstelle ist der Sitz der Einsatzleitung. Soweit die Festlegung von Einsatzabschnitten erforderlich ist, können für diese weitere nachgeordnete Befehlsstellen eingerichtet werden.“ Sie wird vom Einsatzleiter zur Leitung der Einsatzkräfte eingerichtet.

auch die Schwierigkeit der Abgrenzung zwischen Gefahr und Ereignis. Ein eingestürztes Gebäude ist ein Ereignis, stellt aber oft auch eine Gefahr dar.

Es empfiehlt sich daher folgende Systematik anzuwenden, um eine eindeutige Darstellung und einheitliche Interpretation des Zeichens sicherzustellen. Wenn etwas schon passiert ist, handelt es sich um ein Ereignis, z.B. einen Einsturz. Wenn etwas droht zu passieren oder noch passieren könnte, wird es als Gefahr dargestellt.

Der Unterschied soll an folgendem Beispiel verdeutlicht werden. Das Zeichen Ereignis mit der Ergänzung Explosion stellt das bereits stattgefundene Ereignis dar. Das Zeichen Gefahr mit der gleichen Ergänzung beschreibt die latente Gefahr der Explosion, z.B. bei einer Gasfreisetzung.

Merke:

Spitze Dinge sind gefährlich und stellen eine Gefahr dar. Das Zeichen für Gefahr steht daher auf der Spitze.

Da man mit den Maßnahmen die Gefahr bekämpft, kann man sich die Grundform für Maßnahmen gut als das Gegenteil von Gefahr merken.

Merke:

Maßnahmen werden als Dreieck mit der Spitze nach oben dargestellt.

Auch geschädigte Personen, also Patienten, werden durch eine auf der Spitze stehende Raute dargestellt. Um Verwechslungen mit Einsatzkräften der Hilfsorganisationen zu vermeiden, werden diese leicht Grau dargestellt. Dies kennzeichnet sie eindeutig als vom Einsatz betroffene bzw. geschädigte Person. Eine verletzte Person wird mit einem senkrechten Strich gekennzeichnet.

Merke:

Der Strich stellt einen Kratzer an der Person dar. Sie ist also verletzt.

Taktische Einheiten

Tab. 19: Übersicht von verletzten Personen

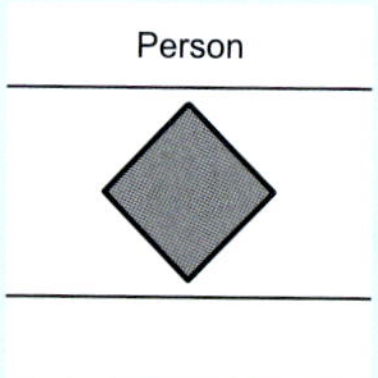	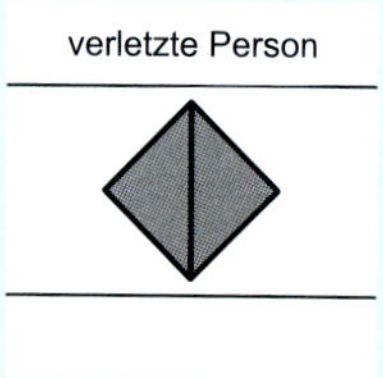	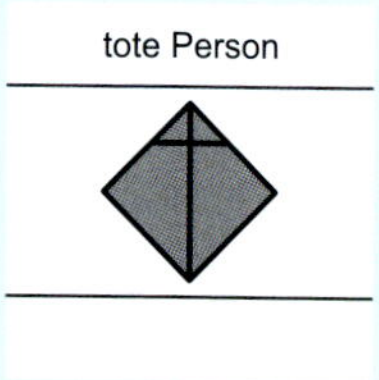
Betroffene Person, unverletzt	Verletzte Person	Tote Person
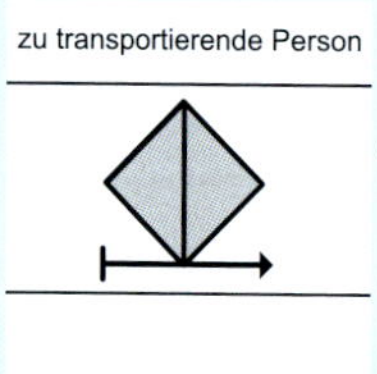	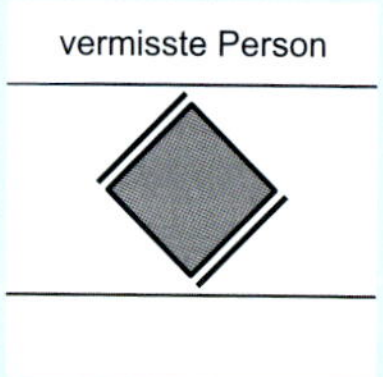	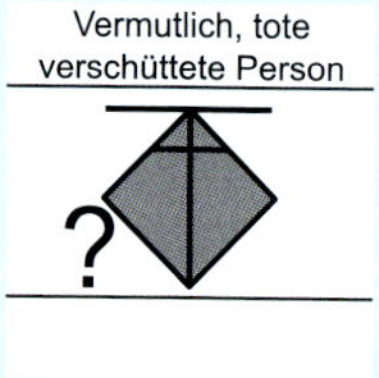
Zu transportierende Person	Vermisste Person	Kombiniertes Zeichen

Typisches Einsatzbeispiel ist die Darstellung von Patienten in sämtlichen Schadenslagen. Verletzte Einsatzkräfte werden ebenfalls dargestellt und um die jeweilige Farbe ergänzt. Die Bedeutung der verschiedenen Farben wird im Abschnitt 3.6.3 erläutert.

Tote Personen werden durch ein Kreuz gekennzeichnet. Wichtig bei der Darstellung ist das sorgfältige Zeichnen des Zeichens. Der obere Querstrich wird im oberen Drittel angebracht. Ein waagerechter Strich in der Mitte des Zeichens kann leicht zu Verwechslungen mit Einsatzkräften der Hilfsorganisation führen, wenn die Zeichen manuell und nur schwarz-weiß gezeichnet werden.

Das Zeichen für zu transportierende Personen wird häufig falsch dargestellt, indem eine unverletzte Person gezeichnet wird. Dies ist jedoch nur dann richtig, wenn z. B. im Rahmen einer Räumungs- oder Evakuierungslage auch tatsächlich unverletzte Personen transportiert werden. In den meisten Fällen bezieht sich der Transport auf verletzte Personen.

Größe der Zeichen

Eine Frage, die immer wieder auftaucht, ist die Größe der Zeichen selbst. Diese ist abhängig vom Betrachtungsabstand. Die Abbildungen zeigt die Verhältnisse von Länge und Breite. Personenzeichen oder Stellen haben eine Höhen- und Breiteneinheit. Die Grundform ist

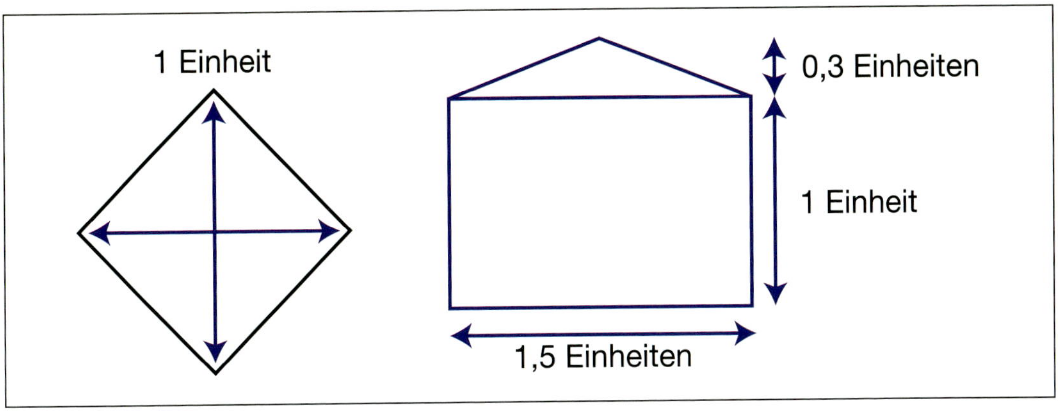

Abb. 94: Größenverhältnisse der Symbole im taktischen Zeichen

1,5 Einheiten breit und eine Einheit hoch. Das bedeutet, wenn die Höhe 1 cm beträgt, ist die Breite 1,5 cm.

Wenn vorgefertigte Zeichen eingesetzt werden, hat sich die Gesamtgröße 4,5 x 4,5 cm bewährt. In Stabsräumen werden auch Zeichen in der Größe 6,5 x 6,5 cm eingesetzt. Größere Zeichen werden praktisch immer schwerer und haben einen enormen Platzbedarf[1].

Typische Größen für die taktische Arbeitstafel sind 60 x 40 cm (ca. A2) für die Führungsstufe A/B, 90 x 60 cm (ca. A1) für die Führungsstufe B/C, da die Betrachter direkt vor der Skizze stehen. In einem Stab, indem man die Tafel aus mehreren Metern Entfernung betrachtet, empfiehlt sich eine Größe im Meterbereich.

3.6.2 Größenangaben

Um die Schlagkraft einer Einheit bewerten zu können, ist die taktische Stärke ein wichtiges Merkmal. Die Soll-Stärke wird dabei mit Hilfe der Zeichen in Tabelle 20 angegeben. Die Größenordnung von Einheiten wird dabei oberhalb des Zeichens dargestellt.

Problematisch sind die fehlenden Definitionen von einigen taktischen Gliederungen wie Zug, Bereitschaft, Abteilung und Großverband. In der Praxis ist die Angabe der taktischen Stärke daher sinnvoll und oft notwendig. Aus der 2-5er Regel ergeben sich Unterschiede in der Stärke von teilweise mehreren hundert Kräften.

1 Die Vorteile der vorgefertigten taktischen Zeichen werden ausführlich erläutert im Band „Taktische Zeichen für Feuerwehr, THW und Rettungsdienste“ der Reihe Fachwissen Feuerwehr (ISBN 978-3-609-68396-6).

Tab. 20: Größenangaben

Zeichen	Taktische Einheit	Taktische Stärke
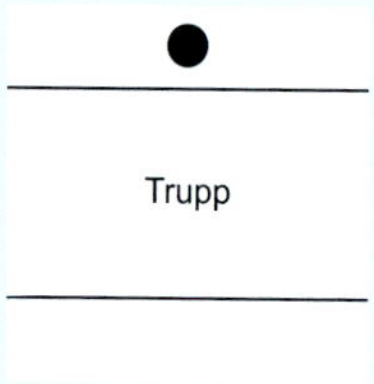	Trupp	1/2
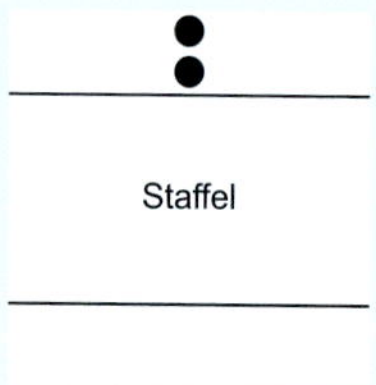	Staffel	1/5
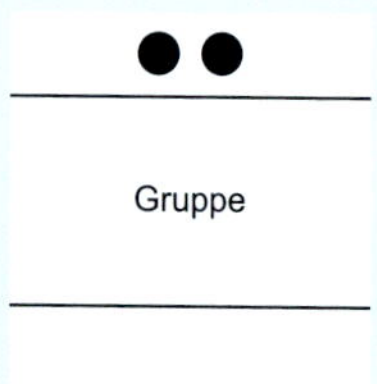	Gruppe	1/8
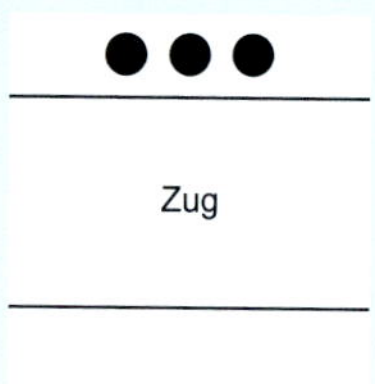	Zug	16-24 Personen. In der Regel eine Einheit mit 1/4/16//21 oder 1/3/18//22. In älterer Literatur findet man auch noch den verstärkten Zug mit 1/4/20//25.
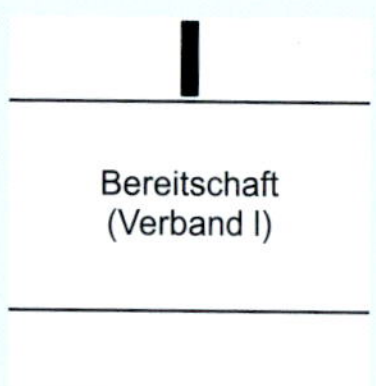	Verband 1 – Bereitschaft	30 bis 150 Personen. In der Regel wird die taktische Einheit *Verband 1* bei geschlossenen taktischen Einheiten mit mehr als 100 Einsatzkräften verwendet.
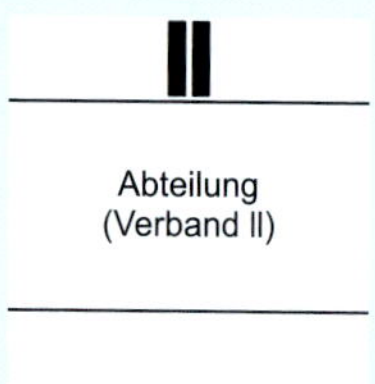	Verband 2 – Abteilung	150 bis 750* Personen. In Deutschland ist in der nichtpolizeilichen Gefahrenabwehr aktuell keine geschlossene Einheit in dieser Größe vorgeplant.

Tab. 20: Größenangaben *(Forts.)*

Zeichen	Taktische Einheit	Taktische Stärke
III Großverband (Verband III)	Verband 3 – Großverband	600 bis 3000* Personen. In Deutschland ist in der nichtpolizeilichen Gefahrenabwehr aktuell keine geschlossene Einheit in dieser Größe vorgeplant.
[II] Taskforce (Verband II)	Einheiten, die als Taskforce eingesetzt werden, erhalten eine zusätzliche Kennzeichnung über der eigentlichen Größenordnung.	Die Kennzeichnung einer Taskforce kann sich auf unterschiedliche Größenordnungen beziehen.
___ / ___ / ___ AGT: Einheitsführer / Mannschaft / Summe + AS-Geräteträger	Häufig verwendete Variante bei Feuerwehreinsatzkräften. Im ersten Ansatz ist es wichtig zu erfahren, ob Führungskräfte auf dem Fahrzeug sitzen und in welcher taktischen Stärke die Einheit ausgerückt ist.	Häufig erfolgt auch die Angabe, wie viele Einsatzkräfte innerhalb der Einheit die Qualifikation Atemschutzgeräteträger haben.

* Im Bereich des Verwaltungswesens erfolgt die Zuordnung zur Hierarchieebene mittels Sterne.

Farbzuordnungen

Tab. 21: Größenangabe Verwaltung

* Gemeinde / Kreisangehörige Stadt	** Kreis / Landkreis / kreisfreie Stadt	*** Bezirk
Gemeinde	Kreis	Bezirk
**** Land / Freistaat	***** Bundesrepublik Deutschland	******* (Sternenkreis) Europäische Union
Land	Bund	Europa

Verwaltung

3.6.3 Farben

Um die taktischen Zeichen den verschiedenen Organisationen zuordnen zu können, kommen verschiedene Farben zur Anwendung, die bei der Lagedarstellung verwendet werden. Die einschlägigen Empfehlungen über taktische Zeichen [7, 8] machen Vorgaben, die zu großen Teilen in der Praxis auch eingesetzt werden. Bei genauerer Betrachtung fehlen jedoch einige Farben bzw. werden nicht durchgehend konsistent verwendet.

Laut den Empfehlungen der SKK soll bei vorbereiteten Zeichen (z.B. Magnetplättchen) die Farbe flächenfüllend im taktischen Zeichen verwendet werden. Bei behelfsmäßiger Darstellung, z.B. Skizzen auf Papier, kann die Umrandung des Zeichens in der Grundfarbe des Zeichens erstellt werden. In der Praxis gestaltet sich diese Empfehlung eher schwierig. Wenn nur die Umrandung des Zeichens in der Grundfarbe dargestellt wird, führt dies in der Praxis zu teilweise schlecht erkennbaren Zeichen, im Fall der Hilfsorganisationen ist es sogar unmöglich, wenn weißer Untergrund verwendet wird. In der Praxis kann die vermeintliche Einschränkung der fehlenden Farben auch positiv genutzt werden. Möchte man eigene Einheiten und ortsfremde Einheiten unterscheiden, kann man diese Möglichkeit nutzen: Hier kommt es auf das Geschick des Lagekartenführers an, trotz der Einschränkungen lesbare und unverwechselbare Zeichen darzustellen.

Beispiel:

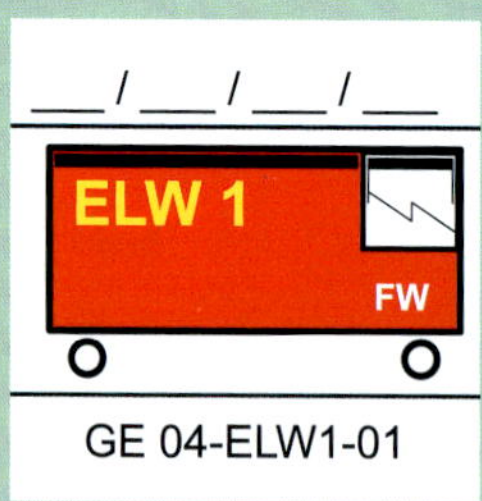

16 Formation eigene Kräfte

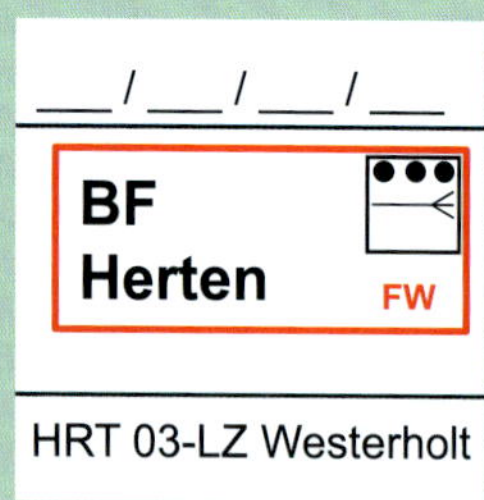

17 Formation externe Kräfte

Hilfreich hierfür ist es, die Organisation als abgekürzten Text (FW, DRK, THW etc.) in der Organisationsfarbe unten rechts in der Grundform darzustellen.

Bei vielen Schadenslagen sind Personen aus der Zivilbevölkerung betroffen. Für diese ist in der Empfehlung keine Farbe vorgesehen. Häufig werden einfach weiße Zeichnen benutzt, was nicht korrekt ist, da die Farbe Weiß den Hilfsorganisationen vorbehalten ist. Auch die Farbe Weiß ist nicht ausreichend für eine vollständige Abgrenzung der Organisationen, wenn der Rettungsdienst durch private Träger durchgeführt wird. Bei der Darstellung mit taktischen Zeichen ist jedoch die Trägerschaft von nachrangiger Bedeutung. Wichtiger ist, welche Fähigkeiten eine taktische Einheit hat. Aus diesem Grund können Rettungs- und Sanitätsdienstkräfte einheitlich mit Weiß gekennzeichnet werden. Eine Organisationszuordnung erfolgt dann über textliche Ergänzungen wie bereits erläutert. Um die dargestellten Probleme zu lösen, empfehlen wir die Verwendung der Farben wie in Tabelle 22 dargestellt.

Tab. 22: Übersicht der Farbzuordnung zu Organisationen

Farbe	Organisationstyp
Freiwillige Feuerwehr, Werkfeuerw., Berufsf. Brandschutz Feuerwehr C:000 M:100 Y:100 K:000 R:220 G:030 B:040 RAL:3020 FW	Einheiten der Feuerwehr wie Berufs-, Werk- und Betriebsfeuerwehren sowie freiwillige Feuerwehren.
THW Technisches Hilfswerk THW C:100 M:090 Y:020 K:010 R:050 G:055 B:115 RAL:5002 THW	THW
Sanitätsdienst, Rettungsdienst, Betreuung Medizinische Rettung C:000 M:000 Y:000 K:000 R:254 G:254 B:254 RAL:9016 MR	Einheiten der medizinischen Rettung
Führung, Leitung Führung Leitung C:000 M:000 Y:100 K:000 R:255 G:240 B:000 RAL:1026 FÜH	Einheiten der Führung und Leitung

Tab. 22: Übersicht der Farbzuordnung zu Organisationen *(Forts.)*

Farbe	Organisationstyp
Polizei, Zoll *Werkschutz, Arbeitsschutz* Sicherheit und Ordnung C:100 M:030 Y:100 K:020 R:000 G:110 B:065 RAL: 6029 POL	Polizeiliche Einheiten wie BKA, LKA, Landespolizei, Bundespolizei[1]
Behörden, Ämter, *Bauhof, Firmen* Sonstige Gefahrenabwehr C:000 M:050 Y:100 K:000 R:240 G:145 B:020 RAL: 2000 SGA	Kreiseinrichtungen, Mittelbehörden, Innenministerien, Gemeinden, untere Wasserbehörde etc.
Bundeswehr **Militär Bundeswehr** **C:055 M:050 Y:070 K:060** **R:080 G:070 B:055** **RAL:8027** BW	Bundeswehr und andere militärische Einheiten
PSU, PSNV *Seelsorge* Seelsorge PSNV C:075 M:100 Y:000 K:000 R:095 G:000 B:125 RAL: 4000 PSNV	Einheiten und Kräfte aus dem Bereich der psychosozialen Versorgung.
Zivil ***Veranstalter, Firmen*** **Zivil nicht BOS** **C:000 M:000 Y:000 K:040** **R:220 G:215 B:220** **RAL:9007** ZIV	Zivilbevölkerung, Firmen

[1] Laut aktueller PDV 102 können eigene Zeichen auch in Blau dargestellt werden. In der Regel findet dies jedoch nur in Polizeistäben Anwendung.

Neben den bereits mehrfach erwähnten Organisationsfarben finden sich in den Vorschlägen zur FwDV 102 und anderen Literaturstellen zum Thema taktische Zeichen weitere Farben, im weiteren Funktionsfarbe genannt. Die Farbe Gelb, in Analogie zur Westenfarbe des Einsatzleiters, wird für Einrichtungen der Führung vorgeschlagen und dort auch häufig genutzt.

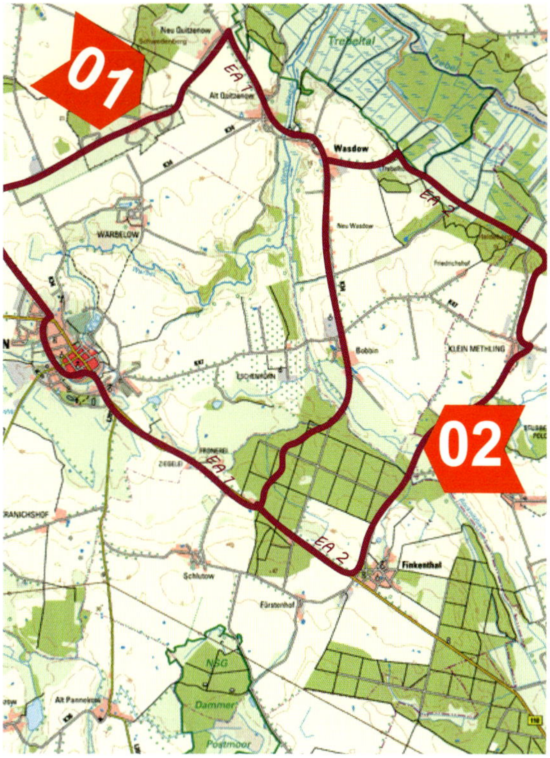

Abb. 95: Einsatzabschnittsgrenzen und Zuordnung von Schadenskonten

3.6.4 Abschnittsbezeichnungen

Um die verschiedenen Einsatzräume auf einer Karte abgrenzen zu können, werden Linien verwendet. Diese werden ergänzt mit dem Zeichen der Größenordnung aus Tabelle 20 oder mit einer textlichen Zusatzangabe wie z.B. in Abbildung 95. Um diese Führungslinien eindeutig zu erkennen, empfiehlt es sich diese in der Farbe violett zu zeichnen, da diese Farbe in der Regel auch in farbigen Grundkarten gut zu erkennen ist.

Führungslinien

Führungslinien, wie z.B. Einsatzabschnittsgrenzen, werden in der Regel direkt auf der Lagekarte gezeichnet und in überschaubaren Abständen mit den Abschnittsbezeichnungen ergänzt. Bei angrenzenden Abschnitten ist die Bezeichnung neben der Führungslinie anzubringen, um eine eindeutige Zuordnung zu gewährleisten.

3.7 Vorbereiten von Lagebesprechungen

Die Führungsvorgänge müssen auf den unterschiedlichen Ebenen aufeinander abgestimmt sein. Dies betrifft vor allem auch die Lagemeldungen und Lagebesprechungen. Es sollte vermieden werden, dass erst nach der Abwägung der Möglichkeiten und z.B. kurz vor dem Entschluss neue Informationen in den Stab gelangen und den Entschluss hinauszögen.

Inhalt der Lagebesprechung

Die Vorbereitung einer Lagebesprechung beinhaltet

- Das Zusammentragen und Aktualisieren der Lagedaten
- Das Vorbereiten des Lagevortrages (sei es elektronisch oder analog) mit
  - Vorababstimmung mit Leiter des Stabes und den anderen S-Funktionen mit dem Ziel, den Lagevortrag zügig durchzuführen und Fragen zu vermeiden.
- Erinnerung kurz vor Beginn der Lagebesprechung

Lagevorträge werden, wie bereits ausgeführt, unterschieden in

- Lagevortrag zur Unterrichtung (LVU) und
- Lagevortrag zur Entscheidung (LVE).

3.8 Vorbereiten von Lagemeldungen

Das Vorbereiten einer Lagemeldung erfolgt im Sachgebiet 2. Bei der Erstellung kann man sich am Schema in Kapitel 6 orientieren.

Praktisch kann die Meldung vom S2.2. gefertigt werden. Vor dem Versenden erfolgt die Freigabe durch den Einsatzleiter. Die Frequenz der Lagemeldungen ist abhängig von der Dynamik der Lage und der Führungsebene. Wichtig ist, die Lagemeldungen an die vorgesetzte Stelle auf den Zeitpunkt der Lagebesprechung der höheren Führungsebene abzustimmen, um immer die aktuelle Information zur Lage zur Verfügung zu haben. Lagemeldungen können auch dazu genutzt werden, benachbarte Stellen zu informieren, indem man ihnen die Meldung nachrichtlich zukommen lässt.

4 Information

Warum ist Information wichtig? Ganz einfach – der Mensch ist neugierig, der eine mehr, der andere weniger. Wenn es aber um eine Gefahrensituation geht, möchte jeder informiert sein, um für sich selbst die Lage zu bewerten. Sei es die Bevölkerung, aber auch die eingesetzten Kräfte. Auch Einsatzkräfte entwickeln Neugier, wenn sie seit Stunden im Bereitstellungsraum verharren und nicht wissen, was gerade ‚Stand der Lage' ist. Entweder sie werden informiert oder sie informieren sich selbst. Letzteres birgt immer die Gefahr, sich falsch und/oder nicht vollständig zu informieren und daraus dann falsche Schlussfolgerungen zu ziehen.

Richtiges und vollständiges Wissen vermeidet Unsicherheiten, beugt Gerüchten vor und hilft dabei, selbst richtige Schlussfolgerung für sein eigenes Handeln zu ziehen.

Abbildung 96 zeigt exemplarisch, welche Stellen beteiligt sein können und wer mit wem Informationen austauscht.

Meldung und Unterrichtung

Die Information vorgesetzter Stellen erfolgt über **Meldungen**, nachgeordnete Stellen werden **unterrichtet**. Stellen auf gleicher Ebene (in der Führungsorganisation benachbarte Einheiten) werden **nachrichtlich** informiert.

Tab. 23: Einordnung der Kommunikationsarten beim Austausch von Informationen

Vorgesetzte Stellen	Gleichgestellte	Unterstellte Stellen
– befehlen – weisen an – ordnen an – teilen mit	– teilen mit – überreichen – bitten	– melden – berichten – legen vor – bitten – ersuchen

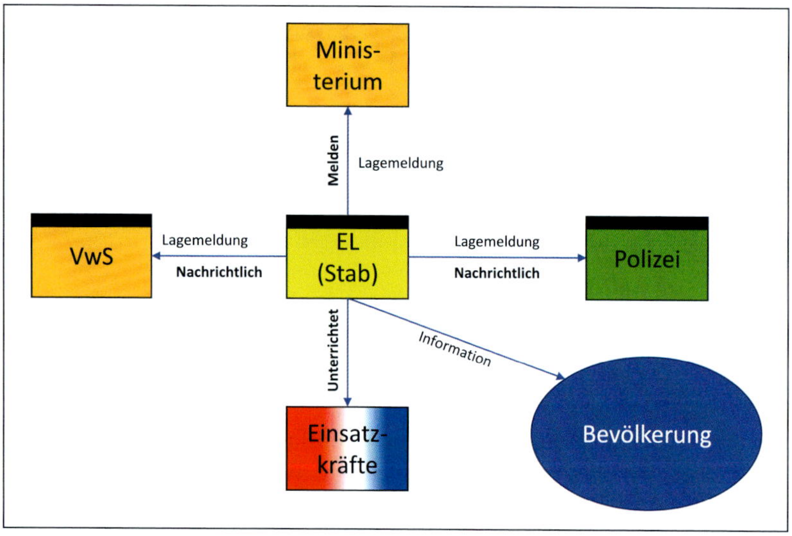

Abb. 96: Austausch von Informationen zwischen typischen Stellen

4.1 Melden an vorgesetzte Stellen

Die Meldung an vorgesetzte Stellen erfolgt über die Lagemeldung. Den typischen Aufbau einer Lagemeldung finden Sie in Kapitel 6. Wie im Abschnitt 1.1.1 erläutert, müssen die Führungsvorgänge auf den unterschiedlichen Ebenen aufeinander abgestimmt sein. Die regelmäßige und aktualisierte Lagemeldung sollte also immer kurz vor der nächsten Lagebesprechung eintreffen, um möglichst aktuell zu sein. Sie muss dann ausgewertet werden und fließt im Anschluss in die aktuelle Beurteilung der Lage auf der nächsthöheren Führungsebene mit ein.

4.2 Unterrichten nachgeordneter Stellen

Die Unterrichtung nachgeordneter Stellen erfolgt aus zwei Gründen.

1. Die Einsatzkräfte müssen über die Absicht der vorgesetzten Stellen informiert sein, um daraus eigene Schlussfolgerungen für ihr Handeln zu ziehen.
2. Einsatzkräfte möchten immer besser informiert sein als die Bevölkerung.

Das Unterrichten nachgeordneter Stellen ist nicht zu verwechseln mit einem Befehl. Befehle erteilt der Einsatzleiter bzw. in der Stabsorganisation ist der S3 dafür zuständig. Das Unterrichten bezieht sich auf Informationen allgemeiner Art im Zusammenhang mit der Schadenslage. Das ist sowohl ein allgemeiner Überblick über den Stand der Lage als auch die Bekanntgabe von z.B. Versorgungspunkten, die der S4 im Rahmen eines Versorgungskonzeptes erarbeitet hat.

Jede Führungskraft sollte immer Kenntnis über die Absicht der übernächsten Führungsebene haben. Nur so können Führungskräfte schnell auf plötzliche Lageänderungen reagieren und im Sinne der überordneten Führung im Rahmen der Auftragstaktik handeln. Aus diesem Grund sollten Informationen zum eigenen Auftrag und der übergeordneten Absicht auch immer an die unterstellten Kräfte weitergegeben werden.

4.3 Unterrichten anderer Stellen

Häufig sind bei umfangreichen Schadenslagen mehrere Stellen beteiligt. Solche Stellen können andere Behörden oder auch andere Stäbe sein. Unterrichten bedeutet, eine Information jemand anderem zur Kenntnis zu geben. Die empfangende Stelle bewertet diese Information dann selbst in eigener Zuständigkeit. Häufig erfolgt das Unterrichten benachbarter Stäbe über Verbindungspersonen. Die Aufgaben der Verbindungspersonen stellen den Informationsaustausch zwischen den Stäben sicher und beschränken sich auf beratende Tätigkeiten. Eine Verbindungsperson ist nicht gleichzusetzen mit einem Fachberater. Die Funktion Fachberater kann auch zur selbständigen Abwicklung von Aufträgen eingesetzt werden und dient dazu, den Stab in speziellen Themenfeldern fachlich zu beraten.

Neben der Verbindungsfunktion erfolgt die Unterrichtung in der Regel über Lagemeldungen, die der anderen Stelle zur Kenntnis (manchmal auch als nachrichtlich bezeichnet) übersendet werden. Die Häufigkeit ist nicht festgelegt und orientiert sich in der Praxis an der Frequenz der Lagemeldungen und der Dynamik der Lage.

4.4 Unterrichten der Bevölkerung

Die Aufgabe **Unterrichten der Bevölkerung** wird häufig nicht direkt mit der S2-Funktion verbunden, sondern man sieht die Aufgabe eher im S5-Bereich (Presse und Medienarbeit). Die ist auch nicht verkehrt, wenn die S5 Funktion besetzt ist. Die Information der Bevölkerung sollte so früh wie möglich erfolgen und muss immer dann erfolgen, wenn Auswirkungen des Schadensereignisses auf die Bevölkerung nicht ausgeschlossen werden können. Wenn die S5-Funktion also noch nicht besetzt ist, muss dies durch den S2 erledigt werden. Unabhängig ob durch S2 oder S5 muss die Veröffentlichung mit den anderen beteiligten Führungsgremien (z.B. Verwaltungsstab, Führungsstab der Polizei, Krisenstäbe beteiligter Unternehmen) abgestimmt werden, um keine widersprüchlichen oder abweichenden Aussagen zu treffen. Wenn die S5-Funktion besetzt ist, bietet es sich natürlich an, dass diese Funktion die Aufgabe mit übernimmt, da solche Informationen auch immer mit Pressearbeit einhergehen.

Typische Beispiele für eine Unterrichtung der Bevölkerung sind:

- Warnung bei Schadstofffreisetzungen
- Ausfall Notruf
- Bekanntgabe Notfallinformationspunkte
- Ausfall Trinkwasserversorgung

Technisch erfolgt die Information über Warn-Apps, Radio- und Fernsehmeldungen, Lautsprecher oder auch Sirenen in der einfachsten Form. Diese, im Idealfall vorbereiteten Informationen (Texte) müssen auch bei Stromausfall verfügbar sein.

5 Einsatzdokumentation

Neben der Erkundung und der Lagedarstellung hat der S2-(Bereich) auch die Einsatzdokumentation sicherzustellen. Verantwortlich ist der S2, er bedient sich in der Praxis aber in der Regel eines oder mehrer Sachbearbeiter. Dies sind der Lagekartenführer (bezeichnet als S2.1) und der Einsatztagebuchführer (bezeichnet mit S2.2).

Eine besondere Bedeutung bei der Dokumentation hat das Einsatztagebuch (ETB). Dieses ist urkundlicher Nachweis im Sinne des Strafgesetzbuches[1] über die Arbeit des Stabes.

5.1 Führen des Einsatztagebuches

Einsatztagebuch

Das Einsatztagebuch (ETB) wird im Stab durch den Einsatztagebuchführer (S2.2) erstellt. Es handelt sich dabei um ein Textdokument mit Anlagen.

Das Einsatztagebuch ist gemäß FwDV 100 ein Nachweis über die Tätigkeit der Einsatzleitung. Im Einsatztagebuch ist der Einsatzablauf in zeitlicher Folge (chronologisch) und in sachlicher und straffer Form aufzuzeichnen. Straff bedeutet das Wesentliche, ohne Ausschweifungen, keine Füllwörter. In der Praxis führt die Menge an Informationen, die zu dokumentieren sind, schon dazu, dass eher zu wenig dokumentiert wird.

Es sollen im Einsatztagebuch neben

- den Ergebnissen der Lagefeststellung,
- den Befehlen an die Einsatzkräfte und
- besonderen Vorkommnissen und Erkenntnissen,

[1] Ohne in die juristischen Tiefen zum Thema Urkunde abzutauchen, ist wichtig: Die Urkunde muss dauerhaft sein, im Fall des ETB schriftlich. Sie hat beweisenden Charakter und der Aussteller muss erkennbar sein. Sie darf nicht verändert werden.

auch die Planung des Einsatzes, das heißt

- die Beurteilung und
- der Entschluss

festgehalten werden. Besonderen Wert ist auf die Dokumentation des Zustandekommens von Entscheidungen oder auch widersprüchlicher Meinungen zu legen.

Im ETB werden folgende Sachverhalte dokumentiert und ggfs. fortlaufend aktualisiert:

- Lage, Auftrag, Beurteilung der Lage durch den Stab sowie die daraus resultierenden Entschlüsse müssen klar erkennbar werden.
- Der ursächliche Zusammenhang zwischen den erhaltenen Befehlen, Weisungen und Meldungen sowie den eigenen Überlegungen und Maßnahmen des Stabes ist deutlich zu machen.
- Der Inhalt des ETB muss aus sich selbst heraus verständlich sein. Ein Verweis auf eine Anlage ist auf keinen Fall ausreichend und ersetzt nicht den darstellenden Text.
- Im Einsatztagebuch wird die personelle Besetzung des Stabes festgehalten. Auch Ablösungen oder Vertretungen sind im ETB festzuhalten.

Die Dokumentation aus- und eingehender Meldungen kann im Einsatztagebuch gegebenenfalls unterbleiben, sofern diese in der Eingangs- und Ausgangsnachweisung erfolgt. Die Nachweisung ist in diesem Fall in die spätere Einsatzdokumentation als Anlage mit aufzunehmen.

ETB als Urkunde

Da es sich beim ETB um eine Urkunde handelt, sind einige formale Anforderungen zu erfüllen.

- Das ETB sollte zum Schluss in gebundener Form vorliegen und nicht als Loseblatt-Sammlung.
- Es dürfen keine Eintragungen nachträglich geschwärzt oder unkenntlich gemacht werden. Streichungen haben so zu erfolgen, dass der ursprüngliche Text noch lesbar ist.
- Das ETB ist vom ETB-Führer dem S2 vorzulegen und wird von diesem und dem Einsatzleiter unterschrieben bei:
  - Einsatzende
  - Personalwechsel
  - Übergabe
- Die Aufbewahrungsfrist ist durch den Einsatzleiter festzulegen. In der Regel beträgt sie mindestens 10 Jahre. Bei ABC-Einsätzen kann sie sich verlängern auf 30 Jahre[1].

[1] Einheiten im ABC-Einsatz-FwDV 500

Tab. 24: Beispiel eines Einsatztagebuches (ETB)

Datum Uhrzeit (24h)	Meldung/Vorkommnisse/Entscheidung/Maßnahmen/Informationen/Anfragen	Anlage
22.10.20 08:31	Einberufung des Stabes durch den KBM Alarmierung laut Protokoll LSt 202087658	D-001
08:45	Lagemeldung des DWD zur Unwetterlage „Mathilda" liegen vor und werden ausgewertet	I-001
09:45	Stab ist einsatzbereit Besetzung laut Anlage Meldung an BezReg ist erfolgt	L-001 I-001
09:50	Lagevortrag zur Unterrichtung des Stabes durch den S2	L-002
10:30	Lagevortrag zur Entscheidung(LVE) S3 trägt Vorschlag zur Strategie vor und die Optionen laut LVE im Anhang. Vbd-POL weist auf Sperrungen im Bereich der ~~L 321~~ L 331 durch Brückenarbeiten hin und bietet weiträumige Sperrungen im Bereich Nord an. **Entscheidung:** Option 1 wird verfolgt, weil geringste Belastung für Bevölkerung und zeitnah umzusetzen. Kosten werden als zumutbar erachtet. Einsatzleiter stimmt sich mit HVB ab hinsichtlich Sprachregelung. Nächste Lagebesprechung 11:30 mit zusätzlichen Fachberater (FB-THW, FB-UWB)	L-003

Um das ETB später in einen Abschlussbericht zu integrieren, sollte folgende Systematik für die Anlagen verwendet werden:

Tab. 25: Übersicht der verschiedenen Anlage-Typen

Schlüssel + lfd. Nr.	Bedeutung	Beispiel
D-XXX	Digitaler Anhang unabhängig vom Inhalt. Auch ein Lagevortrag mit Folien der elektronisch abgelegt wird, vorzugsweise als PDF/A, wird hier geführt. Dies erleichtert später die Suche.	E-Mail Audio-Datei PDF/A
L-XXX	Anlagen zur Lage in gedruckter Form. Alle gedruckten Anlagen, die später im Abschlussbericht gebunden werden.	Lagemeldungen, Lageberichte Lagevorträge
B-XXX	Anlagen mit Befehlscharakter	Einsatzbefehl Marschbefehl
I-xxx	Informationen	Wettermeldungen Allgemeine lagerelevante Informationen

Der ETB-Führer nimmt an allen Stabsbesprechungen und Lagevorträgen teil. Er informiert sich über ETB-relevante Sachverhalte und nimmt selbständig Kontakt zum Leiter des Stabes und den S-Funktionen auf. Die Sachgebiete selbst unterrichten den ETB-Führer ebenfalls selbständig und umfassend über Änderungen im Lagebild und über die getroffenen Maßnahmen. Dem ETB-Führer sind alle Unterlagen wie Meldungen, Befehle, Lagebeurteilungen, Sprechzettel und Folien durch den S2 routinemäßig zu überlassen.

5.2 Sammeln, Registrieren und Sicherstellen aller Informationsträger

Die in der FwDV 100 aufgeführte Aufgabe des Sammelns, Registrierens und Sicherstellens sind im Grunde nur die vorbereitenden Maßnahmen zur Erstellung des Abschlussberichtes.

Sammeln

Gesammelt werden müssen alle Unterlagen, die im Rahmen des Einsatzes zur Verfügung stehen, insbesondere:

- Lagemeldungen
- Lagevorträge (LVU, LVE)
- Gesprächsnotizen
- Karten (Topografische Karten, Lagekarten etc.)
- Bilder, Videos (Drohnenaufnahmen)
- Tonaufnahmen (Gesprächsmitschnitte, Funkgespräche)

Und je nach Einsatzszenario auch:

- Pläne (Objektpläne),
- Simulationen (Ausbreitungsberechnungen)

In regelmäßigen Abständen (15–20 Minuten als Richtwert) und zu wichtigen Zeitpunkten sind Fotos der Lagekarte in das ETB mit aufzunehmen. Solche Fotos sind vom S2.1 zu erstellen. Entsprechendes gilt für Screenshots bei elektronisch geführten Lagekarten. Je nach Software erfolgt dies schon automatisch und es entsteht ein „Lagefilm“.

Registrieren

Registrierung bedeutet, die gesammelten Sachen systematisch zu erfassen, also mit fortlaufenden Nummern zu versehen und chronologisch zu ordnen. Im ETB kann dann der Bezug zu einem Zeitpunkt hergestellt werden.

Sicherstellen

Der Aufgabe **Sicherstellen** aller Informationsträger kommt mit zunehmender Digitalisierung eine immer größere Bedeutung zu.

Die Sicherung von Dokumenten in Papierform beinhaltet:

- sichern gegen Verlust und Diebstahl,
- sichern gegen Beschädigung,
- sichern gegen Veränderung,
- sichern gegen unbefugte Einsichtnahme.

Dies ist relativ einfach, indem man die Unterlagen abheftet und verschlossen aufbewahrt.

Das Sichern von elektronischen Dateien ist schon etwas schwieriger, vor allem, wenn man Dateien beweissicher, unveränderbar und dauerhaft speichern möchte. Die Sicherungskopie ist mit Sicherheit die erste Maßnahme. Auch das Speichern von Dokumenten als PDF/A[1] kann ohne tiefgreifende IT-Kenntnisse durchgeführt werden. Die dauerhafte Speicherung[2] mit einem Nachweis, dass die Datei nicht verändert[3] wurde, bedarf detaillierter IT-Kenntnisse.

5.2.1 Technische Ausstattung des ETB-Führers

Der ETB-Führer arbeitet mit einer Standard Büro-Ausstattung wie

- PC mit Software zur Text- und Tabellenverarbeitung
- A3-Scanner zur Digitalisierung von Dokumenten
- Digitalkamera
- Drucker
- Tonaufzeichnungs- und Wiedergabegeräte
- Telefon und Fax
- Internetzugang

5.3 Erstellen des Abschlussberichts

Jeder Einsatz muss bis zum Ende dokumentiert werden. Er endet bei Ereignissen, die mit Stabsarbeit bewältigt werden, oft erst nach Tagen.

---

1 PDF/A ist ein genormtes Dateiformat zur Langzeitarchivierung digitaler Dokumente.

2 CDs und USB-Sticks sind für die Aufbewahrung über mehrere Jahre geeignet und ein guter Anfang. Sie müssen die Datenträger auch noch nach Jahren lesen können …

3 Um zu prüfen, ob eine Datei verändert wurde, können Sie Prüfsummen (MD5, SHA1, ...) anlegen. Dabei wird nach bestimmten Regeln im einfachsten Fall eine gewichtete Quersumme über alle Bytes einer Datei gebildet.

Zum Einsatzabschluss gehört sowohl der Einsatzbericht als auch die Abrechnung.

Der Abschlussbericht dient der Darstellungen der Gefahren, Ereignissen und Maßnahmen im Zusammenhang mit dem Schadensereignis. Er soll die Nachvollziehbarkeit von Lagebeurteilungen und Entscheidungen nachvollziehbar dokumentieren. Er dient mit den Ergebnissen der Einsatznachbesprechung der Aus- und Fortbildung.

Inhalt des Abschlussberichts

Der Abschlussbericht besteht aus

- dem Hauptbericht
- den Nebenberichten von unterstellten Kräften
- den Nebenberichten von anderen Organisationen, sofern vorliegend
- dem Einsatztagebuch
- der Nachweisung
- sofern vorhanden, der Foto- und Videodokumentation
- dem Protokoll des Einsatzleitrechners
- der Einsatznachbesprechung und Erkenntnissen.

Der Abschlussbericht ist entsprechend der Aktenordnung der jeweiligen Behörde zu archivieren. Da große Schadenslagen häufig auch vor Gericht nachbereitet werden, können auch Details noch nach Jahren wichtig werden.

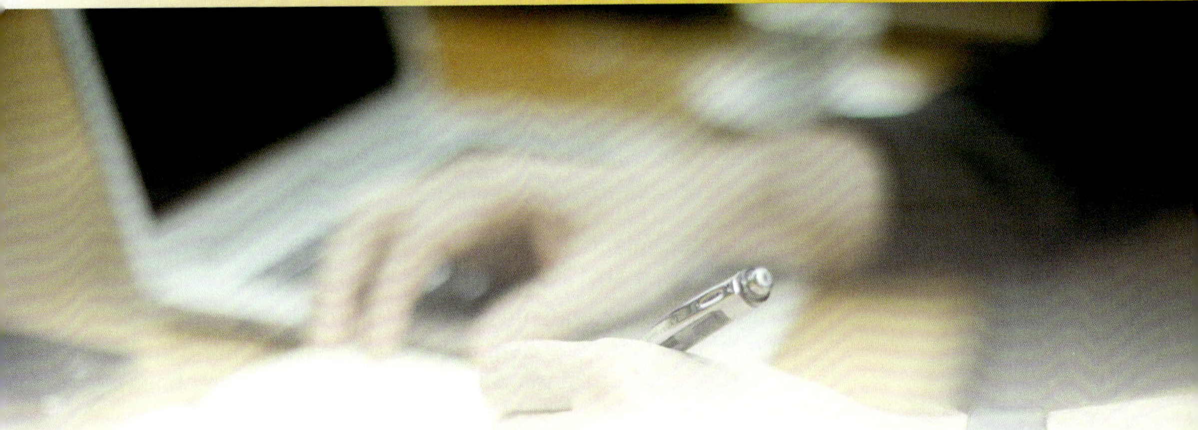

6 Lagemeldungen – Beispiele

Beispiel 1

Lagemeldung
Einsatzleiter der nichtpolizeilichen Gefahrenabwehr
LAGEMELDUNG Nr.: 9

Ereignis: Einsatz XY
Bearbeiter/in: BA Mustermann
Stand der Lagemeldung: 202230Aug05.

Kurzübersicht zur Lage:

Der Stab Einsatzleitung ist seit dem 19.08.75, 18:15 Uhr in Betrieb. Zurzeit ist die Schicht 1 im Einsatz. Der Standort der EL ist: Führungs- und Lagezentrum Mitte

Quellen der Lagemeldung: Einsatztagebuch des Stabes Einsatzleitung xy

I. **Allgemeine Lage:**
   a. Gefahrenlage Brandschutz: Die Auslastung liegt bei 5 Prozent
   b. Gefahrenlage Technische Hilfeleistung: Keine besonderen Vorkommnisse
   c. Gefahrenlage ABC/CBRN: Keine besonderen Vorkommnisse

II. **Sanitäts- und Rettungsdienstliche Lage:**
   Die Auslastung im Regelrettungsdienst lag immer unter 50 Prozent.

III. **Ordnungsbehördliche Lage:**
Keine besonderen Vorkommnisse.

IV. **Verkehrstechnische Lage:**
Die BAB Ax ist ab 19 Uhr ab Kreuz Nord gesperrt.

Voraussichtliche Lageentwicklung: Aufgrund des Verkehrsabflusses aus dem Bereich der Veranstaltung im Gewerbepark Süd ist mit Stau im Bereich Mitte zu rechnen.

V. **Gesamtlageentwicklung:**
Die Auslastung der Rettungsdienste wird bis zum Veranstaltungsende auf dem jetzigen Stand aufrechterhalten.

VI. **Presse- und Medienlage:**
Keine besonderen Vorkommnisse

VII. **Schaden- und Gefahrenabwehrmaßnahmen:**
Es sind zum jetzigen Zeitpunkt 600 Einsatzkräfte im Einsatz.

VIII. **Besondere Vorkommnisse:**
Keine

Beispiel 2

1) **Allgemeine Lage**
   - Aktuelle Angabe zum Ort der Schadenlage
   - Wetter
   - Ort / Zeit
   - Verkehrslage
   - Verhalten nicht betroffener Personen

2) **Gefahren/Schadenlage**
   - Art, Umfang, Ursache der Schäden/Gefahren
   - Anzahl Betroffener
   - Anzahl geretteter, transportierter, versorgter Personen
   - Anzahl Toter
   - Noch zu erwartende Anzahl Verletzter/Vermisster/ verletzter Personen

3) **Eigene Lage**
   - Angaben zum aktuellen Auftrag / Aufträgen
   - Stärke, Gliederung und Funktion der eingesetzten Kräfte
   - Angaben zur Einsatzbereitschaft und zum Einsatzwert der Kräfte
   - Angaben zur Führungsorganisation
   - Angaben zur Fernmeldelage

4) **Lageentwicklung**
   - Aktuelle Angaben zur Gefahrenschwerpunktbildung
   - Angaben zum Einsatzschwerpunkt
   - Voraussichtliche Lageentwicklung / Einsatzdauer

5) **Presse- und Öffentlichkeitsarbeit**
   - Umfang, Organisation
   - Angaben zum Verhalten der Presse

6) **Besondere Vorkommnisse**
   Verletzte Einsatzkräfte, besondere Ereignisse, Konflikte im Ablauf

7) **Anforderungen**
   Anforderungen von weiteren Kräften und Mitteln

8) **Sonstiges**

Abb. 97: Ermittlung von Flächenbelegungen z.B. von Bereitstellungsräumen oder hier konkret von Parkplätzen.

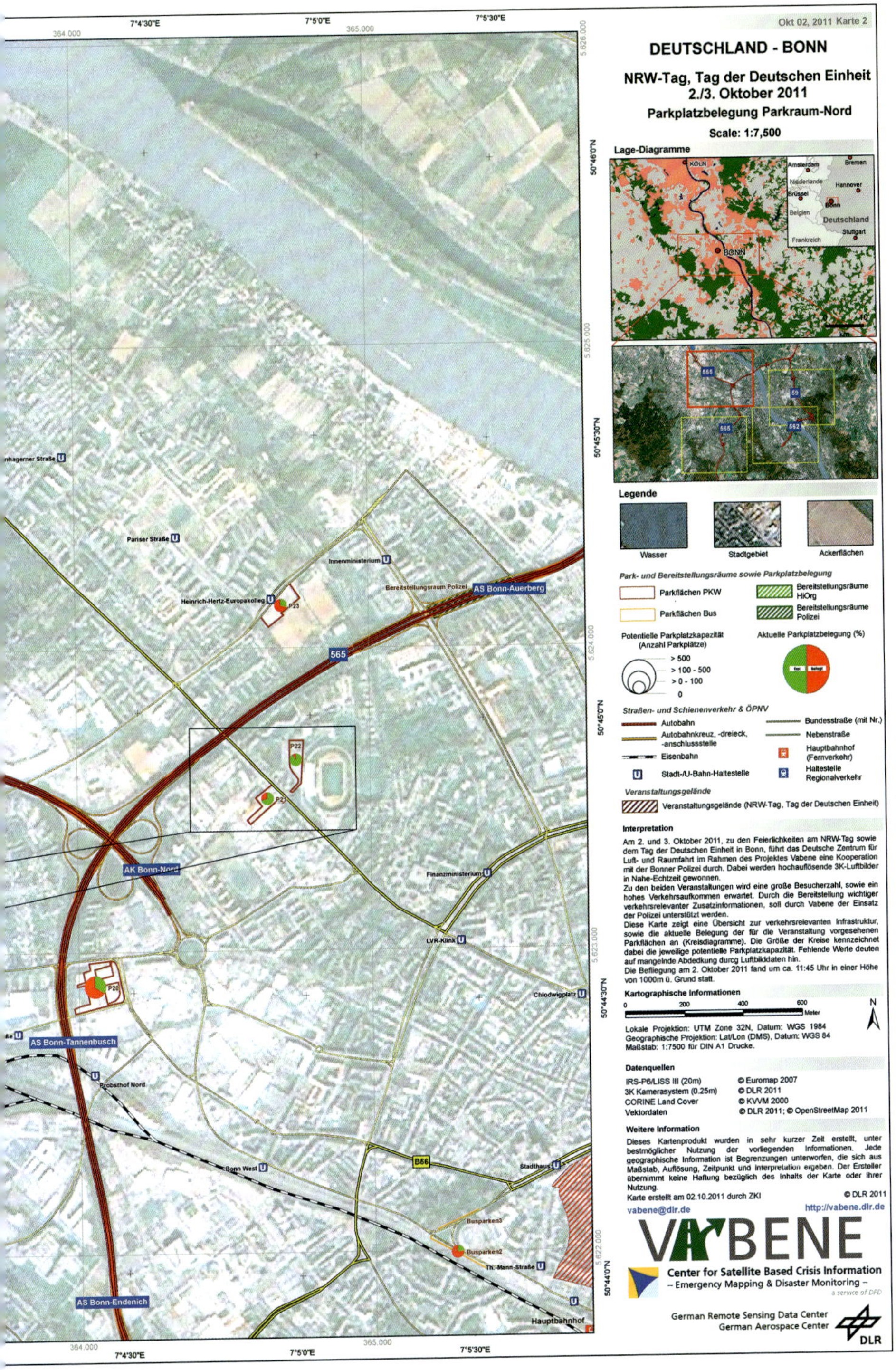
Okt 02, 2011 Karte 2
DEUTSCHLAND - BONN
NRW-Tag, Tag der Deutschen Einheit
2./3. Oktober 2011
Parkplatzbelegung Parkraum-Nord
Scale: 1:7,500
Lage-Diagramme
KÖLN
BONN
Amsterdam
Bremen
Hannover
Niederlande
Brüssel
Bonn
Belgien
Deutschland
Frankreich
Stuttgart
Legende
Wasser
Stadtgebiet
Ackerflächen
Park- und Bereitstellungsräume sowie Parkplatzbelegung
Parkflächen PKW
Bereitstellungsräume HiOrg
Parkflächen Bus
Bereitstellungsräume Polizei
Potentielle Parkplatzkapazität (Anzahl Parkplätze)
> 500
> 100 - 500
> 0 - 100
0
Aktuelle Parkplatzbelegung (%)
Straßen- und Schienenverkehr & ÖPNV
Autobahn
Bundesstraße (mit Nr.)
Autobahnkreuz, -dreieck, -anschlussstelle
Nebenstraße
Eisenbahn
Hauptbahnhof (Fernverkehr)
Stadt-/U-Bahn-Haltestelle
Haltestelle Regionalverkehr
Veranstaltungsgelände
Veranstaltungsgelände (NRW-Tag, Tag der Deutschen Einheit)
Interpretation
Am 2. und 3. Oktober 2011, zu den Feierlichkeiten am NRW-Tag sowie dem Tag der Deutschen Einheit in Bonn, führt das Deutsche Zentrum für Luft- und Raumfahrt im Rahmen des Projektes Vabene eine Kooperation mit der Bonner Polizei durch. Dabei werden hochauflösende 3K-Luftbilder in Nahe-Echtzeit gewonnen.
Zu den beiden Veranstaltungen wird eine große Besucherzahl, sowie ein hohes Verkehrsaufkommen erwartet. Durch die Bereitstellung wichtiger verkehrsrelevanter Zusatzinformationen, soll durch Vabene der Einsatz der Polizei unterstützt werden.
Diese Karte zeigt eine Übersicht zur verkehrsrelevanten Infrastruktur, sowie die aktuelle Belegung der für die Veranstaltung vorgesehenen Parkflächen an (Kreisdiagramme). Die Größe der Kreise kennzeichnet dabei die jeweilige potentielle Parkplatzkapazität. Fehlende Werte deuten auf mangelnde Abdedkung durcg Luftbilddaten hin.
Die Befliegung am 2. Oktober 2011 fand um ca. 11:45 Uhr in einer Höhe von 1000m ü. Grund statt.
Kartographische Informationen
0 200 400 600 Meter
N
Lokale Projektion: UTM Zone 32N, Datum: WGS 1984
Geographische Projektion: Lat/Lon (DMS), Datum: WGS 84
Maßstab: 1:7500 für DIN A1 Drucke.
Datenquellen
IRS-P6/LISS III (20m) © Euromap 2007
3K Kamerasystem (0.25m) © DLR 2011
CORINE Land Cover © KVVM 2000
Vektordaten © DLR 2011; © OpenStreetMap 2011
Weitere Information
Dieses Kartenprodukt wurden in sehr kurzer Zeit erstellt, unter bestmöglicher Nutzung der vorliegenden Informationen. Jede geographische Information ist Begrenzungen unterworfen, die sich aus Maßstab, Auflösung, Zeitpunkt und Interpretation ergeben. Der Ersteller übernimmt keine Haftung bezüglich des Inhalts der Karte oder Ihrer Nutzung.
Karte erstellt am 02.10.2011 durch ZKI
© DLR 2011
vabene@dlr.de
http://vabene.dlr.de
VABENE
Center for Satellite Based Crisis Information
– Emergency Mapping & Disaster Monitoring –
a service of DFD
German Remote Sensing Data Center
German Aerospace Center
DLR
7°4'30"E
7°5'0"E
7°5'30"E
50°46'0"N
50°45'30"N
50°45'0"N
50°44'30"N
50°44'0"N
AS Bonn-Auerberg
565
AK Bonn-Nord
AS Bonn-Tannenbusch
AS Bonn-Endenich
B56
Pariser Straße
Innenministerium
Heinrich-Hertz-Europakolleg
Bereitstellungsraum Polizei
P23
P22
P21
P20
Finanzministerium
LVR-Klinik
Chlodwigplatz
Probsthof Nord
Bonn West
Stadthaus
Busparken3
Busparken2
Th.-Mann-Straße
Hauptbahnhof

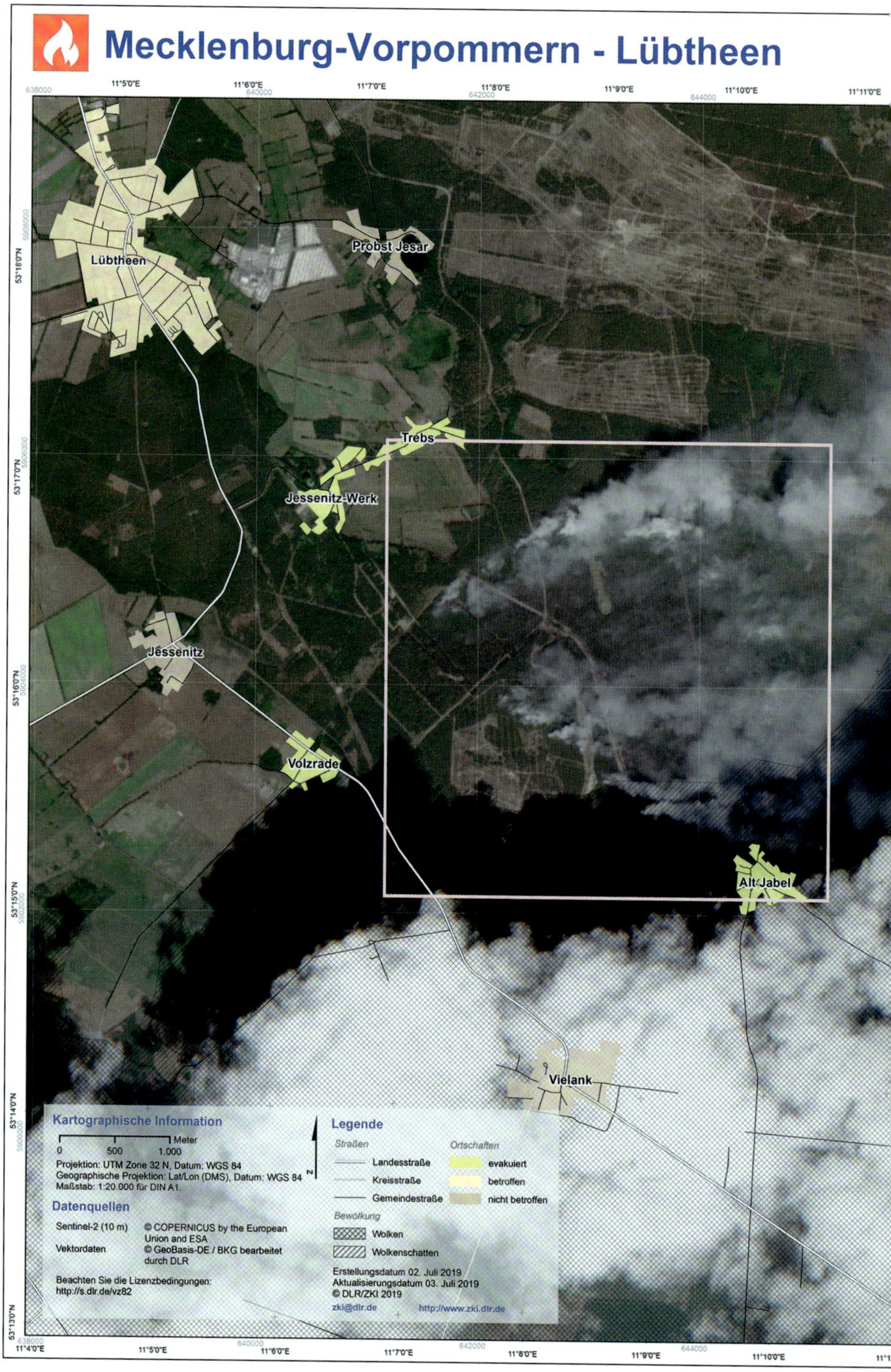

Abb. 98: Darstellung der aktiven Brände im Rahmen einer größeren Waldbrandlage

n am 01. Juli 2019 um 10:20 UTC
Satellitenbild - 1:20.000
ZKI
ZKI Aktivierungsnr. 003
Produktnr. 01
Versionsnr. 02
Krenzliner Hütte
Loosen
Leussow
Laupin
Tewswoos
bs
Falschfarbendarstellung (7/6/4),
aktive Feuer vom 01. Juli 2019
© DLR/ZKI 2019

Literaturverzeichnis

[1] Reiter, M. (2000): Die taktischen Zeichen von Feuerwehr und Katastrophenschutz. In: Zeitschrift für Semiotik 22, 2000, S. 405–430.

[2] Schläfer, H. (1986): Das Taktikschema. Merkblätter zur Feuerwehr-Einsatzlehre. 2. Aufl. Kohlhammer, Stuttgart.

[3] AK V der IMK (1999): Führung und Leitung im Einsatz. Führungssystem. FwDV 100. Stand 1999. Hg. v. AFKzV. AK V der IMK. Stuttgart (Feuerwehr-Dienstvorschrift). Online verfügbar unter https://www.idf.nrw.de/service/downloads/pdf/fwdv100.pdf.

[4] Herweg, H. (1986): Taktische Zeichen. Kritische Betrachtung der taktischen Zeichen im Bereich des Katastrophenschutzes und der Polizei. In: DFZ, 1986 (3), 87-93.

[5] Franke, S. (1996): Gegenüberstellung der von den Feuerwehren verwendeten und im Katastrophenschutz benutzten taktischen Zeichen. Notwendigkeit einer Überarbeitung und einheitlichen Festlegung. Hausarbeit zur Staatsprüfung für den höheren feuerwehrtechnischen Dienst.

[6] AK V der IMK (1999): Führung und Leitung im Einsatz. Führungssystem. FwDV 100. Stand 1999. Hg. v. AFKzV. AK V der IMK. Stuttgart (Feuerwehr-Dienstvorschrift). Online verfügbar unter https://www.idf.nrw.de/service/downloads/pdf/fwdv100.pdf.

[7] Ständige Konferenz für Katastrophenvorsorge und Bevölkerungsschutz (Hg.) (2003): Taktische Zeichen. Vorschlag einer Dienstvorschrift. FwDV 102., Köln.

[8] Ständige Konferenz für Katastrophenvorsorge und Bevölkerungsschutz (Hg.) (2012): Empfehlungen für Taktische Zeichen im Bevölkerungsschutz. 2. Aufl. Unter Mitarbeit von Th. Mitschke et al. Köln.

[9] Bundesamt für Zivilschutz (Hg.) (1998): Arbeitsmaterial zum Thema Informationsverarbeitung innerhalb einer Einsatzleitung (EL) und Technischen Einsatzleitung (TEL). Akademie für Krisenmanagement, Notfallplanung und Zivilschutz. Bad-Neuenahr-Ahrweiler.

[10] Deutscher Wetterdienst (21.06.2005): Deutscher Wetterdienst warnt vor Waldbrandgefahr. Detaillierte Informationen zur Waldbrandgefahr im Internet. Offenbach am Main. Lux, Gerhard, zuletzt geprüft am 09.10.2020.

[11] BBK (Hg.) (2019): Empfehlungen für Gemeinsame Regelungen zum Einsatz von Drohnen im Bevölkerungsschutz. 1. Aufl.

[12] Steidel, M. (2018): Arbeit mit Führungsgruppen nach Führungsstufe C. Facharbeit im Rahmen der Prüfung für die Laufbahn des zweiten Einstiegsamtes der Laufbahngruppe 2 des feuerwehrtechnischen Dienstes im Land Nordrhein-Westfalen gemäß § 21 der VAP2.2-Feu. Magdeburg.

[13] Fathi, R.; Schulte, Y.; Schütte, P.; Tondorf, V. (2018): Lageinformationen aus den sozialen Netzwerken. Virtual Operations Support Teams (VOST) international im Einsatz. In: Notfallvorsorge 2018 (2).

[14] Tutt, L. (2019): Erstellen eines psychosozialen Lagebildes. Digitale Lageerkundung. Führung. In: Im Einsatz 26, S. 44–48.

[15] Douglas, L.; Aleva, D.; Havig, P. (2007): Shared displays: An overview of perceptual and cognitive issues. Cognitive and Social Issues. International Command and Control Research and Technology Symposium. U. S. Department of Defense, 2007, zuletzt geprüft am 01.07.2011.

[16] Emery, L., Catchpole, K., Macklin, C., Dudfield, H., Myers, E. (2001). Big is better? Empirical results of an assessment of command teams with large screen displays. doi:10.1049/cp:20010438

[17] ENDSLEY, M. (2016). Designing for Situation Awareness. An Approach to User-Centered Design, 2. Aufl., C. Press.

[18] MULGUND, S., TRAVIS, A., STANDARD, J., MEANS, D. C., & BURGMAN, A. (2005). Shared User Interfaces for Dynamic Collaboration in Network. (U. S. Defense, Hrsg.) Centric Command Centers.

[19] HEIMANN, R.; LOCKNER, G. (2015): Entstehung eines Stabsraummodells. In: Handbuch Stabsarbeit. S. 167–170 und Heimann, R.; Eigenbrodt, S. (2015): Praxisbeitrag: Relevanz der Sitzposition für die Informationsaufnahme in Stabsräumen. In: Handbuch Stabsarbeit, S. 171–174.

Nachweis der Bildquellen

Startbild zu Kapitel 1: ZKI
Abb. 7a: C. Michalski
Abb. 7b: © Superbass / CC-BY-SA-3.0 (via Wikimedia Commons)
Abb. 8a: Springer Verlag Handbuch der Stabsarbeit
Abb. 10, 11, 12: Alexander Goller
Abb. 27, 28: Bezirksregierung Köln, Abteilung Geobasis NRW
Abb. 29, 33, 34, 35: www.gdi-de.org
Abb. 31, 32: Univ.-Prof. Dr.-Ing. Wolfgang Reinhardt
Abb. 42, 43: mit freundlicher Unterstützung von www.divera.gmbh
Abb. 48, 49: Bodo Bernsdorf
Abb. 44, 45: Mit freundlicher Unterstützung von Eurocommand GmbH
Abb. 57: Firma Keudel
Abb. 58: Bezirksregierung Köln
Abb. 83, 84: BBK
Abb. 85, 86: EU/ECHO/Ezequiel Scagnetti

Stichwortverzeichnis